Biografieforschung als Praxis der Triangulation

Ina Alber · Birgit Griese · Martina Schiebel
(Hrsg.)

Biografieforschung als Praxis der Triangulation

Springer VS

Herausgeber
Ina Alber
Göttingen, Deutschland

Martina Schiebel
Oldenburg, Deutschland

Birgit Griese
Emden, Deutschland

ISBN 978-3-658-18860-3   ISBN 978-3-658-18861-0 (eBook)
https://doi.org/10.1007/978-3-658-18861-0

Die Deutsche Nationalbibliothek verzeichnet diese Publikation in der Deutschen Nationalbibliografie; detaillierte bibliografische Daten sind im Internet über http://dnb.d-nb.de abrufbar.

Springer VS
© Springer Fachmedien Wiesbaden GmbH 2018
Das Werk einschließlich aller seiner Teile ist urheberrechtlich geschützt. Jede Verwertung, die nicht ausdrücklich vom Urheberrechtsgesetz zugelassen ist, bedarf der vorherigen Zustimmung des Verlags. Das gilt insbesondere für Vervielfältigungen, Bearbeitungen, Übersetzungen, Mikroverfilmungen und die Einspeicherung und Verarbeitung in elektronischen Systemen.
Die Wiedergabe von Gebrauchsnamen, Handelsnamen, Warenbezeichnungen usw. in diesem Werk berechtigt auch ohne besondere Kennzeichnung nicht zu der Annahme, dass solche Namen im Sinne der Warenzeichen- und Markenschutz-Gesetzgebung als frei zu betrachten wären und daher von jedermann benutzt werden dürften.
Der Verlag, die Autoren und die Herausgeber gehen davon aus, dass die Angaben und Informationen in diesem Werk zum Zeitpunkt der Veröffentlichung vollständig und korrekt sind. Weder der Verlag noch die Autoren oder die Herausgeber übernehmen, ausdrücklich oder implizit, Gewähr für den Inhalt des Werkes, etwaige Fehler oder Äußerungen. Der Verlag bleibt im Hinblick auf geografische Zuordnungen und Gebietsbezeichnungen in veröffentlichten Karten und Institutionsadressen neutral.

Lektorat: Cori Antonia Mackrodt

Gedruckt auf säurefreiem und chlorfrei gebleichtem Papier

Springer VS ist Teil von Springer Nature
Die eingetragene Gesellschaft ist Springer Fachmedien Wiesbaden GmbH
Die Anschrift der Gesellschaft ist: Abraham-Lincoln-Str. 46, 65189 Wiesbaden, Germany

Inhaltsverzeichnis

Biografieforschung als Praxis der Triangulation 1
Zur Einführung
Ina Alber, Birgit Griese und Martina Schiebel

Das Tagebuch in einer biografischen Erzählung 21
Zur methodischen Verbindung von schriftlichem
und mündlichem biografischen Datenmaterial
Maria Pohn-Lauggas

**Biografische Wahrheit durch die Erweiterung
von Erfahrungsperspektiven?** 41
Vom analytischen Umgang mit Divergenzen
in der Rekonstruktion bei der Triangulation von narrativen Interviews
Cosimo Mangione

Biografie – Material – Interaktion 61
Zur Triangulation biografischer Rekonstruktionen mit Analysen von
Interaktionen und der Bedeutung materialer Kontextfaktoren
Nicole Witte

Biografie als Praxis-Diskurs-Formation 83
Eine praxeologische Perspektive auf lebensgeschichtliche Interviews
Rixta Wundrak

Leben, Flucht und Widerstand 105
Eine biografie- und diskursanalytische Perspektiventriangulation am
Beispiel einer „deutsch-deutschen" Lebensgeschichte
Carsten Detka, Gerhard Riemann, Martina Schiebel,
Bärbel Treichel und Anja Wildhagen

Forschungsethische Überlegungen zur biografischen Webpräsenz
bei der Triangulation von Biografie- und Diskursanalyse 161
Ina Alber

Theorietriangulation als Ausgangspunkt und Prozesselement
rekonstruktiver Forschung 183
Theoretische Überlegungen und empirische Umsetzung
Ingrid Miethe und Regina Soremski

Wissenskultur(en) und Mitgliedschaft 203
Ein persönlicher Kommentar zur Reichweite und zu den Grenzen
der publizierten Beiträge
Birgit Griese

Biografieforschung als Praxis der Triangulation

Zur Einführung[1]

Ina Alber, Birgit Griese und Martina Schiebel

Zusammenfassung

Ausgehend von der Beobachtung, dass Triangulation in der Biografieforschung in den vergangenen Jahren forschungspraktisch an Relevanz gewonnen hat, versammelt der Band Reflexionen zu Projekten, die mit Theorie-, Methoden-, Forscher/innen- und Datentriangulation arbeiten. Einleitend wird das Konzept der Triangulation in Anlehnung an Denzin und seine Weiterentwicklung diskutiert. Triangulation kann bei der Rekonstruktion komplexer sozialer Phänomene als Gütekriterium verstanden werden. Ferner werden Traditionslinien in der Biografieforschung nachgezeichnet, die auf unterschiedliche Art und Weise schriftliches, mündliches oder anderes (bspw. visuelles) Datenmaterial einbeziehen. Die Beiträge zeigen, dass Triangulation als Forschungspraxis in unterschiedlichen Forschungskontexten situiert ist: Theorietriangulation, Methoden- und Datentriangulation werden vorgestellt und sollen im Sinne einer gegenstandsangemessenen Weiterentwicklung von qualitativen Methoden für andere (Biografie-) Forscher/innen Einblick in aktuelle Forschungspraktiken bieten.

---

1 Unser Dank gilt Monika Müller, die mit großem Engagement zur Entstehung dieses Publikationsvorhabens und der Einleitung beigetragen hat. Sie verstarb für alle überraschend im November 2014. Ihr ist diese Publikation gewidmet. Ganz herzlich danken möchten wir außerdem Michaela Köttig für ihre wertvollen Kommentare zur Einleitung und Wiebke Budweg für die hilfreiche redaktionelle Unterstützung bei der Erstellung des Manuskripts.

Ausgehend von der Beobachtung, dass Triangulation in der Biografieforschung in den vergangenen Jahren forschungspraktisch an Relevanz gewonnen hat, versammeln wir im Band biografieanalytische Projekte und Perspektiven, die Einblicke in die Forschungspraxis mit Triangulation liefern. Im Sammelband werden diese forschungspraktischen Anwendungen von Triangulation als gegenstandsangemessene Zugänge reflektiert. Grundsätzlich ist es das Ziel, sowohl zur intersubjektiven Nachvollziehbarkeit biografieanalytischer Forschungspraxis beizutragen als auch die Triangulationsdebatte in der qualitativen Sozialforschung anzureichern. Einleitend werden wir uns mit dem gegenwärtigen Stand der Triangulationsdiskussion beschäftigen, um sodann mit konzeptionellen Erwägungen und Traditionen fortzufahren. Im Anschluss an allgemein gehaltene werden spezifische Erläuterungen zur Triangulation im Kontext Biografieforschung vorgenommen. Mit einer Situierung der Beiträge als Praxis der Triangulation und einer inhaltlichen Skizze derselben beenden wir die Einleitung.

1 Zur Aktualität von Triangulation in der Sozialforschung

Zunächst sind gewiss einige Anmerkungen zur Aktualität von Triangulation in der Sozialforschung angebracht. Im deutschsprachigen und internationalen Wissenschaftskontext wird Triangulation in den letzten Jahren (erneut) häufig in Verbindung mit Mixed-Methods-Research (MMR) unter dem Schlagwort Methodenkombination diskutiert (vgl. Burzan 2016). Dadurch verschwimmen die Grenzen zwischen den beiden aus unterschiedlichen Kontexten stammenden Konzepten (vgl. für Unterscheidungen und Definitionsvergleiche Kuckartz 2014, S. 30ff.; Kelle 2014; Burzan 2016, S. 21ff.). Gemeinsam ist den beiden method(-olog-)ischen Ansätzen – sprich Triangulation und MMR – dass sie als Forschungsdesigns und -strategien positiv besetzt sind und oftmals als dritter Weg favorisiert werden, der methodologische Unvereinbarkeiten und erkenntnistheoretische Gegensätze zu überwinden helfe bzw. im Sinne einer „gelungenen Integration" (Breuer 2003; Schreier und Fielding 2001) zu verbinden wisse (vgl. Kuckartz 2014). Auch Norman Denzin (2012) sieht in der gegenwärtigen MMR-Argumentationsfigur Parallelen zur früheren – von ihm selbst in den Sozialwissenschaften maßgeblich mitgeführten – Triangulationsdebatte. Der Unterschied liege darin, dass bei MMR häufig methodologische oder epistemologische Vorbehalte zugunsten der Forschungspragmatik respektive einer „Alles-ist-möglich-Einstellung" ausgeblendet würden (Denzin 2012, S. 83). Er betont aber heute, in Abgrenzung zu jener ehedem vertretenen naiven Sichtweise, dass die Verwendung multipler Methoden zwar den Facettenreichtum eines komplexen sozialen Phänomens angemessener widerspiegele, jedoch nie eine „objektive Realität" erfasst werden könne und triangulierendes Vorgehen insofern nicht als Validitätsstrategie missverstanden werden dürfe (vgl. Denzin 2012, S. 82). Während MMR vor allem auf die Kombination qualitativer und quantitativer Methoden zielt (vgl. Burzan 2016), stellten die konzeptionellen Überlegungen Denzins zur Triangulation in den 1970er Jahren ein Plädoyer für die Nutzung des Spektrums qualitativer Methoden dar, das er explizit in die Tradition der Forschungen der Chicago School of Sociology stellte (vgl. Denzin 1989).

Die seit den 1970er Jahren in der empirischen Sozialforschung geführte Triangulationsdiskussion mäandert zwischen Validierungsmöglichkeiten, Komplexitätserfassung, Überbrückung von quantitativ-qualitativen Grabenkämpfen und methodologischen Grundsatzdebatten. Mit Triangulation gehen positive Zuschreibungen und kritische Auseinandersetzungen einher. Im englischen Sprachraum wird Triangulation laut Flick, der sich um eine internationale Perspektive bemüht (vgl. Flick 2011), in zwei Richtungen diskutiert: einerseits wenn es um die Frage der Geltungsbegründung von qualitativer Forschung geht und andererseits im Zusammenhang mit der Kombination von qualitativen und quantitativen Methoden. Diese auch unter dem Stichwort MMR bekannt gewordene Variante triangulierenden Vorgehens erfreut sich aktuell auch im deutschsprachigen Wissenschaftskontext erhöhter Aufmerksamkeit (vgl. Burzan 2015; Kuckartz 2014; stellvertretend für empirische Umsetzungen die Beiträge in Ecarius und Miethe 2011).

Wie auch Hubert Knoblauch (2010, S. 117f.) in Bezug auf Berger und Luckmann betont, ist Triangulation allerdings nicht notwendig eine Neuerung in der wissenssoziologisch-fundierten Forschungspraxis, sondern findet auf der Ebene der Reflexion und Explikation des eigenen Vorgehens statt (vgl. auch Rheinländer 2011, S. 113). Dementsprechend werden in diesem Sammelband keine neuen oder umfassenden Begriffsdefinitionen, keine abschließenden Antworten auf Validierung oder quantitative und qualitative Kombinationsmöglichkeiten geliefert, sondern vielfältige Möglichkeiten und Forschungspraktiken präsentiert. Weitgehend außer Acht gelassen wird auch, dass Ansätze vorliegen, mittels derer quantitative und qualitative biografische Verfahren verknüpft werden, beispielsweise aus der Biografie- und Lebenslaufforschung (vgl. Kluge und Kelle 2001; Jakob 2001), doch geht es in den hier präsentierten Beiträgen stärker darum, ein Gütekriterium der qualitativen Sozialforschung zu fokussieren, das darauf zielt, Daten und Methoden im Forschungsprozess gegenstandsangemessen weiterzuentwickeln und intersubjektiv nachvollziehbar zu dokumentieren.

Im vorliegenden Band werden Beiträge publiziert, in denen sich aktuelle methodische Entwicklungen in der Biografieforschung im Konnex Triangulation spiegeln. Diese Zusammenstellung basiert auf in den vergangenen Jahren vorgestellten Forschungspraktiken vor allem aus dem Umfeld der deutschsprachigen Biografieforschung.[2] Die Forschungspraxis zeigt, dass die Untersuchung von biografischen Konstruktionen als Ordnungsmuster in komplexen und multimedial vermittelten sozialen Welten einer multiperspektivischen Betrachtung bedarf. Dazu werden – neben mündlichem und schriftlichem (auto-)biografischen Datenmaterial – auch verschiedene Online- und Offline-Quellen herangezogen, deren triangulierende Analyse besonderer methodologischer und methodischer Reflexion bedarf. Darüber hinaus findet die Kombination verschiedener methodischer und theoretischer Zugänge oder die gemeinsame Interpretation in Forschungswerkstätten häufig im Sinne der Forderung nach Gegenstandsangemessenheit praktisch statt, ohne dass notwendigerweise ein Bezug zur Triangulationsdebatte gesucht würde. Die hier versammelten Beiträge basieren auf unterschiedlichen methodischen Ansätzen (vorrangig auf der sozialwissenschaftlichen Prozessanalyse und der biografischen Fallrekonstruktion), die in biografieanalytischen Forschungen (weiter-)entwickelt wurden und erlauben so einen Blick auf Fragen der Triangulation und zugleich Einsichten in konkrete Forschungspraxen: Triangulation und methodisches Vorgehen sind jedoch auf das Engste verzahnt und ermöglichen somit auch Einblicke in Interpretationspraktiken. Schließlich liefern die Beiträge Anregungen für Forschende, die nicht in biografieanalytischen Kontexten beheimatet sind.

2   Konzeptionelle Überlegungen und Traditionslinien

Nachdem die Ausrichtung der Beiträge im Sammelband grob skizziert wurde, gilt es, konzeptionelle Überlegungen anzustellen und Traditionslinien zu skizzieren. Der aus der Geodäsie stammende Begriff der Triangulation[3], den Norman K. Denzin (1970) im US-amerikanischen Kontext in die sozialwissenschaftliche Forschungsdebatte einbrachte, wurde seitdem auch in der deutschsprachigen qualitativen Sozialforschung diskutiert, kritisiert, ergänzt und weiterentwickelt

---

2   Zu aktuellen Trends in internationalen Biografieforschungskontexten, etwa in Frankreich, Italien, Brasilien, Griechenland, Skandinavien und Großbritannien vgl. Lutz et al. (2017); der diskursive Bezug zu Triangulation fehlt aber – auch aus der Beobachtung der Entwicklungen in den entsprechenden Fachverbänden – in diesen aktuellen internationalen Debatten meistens.

3   In der Landvermessung wird Triangulation nach Blaikie (1991, S. 118, zit. nach Flick 2014a, S. 11) „als eine ökonomische Methode der Lokalisierung und Fixierung von Positionen und Lagen auf der Erdoberfläche eingesetzt". Vgl. kritisch zu diesem Verweis Rheinländer (2011, S. 112).

(vgl. Ecarius und Miethe 2011; Flick 2004, 2013, 2014a). Grundsätzlich geht es dabei um eine Kombination oder Integration unterschiedlicher Perspektiven, Methoden, Daten, Theorien und Forscher/innen, um den zu untersuchenden Forschungsgegenstand in seiner Komplexität möglichst umfassend zu verstehen und zu deuten. Denzin (1970, 1978, 1989) benannte vier Triangulationsformen, die im Forschungsprozess in unterschiedlichen Kombinationen vorkommen können:

„The four basic types of triangulation are *data*, with these types; (1) time, (2) space, (3) person, and these levels (1) aggregate (person), (2) interactive (person), (3) collectivity (person); *investigator* (multiple vs. single observers of same object); *theory* (multiple vs. single perspectives in relation to the same set of objects); and *methodological* (within-method triangulation and between-method triangulation)." (Denzin 1970, S. 301; unsere Hervorhebungen).

Diese Aufstellung dient jedoch stärker einer Systematisierung bzw. Klassifizierung als einer in der Forschungspraxis abzuarbeitenden Handreichung. Triangulation bewegt sich vielmehr in diesem Spannungsfeld von theoretischer bzw. strategischer Konzeption einerseits und forschungspraktischer Umsetzung andererseits.

Methodenkombinationen haben in der Sozialforschung eine lange Tradition. So nutzten bereits einige heute als klassisch eingestufte Studien, wie z.B. die Untersuchung zu den „Arbeitslosen von Marienthal" (Jahoda et al. 1975), verschiedene Verfahren und Zugänge. Diese Studie wird entweder als Beispiel triangulierenden Vorgehens (vgl. Flick 2004, S. 7) angeführt oder stützt das Argument der Überbrückbarkeit methodologischer Gräben zwischen Vertreter/innen qualitativer und quantitativer Ansätze (vgl. Burzan 2015, Abs. 2; Kuckartz 2014, S. 28f.). In jener Untersuchung wurden zum einen ethnografische Daten (Lebensgeschichten, Protokolle, Katasterblätter, Inventare der Mahlzeiten, Zeitverwendungsbögen) mit qualitativem Diskursmaterial (Anzeigen und Beschwerden an behördliche Stellen, Schulaufsätze, Preisausschreiben) kombiniert. Zum anderen wurden diese qualitativen Perspektiven mit einer quantitativen Sozialstrukturanalyse (statistische Daten, Geschäftsbücher des Konsumvereins, Zeitungsabonnements, Bevölkerungs- und Haushaltungsstatistiken) trianguliert (vgl. Jahoda et al. 1975, S. 26f.). Nach Denzin (1970, S. 301) lassen sich für die Marienthal-Studie etliche Triangulationsformen sowohl auf der Erhebungs- als auch auf der Auswertungsebene rekonstruieren: beispielsweise die *Investigator*-Triangulation, denn ein Team von Forschenden mit unterschiedlichen wissenschaftstheoretischen Hintergründen wurde eingesetzt, die *Data*-Triangulation, bei der zu verschiedenen Zeitpunkten, an verschiedenen Orten Daten von Einzelpersonen oder Haushalten erhoben wurden und die *Methodological*-Triangulation, bei der innerhalb von Methoden und zwischen unterschiedlichen method(-olog-)ischen Zugängen Perspektivenvielfalt hergestellt wurde. Ein Ziel der Forschenden war es, das Phänomen Arbeitslosigkeit aus verschiedenen Blickwinkeln zu beleuchten, „natürliche Daten" und Statistik zu verbinden und „eine Methode der Darstellung, die die Verwendung exakten Zahlenmaterials mit dem Sicheinleben in die Situation verband" (Jahoda et al. 1975, S. 24) zu entwickeln. Diese forscherische Neugierde, die Komplexität sozialer Wirklichkeit nicht nur einseitig erforschen zu wollen, sondern ihre Schattierungen möglichst umfassend und in ihrem Zusammenspiel zu verstehen, kann als Grundlage des Triangulationkonzepts gelten. Das Interesse an Triangulation begründet sich gleichermaßen aus einer Forschungshaltung und der Forschungspraxis. Mitunter fließen triangulierende Prozeduren auch in Forschungsprozesse ein, ohne dass sie mit dem Begriff der Triangulation explizit verknüpft werden. Nicht nur in der Marienthal-Studie, sondern auch in den die Grounded-Theory-Methodologie begründenden Studien von Barney Glaser und Anselm Strauss – „Awareness of Dying" (1965) und „Time for Dying" (1968) – sowie in den methodologischen Ausführungen der beiden Autoren (Glaser und Strauss 1967) werden Vorgehensweisen im Forschungsprozess beschrieben, die aus heutiger Sicht als Triangulationsformen betrachtet werden können (vgl. Flick 2004, S. 9).

Ein Blick auf die Anfänge der sozialwissenschaftlichen Diskussion um Triangulation zeigt sowohl begriffliche als auch konzeptionelle Unschärfen und daraus resultierende Missverständnisse: Denzin verstand seinen Vorschlag der multiplen Triangulation vor allem als kombinierte Nutzung unterschiedlicher methodischer und methodologischer Ansätze des qualitativen Spektrums, um verschiedene Facetten der sozialen Wirklichkeit sichtbar zu machen, da jeder methodische Zugang eine jeweils andere Perspektive eröffne. Obwohl er so gewonnene Ein- und Ansichten mit einem Blick durch das Kaleidoskop verglich (1978, S. 292), wurde diese Metapher unseres Wissens nur von Köckeis-Stangl (1980) aufgegriffen. Statt dessen entzündete sich massive Kritik an der Formulierung, dass mittels „advocating triangulation, or the combination of methodologies in the study of *the same phenomena*" (Denzin 1978, S. 291, unsere Hervorhebungen) ein differenzierteres Bild von Wirklichkeit erzeugt werden könne. Es wurde vielfach angenommen, dass sich in diesem Anspruch ein Gegenstandsverständnis ausdrücke, welches unberücksichtigt ließe, dass jede Methode den Gegenstand auf spezifische Weise (mit-)konstituiere (vgl. Flick 2004, S. 17, 2014; Kalthoff 2010, S. 354).[4] Diese auch ab Mitte der 1980er Jahre innerhalb der qualitativen Forschung breit diskutierte erkenntnistheoretische Problematik kommt vor allem bei einer Methodentriangu-

---

4 Für Details dieser Kritik an Denzin siehe Silverman (1985, rezipiert auch bei Flick 2004).

lation zum Tragen, die die theoretischen Implikationen der eingesetzten Verfahren vernachlässigt und Methoden unreflektiert bzw. pragmatisch kombiniert. Nach Flick (2004, S. 18) habe Denzin diesem Problem bei der Triangulation von Theorien Rechnung getragen, die Gefahr bestehe jedoch weiterhin, sofern Triangulation von Daten oder Methoden als reine Validierungsstrategie eingesetzt werde. „Gleichermaßen sollte durch die Triangulation [...] ein prinzipieller Erkenntniszuwachs möglich sein, dass also bspw. Erkenntnisse auf unterschiedlichen Ebenen gewonnen werden, die damit weiter reichen, als es mit einem Zugang möglich wäre" (Flick 2004, S. 12). Triangulation avanciert in diesem Verständnis zu einer methodologischen Strategie der Vertiefung und Verbreiterung des Wissens über den untersuchten Gegenstand und konnte damit als Gütekriterium qualitativer Sozialforschung Karriere machen (vgl. dazu vor allem Breuer 2003; Breuer und Reichertz 2001; Flick 2014b, S. 419; Reichertz 2000), da sie der Komplexität sozialer Wirklichkeit gegenstandsangemessen(er) Rechnung trägt und Ambivalenzen transparent werden lassen kann.

Im Rekurs auf Laurel Richardson (2000, 2003)[5] spricht Denzin (2012, S. 83) neuerdings – quasi in Ausweitung seiner Kaleidoskop-Metapher – auch von Kristallisationen, da diese Bezeichnung der Komplexität sozialer Zusammenhänge gerechter werde als der ursprüngliche Triangulationsterminus mit seiner durch das Präfix symbolisch transportierten Dreiachsigkeit. Obwohl das ursprüngliche Konzept der Triangulation in der Folge von Denzin (1989, 2012, 2013) modifiziert wurde, lässt sich dennoch festhalten, dass es als Schlagwort sowohl mit methodologischen Forderungen nach Validierung als auch mit der empirischen Praxis der Einnahme verschiedener Perspektiven auf den Forschungsgegenstand verknüpft ist. So schlägt Köckeis-Stangl (1980, S. 363) vor, statt von Validierung von „multiperspektivische[r] Triangulation" zu sprechen, jedoch „darauf gefasst zu sein, als Ergebnis kein einheitliches, sondern eher ein kaleidoskopartiges Bild zu erhalten". Somit steht jedes trianguliert angelegte Forschungsvorhaben vor der Herausforderung, die durch die verschiedenen Zugänge hervorgerufenen unterschiedlichen Formen der Gegenstandskonstitution nicht nur als ergänzende, sondern potenziell widersprüchliche Ergebnisse bzw. Repräsentationen des Gegenstandsbereichs zu behandeln (vgl. auch Fielding und Fielding 1986, S. 33).

---

5   Richardson (2003, S. 517) schlägt vor, den Begriff der Triangulation durch den der Kristallisierung zu ersetzen: „Rather, the central imaginary is the crystal, which combines symmetry and substance with an infinite variety of shapes, substances, transmutations, multidimensionalities, and angles of approach. Crystals grow, change, alter, but are not amorphous. Crystals are prisms that reflect externalities and refract within themselves. What we see depends upon our angle of repose."

Wir plädieren daher dafür, Triangulation als methodologisch *und* forschungspraktisch begründetes Vorgehen in qualitativen Forschungsdesigns zu konzipieren, durch das verschiedene Perspektiven auf den Gegenstand kristallisiert werden. Ferner sollen so auch die Ergebnisse intersubjektiv nachvollziehbar gemacht werden – oder, wie Fielding und Fielding argumentieren: „The role of triangulation is to increase the researcher's confidence so that findings may be better imparted to the audience and to lessen recourse to the assertion of privileged insight" (Fielding und Fielding 1986, S. 24f.). Triangulation kann die Güte qualitativer Studien steigern, indem sie die Ergebnisse für Rezipient/innen nachvollziehbarer präsentiert.

Ausgehend von der Prämisse, dass Methoden, Daten und Theorien das Feld konstituieren, das sie untersuchen (zum „methodologischen Holismus" vgl. auch Diaz-Bone 2006), muss ihre Anwendung stets reflektiert werden. Triangulation wird aber selten in Bezug auf ihre Wirkung hinsichtlich der Gegenstandskonstruktion durchdacht und dient mitunter lediglich der Legitimation des Forschungsvorhabens (vgl. Ecarius und Miethe 2011, S. 7). Der Einbezug unterschiedlichster Dokumente und Daten erfordert es aber, die Effekte auf die Fragestellung, den Forschungsprozess und die Ergebnisse zu systematisieren, da Entstehungskontext und Vertextlichung für die Konstitution des Gegenstandes, den sie zu erklären versuchen, substanziell sind. Triangulation könnte in diesem Sinne als Gütekriterium qualitativer Sozialforschung gelten (ausführlich vgl. Flick 2014b).

In diesem Sammelband steht zum Thema Triangulation die Perspektivenvielfalt in einem Paradigma – in diesem Fall die sozialkonstruktivistische Biografieforschung – im Fokus. Knoblauch (2010) weist in seiner Beschäftigung mit dem Verhältnis von Phänomenologie und Soziologie darauf hin, dass die wissenssoziologischen Ausführungen von Berger und Luckmann (1986), die in die Theorie der gesellschaftlichen Konstruktion von Wirklichkeit münden, im Kern ein „Modell für die Triangulation" seien (Knoblauch 2010, S. 117). Diese Überlegungen sind insofern für die Biografieforschung grundlegend, da das Subjekt in einem dialektischen Verhältnis zu sozialen Interaktionen und Institutionalisierungen entworfen wird, sodass konzeptionell biografisches Wissen und biografische Konstruktionen in ihrer Sozialität begriffen werden müssen. Eine solche für die sozialkonstruktivistische Biografieforschung zentrale methodologische Implikation als Triangulation zu begreifen, bedeutete in der Konsequenz jedoch, dass jedwede biografieanalytische Perspektive per se schon als triangulierend aufgefasst werden könnte. Diese Position, wie sie Knoblauch formuliert, weist – übertragen auf die Biografieforschung – zwar darauf hin, dass Biografieforschung in der methodologischen Anlage und forschungspraktischen Umsetzung meist schon triangulierend konzipiert ist, doch liegt zugleich die Gefahr darin, sich die Herausforderungen explizit triangulierenden Forschens nicht mehr bewusst zu machen, was zu einer

"Verwässerung" von Triangulation als Konzept führen würde. Dementsprechend wird im Rahmen des vorliegenden Bandes vor allem die Forschungspraxis ins Zentrum gerückt, um Triangulation gegenstandsangemessen und bezogen auf verschiedene biografieanalytische Projekte zu diskutieren. Ausgehend von den unterschiedlichen Fragestellungen, Materialien und Forschungsgegenständen erweitert und vertieft sich das Feld der Triangulation je nach der Einbindung in unterschiedliche Traditionen.

3 Biografieanalyse(n) und Triangulation: Traditionen, Forschungspraktiken, Trends

Traditionen, Forschungspraktiken und Trends im Konnex Biografieforschung und Triangulation gilt nun die Aufmerksamkeit. Biografien werden im sozialkonstruktivistischen Paradigma als flexible Gebilde konzipiert, die im Horizont der "Temporalisierung sozialer Strukturen" (Alheit 1997; Alheit und Dausien 2000) eine ordnende und sinngebende Funktion erfüllen. Sie sind prozesshafte, interaktiv zu gestaltende soziale Konstruktionen, die auf Erlebnisse und Wandlungen im Leben eines/einer Einzelnen ebenso rekurrieren wie auf Krisen, Veränderungen oder Umbrüche der (Gesellschafts-)Geschichte. Um jedoch als "sozialweltliches Orientierungsmuster" (Fischer und Kohli 1987, S. 26) und als Ordnungskonzept zu fungieren, mit dessen Hilfe die soziale Wirklichkeit strukturiert, Erlebnisse (ein-)geordnet und Sinnwelten konstituiert werden, stellen mündliche und schriftliche biografische Ausdrucksformen notwendigerweise Selektionen möglicher Deutungen von Erfahrungen und Handlungen dar. Zugleich orientieren sich Erzähler/innen an kulturell und institutionell verankerten Format-Traditionen, wie z.B. der Beichte, dem Lebenslauf, den Memoiren, Tagebüchern, der Laudatio oder dem Nachruf (vgl. Denzin 1989; Fuchs-Heinritz 2005; Hahn 1982, 1987; Heinze und Schiebel 2013).

Mit gesellschaftlichen und technischen Entwicklungen verändern sich auch die Möglichkeiten biografischer Selbstdarstellungsformen und deren Wahrnehmung. Um ein Beispiel zu akzentuieren: Die Darstellungsformen in elektronischen sozialen Medien, wie Blogs oder Foren, sind stark an biografischen Ordnungsmustern orientiert und bieten neue Möglichkeiten einer biografischen Webpräsenz. Biografieforscher/innen sind aufgerufen, angemessene methodische Verfahren zu entwickeln, die die je spezifischen zeitgenössischen Texte und ihre Kontexte berücksichtigen und in die Forschung integrieren (vgl. auch O'Neill et al. 2015; Roberts 2015). Denn mithilfe biografieanalytischer Zugänge sollen sich "Muster der individuellen Strukturierung und Verarbeitung von Erlebnissen in sozialen Kontexten" rekonstruieren lassen, dabei aber soll „immer auf gesellschaftliche Regeln, Diskurse und soziale Bedingungen" verwiesen werden (Völter et al. 2005, S. 7f.). Um komplexe soziale Phänomene in multimedialen sozialen Welten zu verstehen und zu erklären, ist eine Perspektivenerweiterung notwendig, die auf Triangulation basiert und methodische Weiterentwicklung fordert.

Der Mündlich- und Schriftlichkeit als zwei Modalitäten der Selbstdarstellung wird in der Biografieforschung seit langem Tribut gezollt. So bildeten etwa in frühen Forschungstraditionen der soziologischen Biografieforschung, insbesondere aus dem Arbeitskontext der Chicago School of Sociology, schriftliche Selbstpräsentationen und andere schriftliche Dokumente die vornehmlichen Datengrundlagen der Studien – Studien, die aktuell wieder breit rezipiert werden (vgl. Garz et al. 2007). Obwohl die Auseinandersetzung mit schriftlichem autobiografischem Material nie ganz vergessen wurde (vgl. Alheit und Brandt 2006; Miethe und Schiebel 2008; Müller-Botsch 2008, 2009; Riemann 2007; Völter 2002), rückte sie dennoch angesichts erzähltheoretischer Reflexionen und technischer Entwicklungen zugunsten der Beschäftigung mit mündlichen Erzählungen in den Hintergrund (vgl. Heinze und Schiebel 2013), sodass sich ab den 1980er Jahren das methodische Repertoire in der Biografieforschung vorwiegend entlang der Analyse mündlicher Daten entwickelt hat. Wie Dausien und Riemann (2010, o.S.) betonen, bedient sich diese neuere Biografieforschung vor allem der „epistemischen Möglichkeiten des Erzählens". Aufgrund der Ausdifferenzierung soziologischer Biografieforschungspraktiken findet sich parallel eine Tradition, nicht nur den erzählten Text zur Auswertung heranzuziehen, sondern auch weitere Quellen, die Aufschluss über die diskursiven und historischen Kontexte zu einem bestimmten biografischen Datum geben (z.B. Akten, Tagebücher oder Briefe), in die Analyse zu integrieren (grundlegend vgl. Rosenthal 1995).

Innerhalb biografieanalytischer Studien zeichnet sich in den letzten Jahren vor allem im deutschsprachigen Raum ein Trend[6] ab, neben mündlichen und schriftlichen biografischen Selbstpräsentationen, auch visuelle Selbst- und Fremd-Prä-

---

6 Vgl. dazu bspw. auch die Tagungen der Sektion Biographieforschung in der DGS zu „Biographie und Diskurs" 2013 [URL: http://www.soziologie.de/fileadmin/user_upload/Sektionen/Biographieforschung/Jahrestagung_2013_DGS_Sektion_Biographieforschung_Mailversand.pdf] [Zugegriffen: 06. Januar 2016]; oder zu „Medialisierungsformen des (Auto-)Biographischen und ihre Kommunikationskontexte" 2011 [URL: http://www.wiso.uni-hamburg.de/fileadmin/sozialoekonomie/biographieforschung/Biographietagung_Flyer_111013.pdf] [Zugegriffen: 06. Januar 2016] sowie einige Sessions bei der Interim-Konferenz des RC 38 der ISA „Biographical Research in the 21st century – Epistemological issues and ethical dilemmas" 2013 [URL: http://www.eksoc.uni.lodz.pl/is/doc/konf13-ksk-prog.pdf] [Zugegriffen: 06. Januar 2016].

sentationen zum Analysegegenstand zu machen (vgl. etwa Breckner 2010; Klika 2011; Maschke 2011; Schiebel und Robel 2011), „historische Ego-Dokumente" (vgl. Miethe und Schiebel 2008; Müller-Botsch 2008, 2009) oder ethnografisches Material einzubeziehen (vgl. Dausien und Kelle 2005; Köttig 2005; Rosenthal 2015; Witte 2010; Wundrak 2010, 2012) und/oder Diskurs- und Biografieforschung zu verbinden (vgl. Alber 2016; Pohn-Weidinger 2014; Schiebel 2011; Spies 2009; Teupen 2015; Tuider 2007; Völter und Schäfer 2005). Dabei wird dieses vielfältige Datenmaterial u.a. mit Interviewdaten ergänzt, kombiniert und/oder konfrontiert, um sich in triangulierenden Herangehensweisen den, häufig multimedial vermittelten, biografischen Formen in ihrem je historischen Kontext anzunähern und Antworten auf die Fragen ihrer Konstruktionsprinzipien und sozialen Funktion als sinnstiftende Ordnungsmuster zu finden (weiterführend vgl. auch Alber und Schiebel 2017). Darüber hinaus liegen verschiedene Ansätze, quantitative und qualitative biografische Verfahren, beispielsweise aus der Biografie- und Lebenslaufforschung, zu triangulieren, vor (vgl. Kluge und Kelle 2001; Jakob 2001).

Doch nicht nur unterschiedliche Methoden und Daten werden trianguliert, sondern häufig wird in (inter-)nationalen Forschungsteams auch kulturvergleichend gearbeitet. Vor dem Hintergrund der unterschiedlichen alltagsweltlichen und wissenschaftlichen Traditionen und Wissensbestände ist Triangulation im Sinne der Verschränkung von Perspektiven auf den Untersuchungsgegenstand ein geradezu notwendiges Vorgehen, um Austausch und Erkenntnisgewinn zu verbürgen – häufig bringen auch die unterschiedlichen Projektpartner/innen ihre jeweiligen Methoden- und Datenvorlieben ein.[7] Gerade in internationalen Kontexten sind in den letzten Jahren fruchtbare Ansätze verfolgt worden, verschiedene Investigator/innen mit ihren jeweiligen sozio-historisch und biografisch geprägten Perspektiven und Methodenkenntnissen ein und dasselbe Datenmaterial, z.B. in Form eines biografisch-narrativen Interviews, untersuchen zu lassen. Beispielhaft seien aus der Fülle vorliegender Arbeiten folgende Publikationen erwähnt: Im Rahmen von Sessions des Research Committee 38 „Biography and Society" der International Sociological Association (ISA) finden seit 1998 Reflexionen darüber statt, was Biografieforscher/innen tatsächlich im Zuge der Materialauswertung tun (Riemann 2003a, 2003b, 2006a, 2006b). Weitere multiperspektivische Auseinandersetzungen anhand eines Interviewtexts wurden im Rahmen des Research Networks 03 „Biographical Perspectives on European Societies" der European Sociological Association (ESA) 2012 in Łódź/Polen vorgenommen. Die Ergebnisse trugen zur

---

7 Diskrepanzen zwischen der positiven Rahmung dieser Unterschiedlichkeiten im Forschungsantrag und den oftmals kräftezehrenden Herausforderungen im forschungspraktischen Alltag können jedoch beobachtet werden.

Weiterentwicklung biografischer Forschungspraxis im internationalen Kontext bei (Kaźmierska 2014a, 2014b). Ferner können verschiedene Forschungsprojekte genannt werden, die unter Beteiligung von transnationalen Forschungsteams gearbeitet haben, wie das von 2010 bis 2015 von der DFG-geförderte trilaterale Projekt „Außenseiter und Etablierte zugleich: Palästinenser und Israelis in unterschiedlichen Figurationen", in dem vielfache und verschränkte Formen der Triangulation vorgenommen wurden (Rosenthal 2015; Wundrak 2012). Grenzüberschreitende Fragen in der Euroregion Neiße beleuchtete ein internationales Forschungsteam (gefördert von der VW-Stiftung) anhand von „Biographien im Grenzraum" von 1999 bis 2003 (Alheit et al. 2006). Auch internationale, interdisziplinäre Projekte bzw. Teilprojekte, wie „Migration and Networks of Care. A comparative European research project", können als triangulierende biografieanalytische Forschungspraxis verstanden werden. Ferner können auch das unter Beteiligung von Forschungsteams aus sieben Ländern im Zeitraum 2008 bis 2011 durchgeführte EUROIDENTITIES-Projekt (Euroidentities 2016; Miller und Day 2012) oder das von 1997 bis 2000 durchgeführte Projekt „Self Employment Activities Concerning Women and Minorities" mit biografischen Fällen aus sechs europäischen Ländern im Sinne der Triangulation von Forschungsperspektiven auf biografisches Datenmaterial verstanden werden (Apitzsch 2001). Erfahrungen mit derartigen Formen der Triangulation gilt es künftig stärker zu bedenken und methodologisch zu reflektieren. Es ließe sich also konstatieren, dass auch die Forscher/innen-Triangulation (nicht nur) in der Biografieforschung eine etablierte Forschungspraxis ist, die aber selten unter diesem Fokus reflektiert wird. Ergänzend hingewiesen sei in diesem Zusammenhang ebenfalls auf die Tradition der Forschungswerkstätten, in denen mehrere Forscher/innen aus unterschiedlichen Perspektiven empirische Materialien interpretieren. Doch auch jenseits expliziter Forscher/innen, Daten- oder Methodenkombinationen, so unser Fazit, kann die biografieanalytische Forschungspraxis als triangulierend bezeichnet werden: So fließen in die methodischen Verfahrensweisen einerseits verschiedene methodologische und (erkenntnis-)theoretische Implikationen ein, z.B. hermeneutische, textanalytische, gestalttheoretische, konversationsanalytische bzw. erzähltheoretische Ansätze. Andererseits machen sich Biografieforscher/innen in ihrer Forschungspraxis das Prinzip der Perspektiven-Triangulation systematisch zunutze, indem verschiedene fallbezogene Materialien in die Analyse einbezogen werden und in Forschungswerkstätten zur Diskussion, Interpretation und Reflexion gestellt werden; eine Praxis, in die weitere von Denzin vorgestellte Triangulationsformen einfließen. Biografieforschung als Forschungspraxis beinhaltet also auf vielfältige Art und Weise triangulierendes Vorgehen und die Annäherung an verschiedene Texte und Kontexte biografischer Formate. Wie dieses Vorgehen methodisch reflektiert und gegenstandsangemessen genutzt werden kann, um soziale Phänomene zu verstehen, erläutern die Autor/innen dieses Sammelbandes in ihren Beiträgen. Systematisieren lassen sich beim Blick auf die triangulierende Forschungspraxis einerseits Ansätze, die aus empirischen Herausforderungen methodologisch folgen (vgl. Mangione, Pohn-Lauggas, Wundrak in diesem Band), andererseits Ansätze, die aus theoretischen und methodologischen Überlegungen heraus für Triangulation plädieren (vgl. Alber, Miethe und Soremski, Witte in diesem Band). In der Forschungspraxis sind diese beiden Richtungen aber oftmals miteinander verschränkt (vgl. Detka et al. in diesem Band). Weit davon entfernt, sämtlichen der umgesetzten, angesprochenen oder möglichen Formen der Triangulation Rechnung tragen zu können, wollen wir mit diesem Band einen dreifachen Beitrag leisten: für die reflexiven und method(-olog-)ischen Optionen sensibilisieren, die mit Triangulation verbunden sind, auf innovative Potenziale aufmerksam machen, die mit dieser Herangehensweise verwoben sind, und Forschungspraktiken und -erfahrungen, die im Rahmen von biografieanalytischen Forschungen gesammelt wurden, Interessierten zugänglich machen.

Als jeweils am Gegenstand zu beantwortende Frage bleibt, auf welcher Ebene und in welcher – intersubjektiv nachvollziehbaren – Form die Triangulation stattfindet.

4   Beiträge des Bandes

Maria Pohn-Lauggas sah sich im Lauf ihrer Forschung mit neuen methodischen Herausforderungen konfrontiert. So zeigt die Autorin in ihrer Studie, die mit einem biografie- und diskursanalytischen Zugang aufgrund theoretischer Überlegungen bereits als Triangulation angelegt war, inwiefern weitere, von der Interviewten eingebrachte Materialien, wie schriftliche Tagebuchaufzeichnungen, zur biografischen Fallrekonstruktion heranzuziehen waren. In *Cosimo Mangiones* Beitrag steht der Umgang mit Divergenzen bei triangulierendem Vorgehen im Fokus, den er anhand seiner Untersuchung über Familien mit behinderten Angehörigen erläutert. Dabei wird Triangulation – in diesem Fall werden Familieninterviews, narrative Paarinterviews und autobiografisch-narrative Einzelinterviews erhoben und ausgewertet – als Strategie zur Umsetzung einer ethnografischen Erkenntnishaltung definiert, um der Heterogenität der Perspektiven gerecht zu werden. Am Beispiel der Ärzt/innen-Patient/innen-Interaktion diskutiert *Nicole Witte* Methoden-Triangulation, die auf der Verschränkung von Interaktions- bzw. Videoanalysen mit biografischen Fallrekonstruktionen beruht. Ihre Studie war bereits als triangulierendes Vorgehen angelegt, um die biografische Genese von Interaktionsmustern erklären zu können. *Rixta Wundrak* befasst sich in ihrem Beitrag mit praxeologischen Fragen und der körperlich-performativen Seite der Interaktionen in der Erhebungssituation des biografisch-narrativen Interviews. Sie versteht Triangulation als Kombination und Kontrastierung methodologischer Perspektiven und illustriert in ihrem Aufsatz, welche Erkenntnisgewinne mittels Triangulation zu erzielen sind. Der Beitrag von *Carsten Detka, Gerhard Riemann, Martina Schiebel, Bärbel Treichel und Anja Wildhagen* trianguliert ein narrativ-biografisches Interview, das mit einer aus der DDR „freigekauften" politisch inhaftierten Frau geführt wurde, mit Presseartikeln, die den öffentlich-medialen Diskurs zu dieser Praxis spiegeln. Im Fokus steht die Frage, ob und inwiefern sich der mediale Freikaufdiskurs in biografischen Thematisierungen niederschlägt. Für den Beitrag wurde von den beteiligten Autor/innen in einem werkstattförmigen Auswertungsprozess zudem die Investigator-Triangulation systematisch genutzt. Dass ein triangulierendes Vorgehen neben method(-olog-)ischen Fragen auch forschungsethische Aspekte aufwirft, dokumentiert *Ina Alber* anhand einer biografie- und diskursanalytischen Studie. Besonders bei der Berücksichtigung von im Internet verfügbaren biografischen Daten stellen sich neue Herausforderungen in Bezug auf die Anonymisierungsmöglichkeiten und den Schutz der Persönlichkeitsrechte der beforschten Personen einerseits und auf das Gütekriterium der intersubjektiven Nachvollziehbarkeit andererseits. *Ingrid Miethe und Regina Soremski* betonen in ihrem Beitrag den häufig vernachlässigten Aspekt der Theorietriangulation und erläutern die methodische Umsetzung anhand ihrer biografietheoretischen und -analytischen Studie zu Bildungsaufstiegen. Die Autorinnen votieren für einen theorieorientierten Forschungsprozess in der Tradition der Grounded-Theory-Methodologie. Schließlich reflektiert *Birgit Griese* in ihrem den Band abschließenden Beitrag unter den Stichworten Wissenskultur und Mitgliedschaft Fragen des ‚doing Biografieforschung' der versammelten Beispiele aus der triangulierenden Forschungspraxis.

Wir hoffen mittels der Beiträge, in denen triangulierende Forschungsdesigns reflektiert werden oder Triangulation als method(-olog-)isches Prinzip diskutiert wird, die Auseinandersetzungen in der qualitativen Sozialforschung im Allgemeinen und der sozialkonstruktivistischen Biografieforschung im Besonderen zu bereichern. Im Sinne der Gütekriterien qualitativer Sozialforschung sollen die Beiträge ferner zur intersubjektiven Nachvollziehbarkeit der Triangulation beitragen und zugleich konkrete Einblicke in Forschungspraktiken gewähren.

Literatur

Alber, Ina. 2016. *Zivilgesellschaftliches Engagement in Polen: Ein biographietheoretischer und diskursanalytischer Zugang*. Wiesbaden: Springer VS.

Alber, Ina, und Martina Schiebel. 2017 (i.D.). Triangulation in der Biographieforschung. In *Handbuch Biographieforschung*, Hrsg. Helma Lutz, Martina Schiebel, Elisabeth Tuider. Wiesbaden: Springer VS.

Alheit, Peter. 1997. „Individuelle Modernisierung" – Zur Logik biographischer Konstruktion in modernisierten modernen Gesellschaften. In *Differenz und Integration. Die Zukunft moderner Gesellschaften; Verhandlungen des 28. Kongresses der Deutschen Gesellschaft für Soziologie in Dresden 1996*, Hrsg. Stefan Hradil, 941-951. Frankfurt/M.: Campus.

Alheit, Peter, und Morten Brandt. 2006. *Autobiographie und ästhetische Erfahrung. Entdeckung und Wandel des Selbst in der Moderne*. Frankfurt/M.: Campus.

Alheit, Peter, und Bettina Dausien. 2000. Die biographische Konstruktion der Wirklichkeit. Überlegungen zur Biographizität des Sozialen. In *Biographische Sozialisation*, Hrsg. Erika M. Hoerning, 257-284. Stuttgart: Lucius & Lucius.

Alheit, Peter, Irena Szlachcicowa, und Frantisek Zich, Hrsg. 2006. *Biographien im Grenzraum: Eine Untersuchung in der Euroregion Neiße*. Dresden: Neisse-Verlag.

Apitzsch, Ursula. 2001. Self-employment activities concerning women and minorities: their success or failure in relation to social citizenship policies (SEM). *Final report, TSER program*. http://cordis.europa.eu/docs/publications/7088/70885281-6_en.pdf. Zugegriffen: 6. März 2016.

Berger, Peter L., und Thomas Luckmann. 1986. *Die gesellschaftliche Konstruktion der Wirklichkeit. Eine Theorie der Wissenssoziologie*. Frankfurt/M.: Fischer.

Breckner, Roswitha. 2010. *Sozialtheorie des Bildes: Zur interpretativen Analyse von Bildern und Fotografien*. Bielefeld: transcript.

Breuer, Franz. 2003. Qualitative und quantitative Methoden: Positionen in der Psychologie und deren Wandel. Ein Kommentar zu Texten von Jochen Fahrenberg und Jürgen Rost. *Forum Qualitative Sozialforschung / Forum: Qualitative Social Research 4* (2): Art. 44. http://nbn-resolving.de/urn:nbn:de:0114-fqs0302448. Zugegriffen: 19. März 2016.

Breuer, Franz, und Jo Reichertz. 2001. Wissenschafts-Kriterien: Eine Moderation. *Forum Qualitative Sozialforschung / Forum: Qualitative Social Research 2* (3): Art. 24. http://nbn-resolving.de/urn:nbn:de:0114-fqs0103245. Zugegriffen: 19. März 2016.

Burzan, Nicole. 2015. Rezension: Udo Kuckartz (2014). Mixed Methods. Methodologie, Forschungsdesigns und Analyseverfahren. *Forum Qualitative Sozialforschung / Forum: Qualitative Social Research 16* (1): Art. 16. http://nbn-resolving.de/urn:nbn:de:0114-fqs1501160. Zugegriffen: 19. März 2016.

Burzan, Nicole. 2016. *Methodenplurale Forschung. Chancen und Probleme von Mixed Methods*. Weinheim/Basel: Beltz Juventa.

Dausien, Bettina, und Helga Kelle. 2005. Biographie und kulturelle Praxis: Methodologische Überlegungen zur Verknüpfung von Ethnographie und Biographieforschung. In *Biographieforschung im Diskurs*, Hrsg. Bettina Völter, Bettina Dausien, Helma Lutz und Gabriele Rosenthal, 189-212. Wiesbaden: Verlag für Sozialwissenschaften.

Dausien, Bettina, und Gerhard Riemann. 2010. Einleitung zur Sektionsveranstaltung: Materialien der Biografieforschung. In *Unsichere Zeiten. Herausforderungen gesellschaftli-*

cher *Transformationen; Verhandlungen des 34. Kongresses der Deutschen Gesellschaft für Soziologie*, Hrsg. Hans-Georg Soeffner (CD-ROM). Wiesbaden: Verlag für Sozialwissenschaften.

Denzin, Norman K. 1970. *The research act. A theoretical introduction to sociological methods*. Chicago, IL: Aldine Publishing Company.

Denzin, Norman K. 1978. *The research act. A theoretical introduction to sociological methods*. New York: McGRAW-Hill Book Company.

Denzin, Norman K. 1989. *The research act*. Engelwood Cliffs, NY: Prentice Hall.

Denzin, Norman K. 2012. Triangulation 2.0. *Journal of Mixed Methods Research* 6 (2): 80-88.

Denzin, Norman K. 2013. Symbolischer Interaktionismus. In *Qualitative Forschung. Ein Handbuch*, Hrsg. Uwe Flick, Ernst von Kardorff und Ines Steinke, 136-150. Reinbek: Rowohlt.

Diaz-Bone, Rainer. 2006. Zur Methodologisierung der Foucaultschen Diskursanalyse. *Forum Qualitative Sozialforschung / Forum: Qualitative Social Research* 7 (1): Art. 6. http://nbn-resolving.de/urn:nbn:de:0114-fqs060168. Zugegriffen: 28. Februar 2016.

Ecarius, Jutta, und Ingrid Miethe. 2011. Einleitung. In *Methodentriangulation in der qualitativen Bildungsforschung*, Hrsg. Jutta Ecarius und Ingrid Miethe, 7-17. Opladen: Verlag Barbara Budrich.

Euroidentities. 2016. *The evolution of European identity: Using biographical methods to study the development of European identity*. http://www.euroidentities.org/. Zugegriffen: 6. Januar 2016.

Fielding, Nigel G., und Jane L. Fielding. 1986. *Linking data*. London: Sage.

Fischer, Wolfram, und Martin Kohli. 1987. Biographieforschung. In *Methoden der Biographie- und Lebenslaufforschung*, Hrsg. Wolfgang Voges, 25-49. Opladen: Leske + Budrich.

Flick, Uwe. 2004. *Triangulation. Eine Einführung*. Wiesbaden: Verlag für Sozialwissenschaften.

Flick, Uwe. 2011. Zum Stand der Diskussion – Aktualität, Ansätze und Umsetzungen der Triangulation. In *Methodentriangulation in der qualitativen Bildungsforschung*, Hrsg. Jutta Ecarius und Ingrid Miethe, 19-39. Opladen: Verlag Barbara Budrich.

Flick, Uwe. 2013. Triangulation in der qualitativen Forschung. In *Qualitative Forschung. Ein Handbuch*, Hrsg. Uwe Flick, Ernst von Kardorff und Ines Steinke, 136-150. Reinbek: Rowohlt.

Flick, Uwe. 2014a. *Qualitative Sozialforschung. Eine Einführung*. Reinbeck: Rowohlt.

Flick, Uwe. 2014b. Gütekriterien qualitativer Sozialforschung. In *Handbuch Methoden der empirischen Sozialforschung*, Hrsg. Nina Baur und Jörg Blasius, 411-423. Wiesbaden: Springer VS.

Fuchs-Heinritz, Werner. 2005. *Biographische Forschung. Eine Einführung in Praxis und Methoden*. Wiesbaden: Verlag für Sozialwissenschaften.

Garz, Detlef, Sandra Tiefel, und Fritz Schütze. 2007. „An alle, die Deutschland vor und während Hitler gut kennen" – Autobiographische Beiträge deutscher Emigranten zum wissenschaftlichen Preisausschreiben der Harvard University aus dem Jahr 1939. Einführung in den Themenschwerpunkt. *ZQF – Zeitschrift für Qualitative Forschung* 8 (2): 179-188.

Glaser, Barney, und Anselm Strauss. 1965. *Awareness of dying*. Chicago: Aldine.

Glaser, Barney, und Anselm Strauss. 1967. *The discovery of grounded theory: Strategies for qualitative research*. Chicago: Aldine.

Glaser, Barney, und Anselm Strauss. 1968. *Time for dying*. Chicago: Aldine.

Hahn, Alois. 1982. Zur Soziologie der Beichte und anderer Formen institutionalisierter Bekenntnisse. Selbstthematisierung und Zivilisationsprozess. *Kölner Zeitschrift für Soziologie und Sozialpsychologie 34:* 407-434.

Hahn, Alois. 1987. Identität und Selbstthematisierung. In *Selbstthematisierung und Selbstzeugnis: Bekenntnis und Geständnis*, Hrsg. Alois Hahn Volker Kapp, 9-24. Frankfurt/M.: Suhrkamp.

Heinze, Carsten, und Martina Schiebel. 2013. Einleitung zur Sektionsveranstaltung: Autobiographische Formate – Spezifika der Produktion und Auswertung unterschiedlicher Quellen. In *Transnationale Vergesellschaftungen. Verhandlungen des 35. Kongresses der Deutschen Gesellschaft für Soziologie*, Hrsg. Hans-Georg Soeffner (CD-ROM). Wiesbaden: Springer VS.

Jahoda, Marie, Paul Felix Lazarsfeld, und Hans Zeisel. 1975 [1933]. *Die Arbeitslosen von Marienthal. Ein soziographischer Versuch über die Wirkungen langandauernder Arbeitslosigkeit*. Frankfurt/M.: Suhrkamp.

Jakob, Alexander. 2001. Möglichkeiten und Grenzen der Triangulation quantitativer und qualitativer Daten am Beispiel der (Re-) Konstruktion einer Typologie erwerbsbiographischer Sicherheitskonzepte. *Forum Qualitative Sozialforschung / Forum: Qualitative Social Research 2* (1): Art. 20. http://nbn-resolving.de/urn:nbn:de:0114-fqs0101202. Zugegriffen: 28. Februar 2016.

Kalthoff, Herbert. 2010. Beobachtung und Komplexität. Überlegungen zum Problem der Triangulation. *Sozialer Sinn* 11 (2): 353–365.

Kaźmierska, Kaja, Hrsg. 2014a. Special Issue: Biography and emotion – Different approaches in dealing with the life story of Natalia. *Qualitative Sociology Review 10* (1). http://www.qualitativesociologyreview.org/ENG/volume28.php. Zugegriffen: 6. Januar 2016.

Kaźmierska, Kaja. 2014b. Analyzing biographical data: Different approaches of doing biographical research. *Qualitative Sociology Review 10* (1): 6-17. http://www.qualitativesociologyreview.org/ENG/Volume28/QSR_10_1_Kazmierska_1.pdf. Zugegriffen: 28. Februar 2016.

Kelle, Udo. 2014. Mixed Methods. In *Handbuch Methoden der empirischen Sozialforschung*, Hrsg. Nina Baur und Jörg Blasius, 153-166. Wiesbaden: Springer VS.

Klika, Dorle. 2011. In den Leib geschrieben – das Selbstportrait als zum Bild geronnene Biographie. In *Methodentriangulation in der qualitativen Bildungsforschung*, Hrsg. Jutta Ecarius und Ingrid Miethe, 249-266. Opladen: Verlag Barbara Budrich.

Kluge, Susann, und Udo Kelle, Hrsg. 2001. *Methodeninnovation in der Lebenslaufforschung: Integration qualitativer und quantitativer Verfahren in der Lebenslauf- und Biographieforschung*. Weinheim: Juventa.

Knoblauch, Hubert. 2010. Subjekt, Interaktion und Institution. Vorschläge zur Triangulation in Theorie und Methodologie. In *Fragile Sozialität: Inszenierungen, Sinnwelten, Existenzbastler*, Hrsg. Anne Honer, Michael Meuser und Michaela Pfadenhauer, 115-128. Wiesbaden: Verlag für Sozialwissenschaften.

Köckeis-Stangl, Eva. 1980. Methoden der Sozialisationsforschung. In *Handbuch der Sozialisationsforschung*, Hrsg. Klaus Hurrelmann und Dieter Ulich, 321-370. Weinheim: Beltz.

Köttig, Michaela. 2005. Triangulation von Fallrekonstruktionen: Biographie- und Interaktionsanalysen. In *Biographieforschung im Diskurs*, Hrsg. Bettina Völter, Bettina Dausien, Helma Lutz und Gabriele Rosenthal, 65-83. Wiesbaden: Verlag für Sozialwissenschaften.

Kuckartz, Udo. 2014. *Mixed Methods. Methodologie, Forschungsdesigns und Analyseverfahren*. Wiesbaden: Springer VS.

Lutz, Helma, Martina Schiebel, und Elisabeth Tuider, Hrsg. 2017, i.D. Handbuch Biographieforschung. Wiesbaden: Springer VS.

Maschke, Sabine. 2011. Lehramtsstudierende und ihre beruflichen „Entscheidungs-Strategien". Eine empirische Analyse und Triangulation von Interview und Fotoinszenierung In *Methodentriangulation in der qualitativen Bildungsforschung*, Hrsg. Jutta Ecarius und Ingrid Miethe, 267-286. Opladen: Verlag Barbara Budrich.

Miethe, Ingrid, und Martina Schiebel. 2008. *Biografie, Bildung und Institution. Die Arbeiter-und-Bauern-Fakultäten in der DDR*. Frankfurt/M.: Campus.

Miller, Robert, und Graham Day, Hrsg. 2012. *The evolution of European identities: Biographical approaches*. New York: Palgrave Macmillan.

Müller-Botsch, Christine. 2008. Der Lebenslauf als Quelle. Fallrekonstruktive Biographieforschung anhand personenbezogener Akten. *Österreichische Zeitschrift für Geschichtswissenschaft 19* (2): 38-63.

Müller-Botsch, Christine. 2009. *Den richtigen Mann an die richtige Stelle: Biographien und politisches Handeln von unteren NSDAP-Funktionären*. Frankfurt/M.: Campus.

O'Neill, Maggie, Brian Roberts, und Andrew C. Sparkes. 2015. Introduction. In *Advances in biographical methods. Creative applications*, Hrsg. Maggie O'Neill, Brian Roberts und Andrew Sparkes, 1-7. Abingdon: Routledge.

Pohn-Weidinger, Maria. 2014. *Heroisierte Opfer: Bearbeitungs- und Handlungsstrukturen von „Trümmerfrauen" in Wien*. Wiesbaden: Springer VS.

Reichertz, Jo. 2000. Zur Gültigkeit von Qualitativer Sozialforschung. *Forum Qualitative Sozialforschung / Forum: Qualitative Social Research 1* (2): Art. 32. http://nbn-resolving.de/urn:nbn:de:0114-fqs0002324. Zugegriffen 19. März 2016.

Rheinländer, Kathrin. 2011. Triangulation: Wissenschaftshistorische und methodologische Aspekte aus der Perspektive der sozialwissenschaftlichen Forschung. *Zeitschrift für Qualitative Forschung 12* (1): 111-123.

Richardson, Laurel. 2000. Writing: A method of inquiry. In *Handbook of qualitative research*, Hrsg. Norman K. Denzin und Yvonna S. Lincoln, 923-948. Thousand Oaks, CA: Sage.

Richardson, Laurel. 2003. Writing: A method of inquiry. In *Collecting and interpreting qualitative materials*, Hrsg. Norman K. Denzin & Yvonna S. Lincoln, 499-541. London: Sage.

Riemann, Gerhard, Hrsg. 2003a. Thematic Issue: Doing biographical research. *Forum Qualitative Sozialforschung / Forum: Qualitative Social Research 4* (3). http://www.qualitative-research.net/index.php/fqs/issue/view/17. Zugegriffen: 6. Januar 2016.

Riemann, Gerhard. 2003b. A joint project against the backdrop of a research tradition: An introduction to „Doing Biographical Research". *Forum Qualitative Sozialforschung / Forum: Qualitative Social Research 4* (3): Art. 18. http://nbn-resolving.de/urn:nbn:de:0114-fqs0303185. Zugegriffen: 28. Februar 2016.

Riemann, Gerhard, Hrsg. 2006a. Focus: Doing biographical research – A joint project against the backdrop of a research tradition. *Historical Sociological Research 31* (3).

http://www.gesis.org/hsr/archiv/2006/313-biographical-research/. Zugegriffen: 6. Januar 2016.

Riemann, Gerhard. 2006b. An introduction to „Doing Biographical Research". *Historical Social Research 31* (3): 6-28. http://nbn-resolving.de/urn:nbn:de:0168-ssoar-29937. Zugegriffen: 6. Januar 2016.

Riemann, Gerhard. 2007. Suizidalität als Prozess – eine Re-Analyse des Tagebuchs von Wallace Baker in Ruth Shonle Cavons „Suicide". *ZQF – Zeitschrift für Qualitative Forschung 8* (2): 287-327.

Roberts, Brian. 2015. Biographical research. Past, present, future. In *Advances in biographical methods. Creative applications*, Hrsg. Maggie O'Neill, Brian Roberts und Andrew Sparkes, 11-29. Abingdon: Routledge.

Rosenthal, Gabriele. 1995. *Erlebte und erzählte Lebensgeschichte. Gestalt und Struktur biographischer Selbstbeschreibungen*. Frankfurt/M.: Campus.

Rosenthal, Gabriele, Hrsg. 2015. *Etablierte und Außenseiter zugleich: Selbst- und Fremdbilder von Palästinensern im Westjordanland und in Israel*. Frankfurt/M.: Campus.

Schiebel, Martina. 2011. Diskursive und biografische Konstruktion politischer Staatsfeind/ innen. Kommunistinnen und Kommunisten in der frühen Bundesrepublik Deutschland. *Forum Qualitative Sozialforschung / Forum: Qualitative Social Research 12* (2): Art. 27. http://nbn-resolving.de/urn:nbn:de:0114-fqs1102271. Zugegriffen: 28. Februar 2016.

Schiebel, Martina, und Yvonne Robel. 2011. Using press photographs in the construction of political life stories. In *Oral history and photography*, Hrsg. Alexander Freund und Alistair Thomson, 115-130. Basingstoke: Palgrave Macmillan.

Silverman, David. 1985. *Qualitative Methodology & Sociology*. Aldershot: Gower.

Spies, Tina. 2009. Diskurs, Subjekt und Handlungsmacht. Zur Verknüpfung von Diskurs- und Biografieforschung mithilfe des Konzepts der Artikulation. *Forum Qualitative Sozialforschung / Forum: Qualitative Social Research 10* (2): Art. 36. http://nbn-resolving. de/urn:nbn:de:0114-fqs0902369. Zugegriffen: 28. Februar 2016.

Fielding, Nigel, Margrit Schreier, 2001. Introduction: On the Compatibility between Qualitative and Quantitative Research Methods. *Forum Qualitative Sozialforschung / Forum: Qualitative Social Research 2 (1): Art. 4.* http://www.qualitative-research.net/index.php/ fqs/%20article/view%20/965/%202106. *Zugegriffen:* 28. Februar 2016.

Teupen, Sonja, 2015. *Geschlecht zwischen Diskurs und Identität: Möglichkeiten der Triangulation von Diskursanalyse und Biografieforschung*. Bochum: Bochumer Universitätsverlag.

Tuider, Elisabeth. 2007. Diskursanalyse und Biographieforschung. Zum Wie und Warum von Subjektpositionierungen. *Forum Qualitative Sozialforschung / Forum: Qualitative Social Research 8* (2): Art. 6. http://nbn-resolving.de/urn:nbn:de:0114-fqs070268. Zugegriffen: 28. Februar 2016.

Völter, Bettina. 2002. *Judentum und Kommunismus. Deutsche Familiengeschichten in drei Generationen*. Opladen: Leske + Budrich.

Völter, Bettina, Bettina Dausien, Helma Lutz, und Gabriele Rosenthal. 2005. Einleitung. In *Biographieforschung im Diskurs*, Hrsg. Bettina Völter, Bettina Dausien, Helma Lutz und Gabriele Rosenthal, 7-20. Wiesbaden: Verlag für Sozialwissenschaften.

Völter, Bettina, und Thomas Schäfer. 2005. Subjekt-Positionen. Michel Foucault und die Biographieforschung. In *Biographieforschung im Diskurs*, Hrsg. Bettina Völter, Bettina

Dausien, Helma Lutz und Gabriele Rosenthal, 161-188. Wiesbaden: Verlag für Sozialwissenschaften.
Witte, Nicole. 2010. *Ärztliches Handeln im Praxisalltag. Eine biographie- und interaktionsanalytische Studie.* Frankfurt/M.: Campus.
Wundrak, Rixta. 2010. *Die chinesische Community in Bukarest. Eine rekonstruktive, diskursanalytische Fallstudie über Immigration und Transnationalismus.* Wiesbaden: Verlag für Sozialwissenschaften.
Wundrak, Rixta. 2012. Erzählungen aus Jaffa: Narrationstheorie und Triangulation in kulturvergleichenden Analysen. *Zeitschrift für Qualitative Forschung 13* (1-2): 151-172.

Das Tagebuch in einer biografischen Erzählung

Zur methodischen Verbindung von schriftlichem und mündlichem biografischen Datenmaterial

Maria Pohn-Lauggas

Zusammenfassung

Im Artikel wird der methodische Umgang mit während des Forschungsprozesses unerwartet auftauchendem schriftlichem autobiografischem Datenmaterial diskutiert. Im vorliegenden Fall handelt es sich um ein Tagebuch, das während eines biografisch-narrativen Gesprächs von einer Biografin ohne Vorankündigung zur Hand genommen wurde, um daraus vorzulesen und das Vorgelesene zu kommentieren: Das Tagebuch wurde zum Bestandteil der Erzählpraxis. Bezüglich der Integration dieses neuen Materials in den Analyseprozess wird gegenstandsangemessen dafür plädiert, den Zeitpunkt und die Art und Weise des Auftauchens des Materials im Forschungsprozess bei der Entscheidung für eine triangulierende Methodik einzubeziehen. Des Weiteren wird dargestellt, in welcher Weise die analytische Trennung der erlebten und erzählten Lebensgeschichte der sequentiell und rekonstruktiv verfahrenden biografischen Methode nach Rosenthal als methodologische Heuristik dienen kann, um das schriftliche autobiografische Material als Datenquelle *und* als Teil einer Erzählpraxis zu analysieren. Divergenz und Perspektivität als zwei wesentliche Analysegewinne werden fallbezogen illustriert.

1 Einleitung

In den letzten Jahren werden in der empirischen Sozialforschung Triangulationskonzepte in kritischer Auseinandersetzung mit den von Norman Denzin (1978) angestoßenen Überlegungen in verschiedenen Disziplinen breit diskutiert.[1] In Abgrenzung zu Denzins Verständnis von Triangulation als Möglichkeit der Validierung von Ergebnissen wird in späteren Diskussionen der Erkenntnisfortschritt durch Triangulationen betont, aber auch die Möglichkeit, dem untersuchten Gegenstand über die Kombination von (qualitativen und quantitativen) Methoden und Theorien gerechter zu werden, indem man auf diese Weise eine höhere Adäquanz erreicht (Lamnek 1995, S. 250). Kritisch diskutiert wird mittlerweile, inwiefern Methoden den zu untersuchenden Gegenstand mitkonstruieren und auf welche Weise sich damit auch der Forschungsgegenstand verändert (vgl. Helpster et al. 2001; Fichten und Dreier 2003; Kalthoff 2010). Einig ist man sich in der qualitativen Sozialforschung allerdings über die Möglichkeit der Multiperspektivität (Reichertz 2009, Abs. 30). Analog zu den skizzierten Diskussionslinien erfahren Triangulations-Designs eine Konjunktur (Reichertz 2009, Abs. 30), was sich auch an der Bandbreite vielfältiger Forschungen in verschiedenen sozialwissenschaftlichen Fächern zeigen lässt[2]; allerdings handelt es sich bei der Triangulation von Methoden und Theorien zumeist um Entscheidungsprozesse, die sich im Vorfeld der empirischen Umsetzung vollziehen. Im vorliegenden Beitrag wird das Augenmerk jedoch stärker auf den methodischen Umgang mit unerwartet auftauchendem schriftlichem autobiografischem Material im Erhebungsprozess gerichtet, wie dies in meiner Forschung zu biografischen Handlungs- und Bearbeitungsstrukturen im Nationalsozialismus sozialisierter, nicht verfolgter Frauen (Pohn-Weidinger 2014) geschehen ist. In dem diesem Beitrag zugrundeliegenden Fall tauchte das Material ungeplant und noch dazu in ungewöhnlicher Weise im Forschungsprozess auf. Die Biografin präsentierte ihr Tagebuch, das zum integrativen Bestandteil ihrer biografischen Erzählung avancierte. Die auf diese Weise realisierte Erzählpraxis forderte mich auf, einen triangulierenden Blick einzunehmen und das methodi-

---

1 Als Basisliteratur im deutschsprachigen Raum können Denzin 1978; Flick 2011; Kelle 2008; Lamnek 1995 gelten.
2 Alleine im Rahmen des FQS lassen sich neben theoretischen Beiträgen (etwa Kelle 2001) einige in den letzten Jahren entstandene empirische Arbeiten zur Triangulation innerhalb der qualitativen Forschung (etwa Fichten und Dreier 2003; Mathys u.a. 2013) und deren Verbindung mit quantitativer Forschung (vgl. etwa Ackel-Eisnach und Müller 2012) finden. Für die biografieanalytische Praxis seien exemplarisch Alber 2016; Freitag 2005; Köttig 2005; Spies 2010; Witte und Detka et al. in diesem Band genannt; zur Theorietriangulation siehe Miethe und Soremski in diesem Band.

sche Vorgehen neu auszurichten. Um dem Auftauchen des neuen Materials gerecht zu werden, musste die Frage nach der Verbindung von schriftlichem und mündlichem Datenmaterial fallbezogen neu gestellt werden. Es nahm zwar die Beachtung schriftlicher autobiografischer Materialien in den letzten Jahren wieder zu[3], dennoch gibt es wenige biografieanalytische Arbeiten, in denen eine gegenstandsangemessene methodische Verknüpfung von Tagebuch und biografischer Erzählung in den Mittelpunkt gerückt wird (vgl. Völter 2003). Für den vorliegenden Fall musste eine in Anlehnung an bereits existierende Arbeiten und dennoch eine dem Forschungsprozess und dem Datenmaterial gerecht werdende und damit eigenständige Form der Triangulation entwickelt werden.

Konsens zwischen den Vertreter/innen der sozialkonstruktivistischen Biografieforschung – in der auch die hier vorgestellte Arbeit verortet ist (Rosenthal 1995) – herrscht dahingehend, dass der Einbezug von Daten und anderen Quellen als Kontext- und Hintergrundwissen bereits zum methodischen Grundverständnis der Biografieforschung zählt (etwa Köttig 2005; Radenbach und Rosenthal 2012, siehe auch die Einleitung zu diesem Band). Dies liegt nicht zuletzt in dem rekonstruktiven und sequenziellen Vorgehen begründet, in dem die Hypothesenbildung auf eben diesem Kontextwissen basiert, und je breiter dies über andere Daten als die biografische Erzählung erfasst werden kann, desto umfassender gestaltet sich die Rekonstruktion biografischer Verläufe. Aus diesem Grund zählen durch (Archiv-)Recherchen gewonnene Datensätze oder Informationen (etwa Gerichts- und Krankenakte) zum fallspezifischen Kontext in einer Variante der etablierten biografieanalytischen Forschungspraxis, so dass das methodische Verfahren der sozialkonstruktivistischen Biografieforschung grundlegend als ein triangulierendes Vorgehen bezeichnet werden kann (Hoerning 2001, S. 183). Auch neu auftauchende Daten, wie etwa im Interview unaufgefordert gezeigte Fotografien, werden in die weitere Analyse einbezogen. Entsprechend dieses Zugangs wurden auch in der hier skizzierten Fallrekonstruktion des Tagebuchs weitere Daten aus Archivrecherchen (u.a. Mitgliedschaften in NS-Organisationen, Arbeits- und Schulzeugnisse, Dorfchroniken) herangezogen.

---

3 An dieser Stelle sei auf die frühen Arbeiten der Chicagoer School of Sociology verwiesen, deren Vertreter/innen verschiedene autobiografische Formate in ihre Forschungen integrierten, aber auch auf aktuellere Arbeiten, wie etwa jene von Kannonier-Finster (2004), in denen das Tagebuch als sozialwissenschaftliche Quelle diskutiert wird. Auf Veranstaltungen wie „Autobiographische Formate – Spezifika der Produktion und Auswertung unterschiedlicher Quellen" der Sektion Biographieforschung der Deutschen Gesellschaft für Soziologie zirkuliert ebenfalls Wissen, das angesichts der hier zu diskutierenden Fragestellung relevant ist. Einen Überblick über die Forschung findet sich in Heinze und Schiebel 2013.

Vor diesem Hintergrund möchte ich im vorliegenden Beitrag skizzieren, welche Entscheidungen angesichts neuen Datenmaterials getroffen wurden, um sich dem Fall in einer systematischen Verknüpfung von schriftlichem und mündlichem Material anzunähern. Mit anderen Worten: Aus welcher systematischen Perspektive erfasse ich das Material, um eine Biografie zu rekonstruieren? Bevor ich mich aber der Frage nach der methodischen Verknüpfung verschiedener Datenmaterialien innerhalb einer Methode zuwende, gehe ich kurz auf die Erhebungsgeschichte des Datenmaterials ein.

2 Zur Datenerhebung und zum Auftauchen neuer Daten

Im Rahmen meiner Forschung[4] habe ich mit einer 1928 geborenen Frau ein biografisch-narratives Interview geführt. Nach meiner Erzählaufforderung zu ihrer Familien- und Lebensgeschichte begann sie mit einem kurzen chronologischen lebensgeschichtlichen Bericht über ihre Eltern und Kindheit.[5] Als sie in den 1940er Jahren anlangte, nahm sie das vor ihr liegende Tagebuch zur Hand. Sie begann daraus vorzulesen, kommentierte die vorgelesenen Sequenzen, blätterte weiter, um eine neue Stelle vorzulesen, die erneut kommentiert wurde. Da die Biografin häufig keinen Zusammenhang zwischen den Sequenzen und die Auswahl mir als wie zufällig präsentiert wurde,[6] hatte ich in der Erhebungssituation Schwierig-

---

4   Ich untersuchte die Handlungs- und Bearbeitungsstrategien von Frauen, die während des Nationalsozialismus in Wien aufgewachsen und nicht verfolgt worden sind. Mein Forschungsinteresse galt in diesem Zusammenhang auch der Frage, wie bestimmte, in Österreich auftauchende diskursive Opferkonstruktionen aufgrund des Geschlechts in diese Bearbeitungsstrategien integriert werden. Eine ausführliche Ergebnisdarstellung findet sich in Pohn-Weidinger 2014.

5   Die Biografin wurde in der Nähe von Wien geboren. Ihr Vater trat mit Beginn des Nationalsozialismus in die SA ein und wurde aufgrund seiner beruflichen Position nicht in die Wehrmacht eingezogen. Ihre Mutter wurde dienstverpflichtet. Die Biografin war aktiv im Bund Deutscher Mädel und begann 1942 mit einer Ausbildung zur Pädagogin, die sie nur nach Überprüfung ihrer NS-Ideale antreten durfte. Im Frühjahr 1945 flüchtete sie mit ihrer Mutter in den Westen Österreichs, wo sie den Einmarsch der US-amerikanischen Truppen erlebte. Nach ihrer Rückkehr nach Wien konnte sie ihre Pädagogikausbildung rasch wieder aufnehmen. Von 1943 bis in die 1950er Jahre führte sie ein Tagebuch.

6   Erst als ich das Tagebuch lesen konnte, erkannte ich, dass meine Gesprächspartnerin den Beginn von Sätzen unterstrichen hatte und sich anhand dieser Markierungen im Buch orientierte. Zu welchem Zeitpunkt sie diese Kennzeichnungen vorgenommen hatte, konnte nicht mehr rekonstruiert werden.

keiten, den Sinn zu verstehen. Zudem erschwerte es die fragmentarische Präsentation, Nachfragen zu stellen. Um über die weitere Vorgehensweise nachdenken zu können, entschied ich mich, die Biografin um einen zweiten Termin zu bitten. Die Besonderheit dieses Einbezugs eines Tagebuchs in eine mündliche biografische Erzählung lag zunächst darin, dass die Biografin ihre Vergangenheit über das Vorlesen in die Gegenwart transferierte, aber über die Kommentare ihre gegenwärtige Perspektive auf diese Vergangenheit präsentierte. Ein narratives Nachfragen mit dem Ziel, Erzählungen zu Situationen des Erlebens zu evozieren, war nur bedingt möglich. Ich habe mich aus diesem Grund dafür entschieden, meine Gesprächspartnerin noch einmal um eine Erzählung ihrer Lebens- und Familiengeschichte zu ersuchen und habe explizit darum gebeten, dies ohne das Tagebuch zu tun. Im Vorfeld hatte ich die Befürchtung, dass sie diese Bitte enorm irritieren würde, was sie jedoch nicht tat. Im Gegenteil, sie begann zu erzählen und präsentierte eine Lebens- und Familiengeschichte ohne jene Aspekte aufzugreifen, die sie beim Vorlesen und Kommentieren des Tagebuchs erwähnt hatte.

An dieser Stelle ist es wichtig zu betonen, dass mir mit dieser Präsentation drei verschiedene Sorten von Daten vorlagen. Eine mündliche Erzählung, deren Inhalte sich auf ein Tagebuch und somit auf eine bestimmte Materialität beziehen, die über die mündliche Wiedergabe verändert wurde. Eine mündliche Erzählung, die sich ausschließlich auf das bezieht, was im Moment des Erzählens erinnert und erzählbar gemacht wird bzw. im Rahmen von Erlebensstrukturen und hegemonialen Diskursen erzählbar ist. Und das Tagebuch, das Erinnerungen enthält, die in zeitlicher Nähe zu erlebten Erlebnissen niedergeschrieben wurden. Damit verbunden sind aufgrund des Zeitgeschehens unterschiedliche Akte der Zuwendung (Noesis) zu den biografischen Ereignissen: im Moment des Schreibens, im Moment des Vorlesens und Kommentierens des Tagebuchs sowie im Moment des Erzählens während des Interviews ohne Tagebuch (vgl. Rosenthal 1995, S. 30ff.). Im Folgenden werde ich von der „Erzählung *mit* Tagebuch" und der „Erzählung *ohne* Tagebuch" sprechen.

3 Die Triangulation: Tagebuch und mündliche Erzählung

Für den etablierten Umgang in biografischen Fallrekonstruktionen mit unterschiedlichen Datensorten gilt, dass sie entsprechend ihres Entstehungskontextes quellenkritisch untersucht und jeweils unabhängig voneinander rekonstruiert werden, um methodisch unkontrollierte hermeneutische Zirkelschlüsse zu vermeiden (vgl. Witte und Rosenthal 2007, S. 8). Die Ergebnisse dieser Rekonstruktionen fließen als Fallwissen ein „und sind damit als Erweiterung der Datenbasis zur Rekonstruktion der Fallstruktur anzusehen" (Köttig 2005, S. 77; vgl. auch Völter 2003). Bei der Rekonstruktion der hier vorgestellten Biografie stand mir neben anderen Materialien ein Tagebuch als schriftliche Quelle[7] zur Verfügung. Das Tagebuch besitzt, insbesondere aufgrund seiner unmittelbaren Verwendung in einer biografischen Erzählung in Hinblick auf die Fallrekonstruktion eine Qualität, die einbezogen werden musste. Denn durch die Einbindung in die biografische Erzählung ist das Tagebuch „mehr" als ein „einfaches" Dokument, das der Sättigung von Kontext- und Hintergrundwissen dient (Köttig 2003). Es ist aber auch „mehr" als ein biografisches Dokument, das es zu rekonstruieren gilt, denn es fungiert als Erinnerungsquelle in einer mündlichen Erzählung und ist somit integrativer Bestandteil der Erzählpraxis der Biografin. Entsprechend des Ansatzes in der Biografieforschung, unterschiedliche Daten in einem ersten Schritt unabhängig voneinander zu analysieren, wurde auch das Tagebuch als solches analysiert – ohne es sogleich in Bezug zur mündlichen Erzählung zu setzen. Dasselbe gilt für die mündliche Erzählung. Doch noch vor diesen Analyseschritten musste geklärt werden, was diese Daten charakterisiert und wie dies in der Auswertung berücksichtigt werden sollte.

3.1 Die Anwendung zentraler Aspekte biografischer Fallrekonstruktionen auf schriftliches autobiografisches Material

Der wohl zentralste Aspekt der biografischen Fallrekonstruktion liegt in der Vermeidung einer Homologie-Setzung von Erleben und Erzählen, d.h. die Annahme, dass das Erzählte dem Erlebten entspricht. Um dieser Gefahr methodisch zu begegnen, hat Gabriele Rosenthal eine analytische Trennung der erlebten und erzählten Lebensgeschichte in der biografischen Fallrekonstruktion methodologisch und methodisch begründet. Diese Trennung stellt eine wechselseitige Durchdringung von Vergangenem, Gegenwärtigem und Zukünftigem in Rechnung (vgl. Rosenthal 1995, S. 17), die sich vor allem darin äußert, dass die Frage, ob und wie ein Ereignis erinnert wird, mit dem eigenen Erleben in der Vergangenheit verbunden oder auch davon abhängig ist, welche Vorstellungen von der Zukunft vorhanden sind. Gleichzeitig beeinflusst auch die heutige Perspektive die Sicht auf das Erleben

---

7 Zu Herausforderungen des Umgangs mit öffentlichen Daten, wie etwa online verfügbaren personalen Daten, hinsichtlich der Frage der Anonymisierung in der qualitativen Sozialforschung siehe Alber in diesem Band.

vergangener Ereignisse, die entsprechend dieser Perspektive erinnert werden. Auf diese Weise können neuere Erlebnisse und veränderte gesellschaftliche Rahmungen die Sicht auf die Vergangenheit ändern. Dies spiegelt sich methodisch in einer ersten analytischen Trennung von erlebter und erzählter Lebensgeschichte. Den ersten Schritt stellt die Analyse der biografischen Daten dar. Es handelt sich dabei um „objektive", d.h. von der Intention der Biografin unabhängige Daten, wie etwa Geburtsdaten, Informationen über den sozio-ökonomischen Hintergrund, Ausbildungs- und Berufsdaten, historische Ereignisdaten usw. Es werden anhand der biografischen Daten erste Hypothesen über mögliche Handlungsentscheidungen und mögliche biografische Verläufe herausgearbeitet. Nach diesem Schritt wird die erzählte Lebensgeschichte rekonstruiert. Das Ziel dieses Analyseschritts ist es, das Präsentationsinteresse zu erfassen und auf diese Weise die Gegenwartsperspektive zu rekonstruieren, unter der die Vergangenheit der Biografin im Erzählen vorstellig wird. Danach beginnt die Rekonstruktion der erlebten Lebensgeschichte. Das Ziel der Analyse ist es, zu rekonstruieren, wie die Biografin bestimmte Ereignisse zu dem damaligen Zeitpunkt erlebt und wie dieses Erleben ihren weiteren Handlungsverlauf beeinflusst hat. Eben diese Rekonstruktion der erlebten Lebensgeschichte wird in einem abschließenden Schritt mit der erzählten Lebensgeschichte kontrastiert, um die Differenzen von erlebter und erzählter Lebensgeschichte erkennen zu können (vgl. Rosenthal 1995).

Für den analytischen Umgang mit schriftlichem autobiografischem Material schlägt Bettina Völter konsequenterweise vor, diese Trennung auch auf dieses Material zu übertragen. Schriftliche Selbstzeugnisse entstehen im Laufe der Zeit und werden unter Umständen im Unterschied zum Interview immer wieder umgeschrieben. Darüber hinaus sind sie für eine bestimmte Öffentlichkeit bestimmt, ein Ansinnen, dass auch ein bestimmtes Präsentationsinteresse formt (Völter 2003, S. 54). Durch diese Überarbeitungen werden die Texte entsprechend der zum Zeitpunkt der Überarbeitung geltenden Denkweisen und persönlichen Perspektive in Verbindung mit möglicherweise transformierten gesellschaftlichen Normen und Diskursen verändert. Hätte die Biografin ihr Tagebuch für eine Veröffentlichung nach 1945 überarbeitet, dann wäre zu vermuten, dass sie die darin enthaltenen antisemitischen Sequenzen oder ihre Verehrung von SS-Männern entweder abgeschwächt oder vollständig gestrichen hätte. Dies ist nur eine hypothetische Überlegung, denn im hier besprochenen Tagebuch ist dieser Transformationsprozess nicht vollzogen worden. Aber es soll betont werden, dass es sich bei einem Tagebuch zwar ebenfalls um einen autobiografischen Text handelt, dass dieser aber – wenn er nicht verändert wurde – Besonderheiten bzw. Merkmale aufweist, die in der Analyse beachtet werden müssen. Die Besonderheiten beziehen sich auf die im Tagebuch verwendeten Datensorten, wie etwa Gedichtzitate, Erlebnisbeschreibungen, Zeichnungen oder auch Rückblenden, und auf den historisch-sozialen Kontext, in dem das Tagebuch verfasst worden ist. Werden diese in Betracht gezogen, so kann die Trennung erlebter und erzählter Lebensgeschichte nicht in der von Völter vorgeschlagenen Vorgehensweise angewandt werden, aber – und das ist zu betonen – sie dient als Herangehensweise an das Material, als methodologische Heuristik für die Bestimmung und Analyse von Datensorten in einem Tagebuch, wie sie im Folgenden diskutiert wird.

3.2 Kontext und Datensorten eines Tagebuchs

Ab dem 18. Jahrhundert etablierte sich das Führen von Tagebüchern als Praxis, über sich zu schreiben: darüber, was man erlebt und wie man das Erlebte einordnet. Siegfried Bernfeld spricht vom Tagebuch als einem Produktionsort des „virtuellen Selbst" (1931, S. 39), es entspricht auch jener modernen Erfahrung von erlebten Diskontinuitäten, die im Tagebuch ihren Ausdruck findet (Wuthenow 1990, S. 197). Im Nationalsozialismus wurde das Schreiben von Tagebüchern vor allem mit Beginn des Zweiten Weltkrieges propagandistisch unterstützt. Die Menschen wurden aufgefordert, an einer heroisierenden Geschichtsschreibung mitzuwirken, vor allem aber war intendiert, sich über das Schreiben mit dem Krieg und dem Nationalsozialismus auch im Privaten zu verflechten. Susanne zur Nieden hat eine detaillierte Analyse von Tagebüchern von Frauen im Nationalsozialismus vorgelegt und schreibt: „Im Pathos deutschnationaler Gesinnung wurden die Belastungen und Bedrohlichkeiten stets als Bewährungsprobe und Herausforderung formuliert, denen sich alle, die man zur nationalen Gemeinschaft zählte, zu stellen hatten. Auf Gedeih und Verderb wird der einzelne dem Kollektiv, in der Regel der eigenen Nation verpflichtet." (1993, S. 62)

Dieser Kontext spiegelt sich im Aufbau des hier zur Diskussion stehenden Tagebuchs meiner Gesprächspartnerin. So wurden von ihr nicht nur Ereignisse in eigenen Worten beschrieben, sondern sie zeichnete oder zitierte aus Zeitungen und Theaterstücken und baute an verschiedenen Stellen immer wieder NS-Propaganda, wie etwa das Deutschland-Lied, ein. Es handelt sich dabei um verschiedene Textsorten, um verschiedene Formen der Darstellung, die als integraler Bestandteil der deutenden Aneignung von Erlebnissen fungieren. Die Einträge wurden meist in zeitlicher Nähe zu erlebten Ereignisse niedergeschrieben und können als „impressionistisch" (Kannonier-Finster 2004, S. 138) eingeschätzt werden. Keineswegs sei damit angedeutet, dass es sich nicht auch um eine nachträgliche narrative Rekonstruktion von Erlebtem handelt (vgl. Halbwachs 1966, S. 71), wie bei einer in einer mündlichen Erzählung formulierten Erinnerung an eine vergangene Situation. Allerdings bedeutet der geringe zeitliche Abstand zum Ereignis durchaus eine unmittelbarere Darstellung des Erlebten. Gemeint ist damit, dass die zum Zeitpunkt des Schreibens existierenden Diskurse, gesellschaftlichen Muster und subjektiven Zugänge die interpretative Aneignung des Erlebnisses zwar beeinflussen, die schriftliche Darstellung jedoch durch nachfolgende Ereignisse und gesellschaftliche Veränderungen nicht mehr nachträglich beeinflusst wird, wie es in mündlichen Erzählungen oder auch in schriftlichen autobiografischen Formaten, die etwa für eine Publikation überarbeitet werden, der Fall ist (vgl. Völter 2003, S. 51ff.). Aus diesem Grund kann man die These formulieren, dass die in den Sequenzen festgehaltenen alltäglichen Interpretationen „derselben psychischen Struktur" angehören, „in die das Erlebnis fällt" (Kannonier-Finster 2004, S. 138). Dies bedeutet auch, dass die Einträge in einem Tagebuch häufig nebeneinander stehen, ohne dass sie einen Bezug zueinander aufweisen. Die narrativen Mechanismen, wie Konsistenz und Kohärenz, die in einer mündlichen lebensgeschichtlichen Erzählung wirken (vgl. Pohn-Weidinger und Lauggas 2012, S. 195ff.), zeigen sich hier weniger stark ausgeprägt. Die Einträge können deshalb brüchiger, sprunghafter, weniger linear und auch widersprüchlicher sein. Gleichzeitig erlauben die Tagebucheinträge den „Spuren der kontinuierlichen Erinnerungsarbeit" (zur Nieden 1993, S. 53; Mangione 2012, S. 2ff.) zu folgen und zwar zeitlich näher zu den Ereignissen und zum Erleben selbst. Rekonstruiert wird somit die Vergangenheitsperspektive. Bei Tagebucheinträgen, die nicht verändert wurden, kann die Gegenwartsperspektive auf vergangenes Erleben vernachlässigt werden. Ausgenommen von dieser methodischen Entscheidung sind jene Datensequenzen, die als Rückblenden auszuweisen sind. Sie beinhalten eine stärkere Ausprägung von zwei Zeitperspektiven bzw. Vergangenheitsperspektiven, denn ähnlich der mündlichen Erzählung werden in Rückblenden auf der Basis nachträglich gemachter Erfahrungen, neuer Diskurse usw. die beschriebenen Erlebnisse bzw. die beschriebenen Erfahrungen narrativ rekonstruiert. Diese Sequenzen müssen deshalb in der Gesamtsicht der bisherigen Erfahrung der Schreibenden rekonstruiert werden. Und diese Rekonstruktion benötigt wieder die getrennte und im Anschluss daran kontrastive Betrachtung der Vergangenheitsperspektiven zum Zeitpunkt des Verfassens und jener zum Zeitpunkt des Erlebens. Um die, wenn auch im Gegensatz zu einer biografischen Selbstpräsentation durchaus brüchigeren und nicht in derselben Weise verbundenen, Strukturen der Tagebucheinträge nicht zu zerstören, wurde das sequenzielle und rekonstruktive Vorgehen biografischer Fallrekonstruktionen auf das Tagebuch übertragen und auf analoge Weise analysiert.

3.3 Das Tagebuch als Daten- und Erinnerungsquelle und das methodische Vorgehen

Nach der Darstellung des Unterschieds zwischen der erzählten und erlebten Lebensgeschichte und dessen Bedeutung für schriftliches autobiografisches Material sei nun in Erinnerung gerufen, dass neben dem Tagebuch als Datenmaterial eine Erzählung *mit* und eine *ohne* Tagebuch vorliegt. Die Daten beziehen sich damit auf einen Fall; eine Biografie, die rekonstruiert werden sollte. Das Tagebuch als Datenmaterial ermöglicht die Rekonstruktion der Vergangenheitsperspektive. Darüber hinaus war eine vollständigere Erfassung biografischer Daten möglich, also jener Daten, die aus den biografischen Erzählungen und Recherchen herausgearbeitet werden können. Mit Hilfe eines Tagebuchs können biografische Daten weiter ergänzt werden, wodurch eine vertiefende rekonstruierende Perspektive auf biografische Ereignisse eingenommen werden kann. Damit soll jedoch nicht angedeutet werden, dass es dadurch eine stärkere Annäherung an objektiv Stattgefundenes gäbe (vgl. Rosenthal 1993, S. 11), denn in der Analyse geht es nicht darum, anhand von „Fakten" herauszufinden „wie es gewesen ist", sondern vielmehr darum, die an Erlebnisse gekoppelten Handlungsmuster erkennend zu verstehen – d.h. die Sinnzuschreibungen der jeweiligen Biograf/innen erklärend zu verstehen. Je umfassender jedoch die biografischen Daten erfasst werden können, umso „vollständiger" und dichter kann der Verlauf einer Biografie rekonstruiert werden (vgl. auch Mangione in diesem Band). Tagebucherinnerungen von erlebten Situationen erhöhen diese Vollständigkeit aufgrund der angeführten Gründe in besonderer Weise. In diesem Sinn ist ein Tagebuch eine Quelle für biografische Daten in einer Fallrekonstruktion.

In dem vorliegenden Fall müssen diese Überlegungen zum Tagebuch als Datenquelle noch erweitert werden. Indem die Biografin das Tagebuch nämlich vorliest und kommentiert, kreiert sie eine Erzählpraxis, in der sich auch die Qualität des Tagebuchs als Datenmaterial verändert. Und eben diese Erzählpraxis muss auch die Frage nach dem Umgang mit dem Tagebuch als Datenmaterial strukturieren. Im Vorlesen und Kommentieren vollzieht die Biografin eine Auswahl des Bedeutsamen für die Gegenwart und versucht einen Zusammenhang, einen roten Faden zu entwickeln. Sie rekonstruiert ihre eigene Vergangenheit. Doch eben 60 Jahre später – d.h. es kommen 60 Jahre an Diskursen, gesellschaftlichen Veränderungen und historischen Ereignissen hinzu, wie etwa die so genannte Waldheim-Affäre[8],

---

8   1986 kandidierte der ehemalige UN-Generalsekretär Kurt Waldheim (1918-2007) für das Amt des österreichischen Bundespräsidenten. Die Kriegsvergangenheit des ehemaligen Angehörigen des SA-Reiterkorps und des NS-Studentenbundes wurde zu

die das Sprechen über die Beteiligung der Österreicher/innen an den NS-Verbrechen verändert hat. Um dem Tagebuch als Erinnerungsquelle in der Gegenwart gerecht zu werden, muss der nach seiner Niederschrift verstrichenen Lebenszeit besonders Rechnung getragen werden.

Der Einbezug des Tagebuchs in die biografische Erzählung bedeutet auch, dass es nicht nur mit Blick auf die erlebte Lebensgeschichte integriert werden sollte, sondern bezüglich der erzählten Lebensgeschichte. Dies bedeutet, dass die Analyse um materialspezifische Fragen erweitert werden muss. Das Tagebuch ist mit der mündlichen Erzählung systematisch in Verbindung zu setzen, die Kontrastierung der Datensorten ist von besonderer Relevanz (Inhalte des Tagebuchs mit der Erzählung *mit* Tagebuch sowie mit jener *ohne* Tagebuch) im Hinblick auf die Rekonstruktion des Falls: Welche Tagebucheinträge werden von der Biografin vorgelesen und welche nicht? Welche Bedeutung hat die Nicht-Nennung bzw. Nennung dieser Erlebnisse für die erlebte und erzählte Lebensgeschichte? Bezieht sie sich in ihrer Erzählung *ohne* Tagebuch auf Sequenzen im Tagebuch? Was hat die Biografin zwischen dem Niederschreiben der Erlebnisse und dem Interview erlebt und wie wirken sich die dazwischen liegenden Lebensphasen auf die Kommentierung der vorgelesenen Einträge aus? Inwiefern zeigen sich hier Kontinuitäten? Kam es eventuell zu biografischen Wendepunkten? Welche Differenzen gibt es zwischen den Erzählungen? (vgl. Pohn-Weidinger 2014, S. 173)

Diese Fragen wurden entsprechend der jeweiligen Analyseschritte der biografischen Fallrekonstruktion (Rosenthal 1995, S. 208ff.) an das Material gestellt. Aber auch die Analyseschritte wurden verändert, um dem vorliegenden Material gerecht zu werden. Zu Beginn wurden anhand aller zur Verfügung stehender Materialien (biografische Erzählungen, Tagebuch, Archivrecherchen usw.) die biografischen Daten erstellt und analysiert. Danach wurden die Präsentationsinteressen beider Haupterzählungen, jener *mit* und jener *ohne* Tagebuch, rekonstruiert. Für

---

einem zentralen Thema der politischen Auseinandersetzung in Österreich wie im Ausland. Eine internationale Historikerkommission konnte eine unmittelbare Beteiligung Waldheims, der in der Zwischenzeit zum Bundespräsidenten gewählt worden war, an Kriegsverbrechen nicht nachweisen. Es trat jedoch eindeutig zu Tage, dass Waldheim über seine Vergangenheit fragmentiert sprach (vgl. etwa Pelinka 1997). Simon Wiesenthal kommentierte den Bericht der Kommission: „Ich dachte, Waldheim würde diesen Moment nützen, um ohne Gesichtsverlust und zum Wohle Österreichs, dem als Bundespräsident zu dienen gehabt hätte, zurückzutreten. Denn wer der Unglaubwürdigkeit überführt ist, kann diesen Dienst an Österreich sicher nicht leisten. Waldheim war offensichtlich anderer Meinung, sodass ich am 9. Februar im österreichischen Fernsehen seinen Rücktritt forderte – nicht weil er ein Nazi oder Kriegsverbrecher war, sondern wegen seines Konfliktes mit der Wahrheit, durch den er sich seines Amtes und seiner Verantwortung als unwürdig erwiesen hatte" (Wiesenthal 1999).

die Rekonstruktion der erzählten Lebensgeschichte wird der Text üblicherweise nach Inhalten und Textsorten (etwa Erzählungen, Argumentationen und Beschreibungen, vgl. Kallmeyer und Schütze 1976) sequenziert. Neben dem Inhalt verweisen die Textsorten auf die vergangene und gegenwärtige Zuwendung zu erlebten Ereignissen und strukturieren entsprechend die biografische Selbstpräsentation. Da die Biografin nicht das gesamte Tagebuch vorlas, sondern Textstellen auswählte, fiel die Entscheidung, auch das „Blättern" als Kriterium für die Sequenzierung aufzunehmen, und wurde somit als eine Form der Zuwendung zum Tagebuch und zu den darin verschriftlichten erlebten Ereignissen charakterisiert.[9] Im weiteren Forschungsprozess wurde eine Analyse der Erzählung *mit* Tagebuch im ständigen Vergleich mit dem Verlauf des Tagebuchs entlang der Frage fortgeführt, welche Tagebucheinträge von der Biografin vorgelesen wurden und welche nicht. Nach der getrennten Analyse beider Erzählungen wurden sie kontrastiert, anschließend wurde die erlebte Lebensgeschichte anhand der biografischen Gesamterzählung und des Tagebuchs rekonstruiert.

In diesen Entscheidungsprozessen im Verlauf der Forschung haben sich zwei zentrale Aspekte herauskristallisiert, die eine systematische Verbindung von Daten lohnenswert machen, und die ich im Folgenden ergebnisorientiert skizzieren werde.

4 Divergenz und Perspektivität

Der erste Aspekt umfasst den Umstand, dass divergierende Ergebnisse bzw. – in Termini der biografischen Fallrekonstruktion ausgedrückt – divergierende Strukturhypothesen zu weiteren Fragen im Analyseprozess führen. In dem vorliegenden Fall liegt die Divergenz in den beiden Erzählungen: Als die Biografin das Tagebuch zur Hand nahm, begann sie eine Erzählung, die davon geprägt war, in Stichworten vorzulesen, die sie kommentierte. Wendet man sich dieser Erzählung mit der Frage zu, was vorgelesen wurde und was nicht, zeigt sich, dass das Blättern es ermöglichte, über Schmerzhaftes und nach 1945 problematisch Gewordenes hinwegzugehen, wie etwa Beschreibungen[10] zu Konflikten mit ihrem Vater oder an-

---

9   Zur Praktik des Erzählens und seiner performativen und materiellen Dimension siehe Wundrak in diesem Band.

10 Das Tagebuch enthält alltägliche Beschreibungen der Schulzeit, der Konflikte mit dem Vater, der Liebe zur Musik und ihrer Verehrung einer Lehrerin, Notizen zu Bombardierungen und Aufräumungsarbeiten, Überlegungen zu tagespolitischen Ereignissen und Kriegsberichterstattungen, antisemitische Formulierungen und immer wiederkehrende Selbstversicherungen, dass „Hitler und sein Volk" siegen werden.

tisemitische Formulierungen. Ihre nationalsozialistischen Überzeugungen las sie vor, mit ihren Kommentaren schwächte sie diese im selben Moment ab, etwa indem sie diese als harmlose Hitlerverehrung einer unwissenden Jugendlichen entpolitisierte.[11] Im Anschluss an die Rekonstruktion dieses Präsentationsinteresses stellte sich die Frage, welches Erleben dazu führte, biografisch relevante Erlebnisse, wie z.B. schwierige Erlebnisse mit ihrem Vater, in der Präsentation auszusparen.

Die Erzählung *ohne* Tagebuch wird von Beschreibungen über ihre Liebe zur Musik als zentralem Lebensthema dominiert. Die Besonderheit der beiden Erzählungen zeigt sich in der Kontrastierung: Erzählt die Biografin *ohne* Tagebuch, so bleibt die Zeit des Nationalsozialismus unthematisiert. In der Erzählung *mit* Tagebuch kann sie sich diesem Thema über die Strategie der Verharmlosung nähern. Und noch eines ist auffällig: In beiden Erzählungen wird das Thema der Verbindung der Eltern, insbesondere des Vaters, zum Nationalsozialismus vermieden. Die Erzählung *mit* Tagebuch ist eine Erzählung über die Zeit des Nationalsozialismus, ohne die Eltern zu erwähnen. Die Erzählung *ohne* Tagebuch ist eine Erzählung, in der die Biografin über ihre Eltern sprach – aber nicht über die Zeit des Nationalsozialismus. Warum wurde auf der Ebene der erzählten Lebensgeschichte diese Trennung vorgenommen? Welche Erlebnisse stehen damit in Verbindung? Das Tagebuch wurde diesbezüglich zu einer bedeutsamen Datenquelle und ermöglichte eine Erklärung für diese unterschiedlichen Erzählstrukturen: Im Nachfrageteil deutete die Biografin Erlebnisse mit ihrem Vater an, die als sexuelle Gewalt rekonstruiert wurden.[12] In den Erzählungen *mit* und *ohne* Tagebuch machte sie dazu keine Andeutungen. Im Tagebuch findet sich eine Sequenz, in der das Verhältnis zu ihrem Vater geschildert wurde, die sie überblätterte. Es handelt sich um eine Rückblende auf das Jahr 1939/1940, in der sie die Angst beschrieb, von ihrem Vater getötet zu werden. Eine solche Tötungsangst wurde in der Forschung bereits beschrieben und kann von Kindern von nationalsozialistischen Eltern vor dem Hintergrund des NS-Diskurses über „unwerte[s]" und „werte[s]" Leben entwickelt werden (Müller-Hohagen 2001; Rosenthal 1996, S. 175). Müller-Hohagen spricht davon, dass in der kindlichen Phantasie bereits eine „achselzuckende Gleichgül-

---

11 Dies ist auch der Grund für den Einbezug des Tagebuchs. Das Tagebuch hilft der Biografin, ihre Erzählung zu kontrollieren. Sie kennt es sehr gut und sie hat bestimmte Stellen unterstrichen. Auf diese Weise unterstützt das Tagebuch sie dabei, über auch in der Gegenwart für sie problematische und brüchige Erlebnisse (etwa familiale Konflikt- und Gewalterfahrung, nationalsozialistische Einstellungen in der gesamten Familie) nicht zu sprechen.

12 Die sexuelle Gewalterfahrung wurde anhand mehrerer Textstellen rekonstruiert. Die Rekonstruktion dieser Erfahrung kann in ihrer Komplexität in diesem Beitrag nicht wiedergegeben werden (ausführlich siehe Pohn-Weidinger 2014, S. 173ff.).

tigkeit mit drohendem Unterton" (2001, S. 99) zu dieser Angst führen kann. Wenn die Kinder Formen von elterlicher (sexueller) Gewalt erlebt haben, kann sich diese zur Tötungsangst im Kontext des Nationalsozialismus potenzieren. Die Biografin entwickelte diese Angst und erlebte gleichzeitig, dass die Tötungsangst einem gesellschaftlichen Sprechverbot unterlag, das bis heute wirkt. Das Überblättern der entsprechenden Tagebucheinträge entspricht diesem Sprechverbot und aktualisiert es im selben Moment. Doch es reicht nicht aus. Vielmehr muss sie in ihren beiden Erzählungen eine thematische Trennung zwischen Vater und Nationalsozialismus vornehmen, um ein Sprechen über die Tötungsangst zu vermeiden – denn beide Themen sind im Erleben eng verbunden: die väterliche Gewalt und das Wirken des Vaters im Nationalsozialismus. Würde sie beide Themen in *einer* Erzählung erwähnen, würde sie die Bedrohlichkeit, die diese Erfahrung für den gesamten biografischen Zusammenhang beinhaltet, nicht vollständig abwehren können.

Der zweite Aspekt bezieht sich auf die Möglichkeit, biografische Erlebnisse anhand verschiedener Materialien perspektivisch zu triangulieren. Die verschiedenen Zeitebenen sind in diesem Zusammenhang von zentraler Bedeutung. Die Frage, was die Biografin zwischen dem Niederschreiben der Erlebnisse und dem Interview erlebte, ist auch mit der Frage verbunden, wie sich gesellschaftliche Normen und Diskurse in diesem Zeitraum veränderten und Einfluss auf die Einbettung von Erfahrungen in die eigene Biografie nahmen bzw. nehmen. Mehrere Materialien ermöglichen in diesem Zusammenhang eine Perspektivenerweiterung. Ich möchte diese Erweiterung anhand der Bearbeitung der nationalsozialistischen Überzeugungen seitens der Biografin kurz illustrieren. Sie vollzog diese Bearbeitung über Kontakte zu Soldaten der alliierten Armeen. Suchte sie zu Beginn der Nachkriegszeit aktiv Kontakt zu einem US-amerikanischen Soldaten, tat sie es später zu einem sowjetischen Soldaten. In diesem Festhalten an der Faszination soldatischer Männer, auch wenn diese zu den „Feinden" zählten, stellte sie eine Kontinuität zwischen der NS-Zeit und der veränderten Situation nach 1945 her: Sie orientierte sich weiterhin an den Siegern und den Stärkeren und konnte ihre Bewunderung für den soldatischen Mann aufrechterhalten und sich selbst auf diese Weise in ihren nationalsozialistischen Identifikationen weiter bestätigen. In der Erzählung *mit* Tagebuch bilanzierte sie den Kontakt zu dem sowjetischen Soldaten als harmlose Liebelei. Betrachtet man die Tagebuchsequenzen, dann erweitert sich dieses Ereignis um die Perspektive, dass sie nicht vorlas, wie sehr sie „die Russen" ablehnte, aber auch, dass der Geliebte jüdischer Herkunft war: „Ich liebe ihn so, so unendlich [...] auch wenn du, welch entsetzl., abschäuliches [sic] schmutziges Wort das ist [...] auch wenn du Jude bist." (Tagebuch Mai 1947) Aus nationalsozialistischer Weltsicht war er im doppelten Sinn der Inbegriff des Verbotenen. Wenn sie über ihn schrieb, tat sie dies in einem dramatisch-theatralischen Stil. Sie positionierte sich als Opfer einer Liebe, in der sie unglücklich bleiben musste. Sie erlebte sich als leidend, als Opfer bringend (indem sie der Liebe entsagte), konnte schlussendlich jedoch geprüft und gestärkt aus dem Konflikt hervorgehen. Durch Den Kontakt zu alliierten Soldaten setzte sie sich mit den neuen gesellschaftlichen Verhältnissen auseinander und begann sich neu zu orientieren, gleichzeitig hielt sie an ihren NS-Überzeugungen und ihrer nationalsozialistischen Sozialisation fest. Diese Identifikations- und Orientierungskämpfe/-versuche – wie sie im obigen Zitat auch auftauchen – finden sich an vielen Stellen des Tagebuchs, doch sie las sie nicht vor. Zum Zeitpunkt des Interviews war es ihr nicht möglich, über diese Reibungen und Kämpfe zu sprechen. Die hegemonialen Diskurse ermöglichten kein Sprechen darüber, denn nach 1945 war offiziell niemand mehr ein Nazi. Aufgrund des frühen Wirkens der Sprechverbote hatte die Biografin diese biografisch relevanten Auseinandersetzungen bereits ab 1945 in ihr Tagebuch – als geheimen Ort – ver- bzw. gebannt.[13] Der Einbezug der Tagebuchsequenzen in die Fallrekonstruktion ermöglichte eine detaillierte Rekonstruktion der Veränderungen ihres im Nationalsozialismus geformten Selbst- und Weltverständnisses nach 1945, aber auch die Rekonstruktion der Kontinuitäten.

5 Fazit

Bei dem hier vorgestellten biografischen Fall lagen verschiedene Datenmaterialien, insbesondere verschiedene Erzählungen und ein Tagebuch, vor. Es wurde dargestellt, welche Perspektiven auf das Datenmaterial zu Entscheidungen bezüglich der systematischen Verbindung geführt haben. Gleichzeitig möchte ich ein Plädoyer dafür halten, dass die triangulierende Perspektive in der biografieanalytischen Forschungspraxis ernst genommen und konsequent umgesetzt wird. Damit ist nicht die bereits etablierte Praxis des Einbezugs von Kontextwissen (etwa über Archivmaterial) gemeint, sondern vor allem die Perspektive auf jenes Datenmaterial, das „erst" im Laufe der Forschungspraxis auftaucht und sich der Planung entzieht. Der vorliegende Fall zeigt in seiner Besonderheit, in welcher Weise neues Datenmaterial integrativer Bestandteil hinsichtlich der Rekonstruktion der Struktur des Falles sein kann – ein isoliertes Betrachten würde der Rekonstruktion der

---

13 Nach dem Gespräch bat ich die Biografin um das Tagebuch und sie stellte es mir zur Verfügung. Sie erlaubte mir somit Einblick in die Auslassungen. Hatte sie möglicherweise zu Beginn unserer Gespräche nicht intendiert, mir das Tagebuch zu zeigen, so tat sie es jedoch danach. Auf diese Weise teilte sie mir die in diesem Artikel beschriebenen bis heute in Österreich tabuisierten und nicht erzählbaren biografischen Themen mit.

Fallstruktur nicht gerecht werden. Das Tagebuch ist nicht nur als weiterer Informationspool von Bedeutung, sondern gerade die Art und Weise, wie es in die Erzählung einbezogen wurde, verweist auf zentrale biografische Erlebensstrukturen. So konnte die Bedeutung relevanter biografischer Erfahrungen, wie etwa die Tötungsangst, ausschließlich vor der Folie der Betrachtung der gesamten biografischen Erlebensstrukturen *und* Erzählstrukturen erfasst werden. Dem lag ein systematisches, mithilfe von Fragen realisiertes In-Beziehung-Setzen des schriftlichen und mündlichen Materials entlang der Prämissen der biografischen Fallrekonstruktion und des Eingedenkens der historischen und forschungsspezifischen Entstehungszusammenhänge der Daten zugrunde.

Literatur

Ackel-Eisnach, Kristina, und Caroline Müller. 2012. Perspektiven-, Methoden- und Datentriangulation bei der Evaluation einer kommunalen Bildungslandschaft. *Forum Qualitative Sozialforschung / Forum: Qualitative Social Research* 13 (3): Art. 5. http://nbn-resolving.de/urn:nbn:de:0114-fqs120354. Zugegriffen: 25. Februar 2016.

Alber, Ina. 2016. *Zivilgesellschaftliches Engagement in Polen: ein biographietheoretischer und diskursanalytischer Zugang.* Wiesbaden: Springer VS.

Bernfeld, Siegfried. 1931. *Trieb und Tradition im Jugendalter. Kulturpsychologische Studien an Tagebüchern.* Leipzig: Verlag von Johann Ambrosius Barth.

Denzin, Norman K. 1978. *The research act: A theoretical introduction to sociological methods.* New York: McGraw-Hill.

Fichten, Wolfgang, und Birgit Dreier. 2003. Triangulation der Subjektivität – Ein Werkstattbericht. *Forum Qualitative Sozialforschung / Forum: Qualitative Social Research* 4 (2): Art. 29. http://nbn-resolving.de/urn:nbn:de:0114-fgs0302293. Zugegriffen: 25. Februar 2016.

Flick, Uwe. 2011. *Triangulation. Eine Einführung.* Wiesbaden: Verlag für Sozialwissenschaften.

Freitag, Walburga. 2005. *Contergan. Eine genealogische Studie des Zusammenhangs wissenschaftlicher Diskurse und biographischer Erfahrungen.* Münster [u.a.]: Waxmann.

Halbwachs, Maurice. 1966. *Das Gedächtnis und seine sozialen Bedingungen.* Frankfurt/M.: Suhrkamp.

Heinze, Carsten, und Martina Schiebel. 2013. Einleitung zur Sektionsveranstaltung: Autobiographische Formate – Spezifika der Produktion und Auswertung unterschiedlicher Quellen. In *Unsichere Zeiten. Herausforderungen gesellschaftlicher Transformationen; Verhandlungen des 34. Kongresses der Deutschen Gesellschaft für Soziologie,* Hrsg. Hans-Georg Soeffner, CD-Rom, Wiesbaden: Verlag für Sozialwissenschaften.

Helpster, Werner, Leonie Herwartz-Emden, und Ewald Terhart. 2001. Qualität qualitativer Forschung in der Erziehungswissenschaft. Ein Tagungsbericht. *Zeitschrift für Pädagogik* 2: 251-269.

Hoerning, Erika M. 2001. Biographische Methode/Biographieforschung. In *Handbuch für Frauenbildung,* Hrsg. Wiltrud Gieseke, 183-192. Wiesbaden: VS Verlag für Sozialwissenschaften.

Kallmeyer, Werner, und Fritz Schütze. 1976. Zur Konstitution von Kommunikationsschemata der Sachverhaltsdarstellung. In *Gesprächsanalysen,* Hrsg. Dirk Wegener, 159-274. Hamburg: Buske.

Kalthoff, Herbert. 2010. Beobachtung und Komplexität. Überlegungen zum Problem der Triangulation. *Sozialer Sinn* 11 (2): 353-365.

Kannonier-Finster, Waltraud. 2004. *Eine Hitler-Jugend. Sozialisation, Biographie und Geschichte in einer soziologischen Fallstudie.* Innsbruck [u.a.]: Studien-Verlag.

Kelle, Udo. 2001. Sociological explanations between micro and macro and the integration of qualitative and quantitative Methods. *Forum Qualitative Sozialforschung / Forum: Qualitative Social Research* 2 (1): Art. 5. http://nbn-resolving.de/urn:nbn:de:0114-fqs010159. Zugegriffen: 25. Februar 2016.

Kelle, Udo. 2008. *Die Integration qualitativer und quantitativer Methoden in der empirischen Sozialforschung. Theoretische Grundlagen und methodologische Konzepte*. Wiesbaden: Verlag für Sozialwissenschaften.

Lamnek, Siegfried. 1995. *Qualitative Sozialforschung. Bd.1* Köttig, Michaela. 2005. Triangulation von Fallrekonstruktionen: Biographie-und Interaktionsanalysen. In *Biographieforschung im Diskurs*, Hrsg. Bettina Völter, Bettina Dausien, Helma Lutz und Gabriele Rosenthal, 65-83. Wiesbaden: Verlag für Sozialwissenschaften.

Lamnek, Siegfried. 1995. *Qualitative Sozialforschung*. Bd.1. Methodologie. 3. Aufl. Weinheim: Beltz.

Mangione, Cosimo. 2012. Eine Tagebuchanalyse und ihre Triangulation mit einem autobiografisch-narrativen Interview. Einblicke in das Leben einer Frau, die an einer chronischen Darmentzündung leidet. In *Transnationale Vergesellschaftungen. Verhandlungen des 35. Kongresses der Deutschen Gesellschaft für Soziologie in Frankfurt am Main 2010*, Hrsg. Hans-Georg Soeffner (CD-Rom). Wiesbaden: Springer VS.

Mathys, Hanspeter, Lina Arboleda, Valérie Boucsein, Michael Frei, Marie-Luise Hermann, Marc Luder, Marius Neukom, und Brigitte Boothe. 2013. Alexandra – eine multiperspektivische, qualitative Einzelfallstudie zu Anliegen von PatientInnen im psychodynamischen Erstinterview. *Forum Qualitative Sozialforschung / Forum: Qualitative Social Research* 14 (2): Art. 20. http://nbn-resolving.de/urn:nbn:de:0114-fqs1302207. Zugegriffen: 25. Februar 2016.

Müller-Hohagen, Jürgen. 2001. Seelische Weiterwirkungen aus der Zeit des Nationalsozialismus – zum Widerstreit der Loyalitäten. In *Unverlierbare Zeit. Psychosoziale Spätfolgen des Nationalsozialismus bei Nachkommen von Opfern und Tätern*, Hrsg. Kurt Grünberg und Jürgen Straub, 83-116. Tübingen: Ed. Diskord.

Pelinka, Anton. 1997. *Das große Tabu: Österreichs Umgang mit seiner Vergangenheit*. Wien: Verlag Österreich.

Pohn-Weidinger [Lauggas], Maria. 2014. *Heroisierte Opfer. Bearbeitungs- und Handlungsstrukturen von „Trümmerfrauen" in Wien*. Wiesbaden: Springer VS.

Pohn-Weidinger [Lauggas], Maria, und Ingo Lauggas. 2012. Kohärente Erinnerung? Thesen zu Diskurs und Alltagsverstand in narrativen Quellen. *Österreichische Zeitschrift für Geschichtswissenschaft* 2: 190-207.

Radenbach, Niklas, und Gabriele Rosenthal. 2012. Das Vergangene ist auch Gegenwart, das Gesellschaftliche ist auch individuell. Zur Notwendigkeit der Analyse biographischer und historischer ‚Rahmendaten'. *Sozialer Sinn* 13 (1): 3–37.

Reichertz, Jo. 2009. Die Konjunktur der qualitativen Sozialforschung und Konjunkturen innerhalb der qualitativen Sozialforschung. *Forum Qualitative Sozialforschung / Forum: Qualitative Social Research* 10 (3): Art. 30. http://nbn-resolving.de/urn:nbn:de:0114-fqs0903291. Zugegriffen: 25. Februar 2016.

Rosenthal, Gabriele. 1993. Die erzählte Lebensgeschichte: eine zuverlässige historische Quelle? In *Spurensuche. Neue Methoden in der Geschichtswissenschaft*, Hrsg. Wolfgang Weber, 8-17. Regensburg: S. Roderer.

Rosenthal, Gabriele. 1995. *Erlebte und erzählte Lebensgeschichte. Gestalt und Struktur biographischer Selbstbeschreibungen*. Frankfurt/M.: Campus.

Rosenthal, Gabriele. 1996. Haben Nachkommen von Nazi-Tätern und von Überlebenden der Shoah vergleichbare Probleme? Strukturelle Gemeinsamkeiten und Unterschiede im Dialog über den Holocaust. In *Als man Juden alles, sogar das Leben raubte. Über die nachträgliche Wirksamkeit nationalsozialistischer Zerstörung. Gespräche mit Nachkommen von Tätern und Opfern*, Hrsg. Nea Weissberg-Bob, 173-196. Berlin: Lichtig.

Spies, Tina. 2010. *Migration und Männlichkeit. Biographien junger Straffälliger im Diskurs*. Bielefeld: transcript.

Völter, Bettina. 2003. *Judentum und Kommunismus. Deutsche Familiengeschichten in drei Generationen*. Opladen: Leske + Budrich.

Wiesenthal, Simon. 1999. Das Amt und die Pflicht. *Die Presse Sonderausgabe „2000"*: 57-58.

Witte, Nicole, und Gabriele Rosenthal. 2007. Biographische Fallrekonstruktion und Sequenzanalyse videographierter Interaktionen. *Sozialer Sinn* 8 (1): 3-24.

Wuthenow, Ralph-Rainer. 1990. *Europäische Tagebücher. Eigenart, Formen, Entwicklung*. Darmstadt: Wissenschaftliche Buchgesellschaft.

Zur Nieden, Susanne. 1993. *Alltag im Ausnahmezustand. Frauentagebücher im zerstörten Deutschland 1943 bis 1945*. Berlin: Orlanda Frauenverlag.

Biografische Wahrheit durch die Erweiterung von Erfahrungsperspektiven?

Vom analytischen Umgang mit Divergenzen in der Rekonstruktion bei der Triangulation von narrativen Interviews[1]

Cosimo Mangione

Zusammenfassung

Der vorliegende Beitrag diskutiert die methodologischen Annahmen und die Vorteile eines triangulierenden Verfahrens. Er betrachtet diese Strategie als die methodische Umsetzung einer ethnografischen Erkenntnishaltung, die darum bemüht ist, die Totalität der Erscheinungen in dem erforschten Abschnitt der sozialen Wirklichkeit zu berücksichtigen. Damit ist das Ziel verbunden theoretische Modellkonstruktionen zu bilden, die ein geordnetes Wissen über die Realität ermöglichen. In einer empirischen Illustration wird gezeigt, wie dies in der Praxis aussieht. Es werden Passagen aus zwei narrativen Interviews mit Familien analysiert, in denen ein Mitglied „kognitiv beeinträchtigt" ist. Der Artikel präsentiert die Analyse von Divergenzen zwischen den Laientheorien unterschiedlicher Familienmitglieder, die in den Interviews präsentiert werden, um die Ursachen einer spezifischen Behinderung zu erklären.

---

[1] Ich bedanke mich ganz herzlich bei Gerhard Riemann, Martina Schiebel, Ina Alber und Birgit Griese für die hilfreichen Anmerkungen.

1 Einleitung

Im vorliegenden Beitrag werden die methodologischen Annahmen und Vorteile eines triangulierenden Verfahrens diskutiert. Triangulation wird als Strategie betrachtet, mit der eine ethnografische Erkenntnishaltung methodisch umgesetzt wird, mithilfe derer die Vielfalt der Perspektiven in dem erforschten Ausschnitt der sozialen Wirklichkeit berücksichtigt werden kann. Damit ist das Ziel verbunden, theoretische Modellkonstruktionen zu bilden, die ein geordnetes Wissen über die Realität ermöglichen. In einer empirischen Illustration wird gezeigt, wie dies in der Praxis aussieht. Es werden Passagen aus zwei narrativen Interviews mit einer Familie analysiert, in denen ein Mitglied „kognitiv beeinträchtigt" ist. Der Artikel präsentiert die Analyse von Divergenzen zwischen den Laientheorien unterschiedlicher Familienmitglieder, um die Ursachen einer spezifischen Behinderung zu erklären.

Die Fragen, mit denen ich mich in diesem Beitrag beschäftige, beziehen sich auf die methodologische Angemessenheit einer Forschungsstrategie, die darauf abzielt, die komplexe Wirklichkeit sozialer Phänomene durch die Pluralisierung der Datenmaterialien zu erfassen. Denzin spricht in den 1970er Jahren bei solch einem Verfahren von „Triangulation"[2] und verbindet damit die Möglichkeit, die immanenten „Defizite" der einzelnen Methoden (Denzin 1970, S. 300) und die Schwierigkeit, dadurch „valide soziologische Daten" (Denzin 1970, S. 313) zu generieren, zu überwinden. So schlägt er vor, „Archivarbeit" als Instrument zu nutzen, um die Schilderungen der Informanten in Interviews zu validieren (Denzin 1970, S. 309). Es liegt wahrscheinlich an diesen Formulierungen, dass Denzin damals vorgeworfen wurde, von einer verdinglichenden Vorstellung von sozialer Wirklichkeit auszugehen und – in der Folge davon – dass durch eine Maximierung der empirischen Zugänge die Validität der Daten bekräftigt werden kann. Es sind vor allem einige kritische Kommentare, wie die von Silverman (1985, S. 105), welcher Denzin unterstellt, sich an einem „positivistischen Referenzrahmen" zu orientieren[3] und die einzelnen „Darstellungen als plurale Abbildungen" der Wirklichkeit zu betrachten, die Denzin (1989, S. 244ff.) später zu einer Präzisierung und Weiterentwicklung seiner Position bewegen. Er räumt in diesem Zusammenhang ein, dass Triangulation mit einigen „Problemen" (Denzin 1989, S. 247) behaftet

---

[2] Zusammen mit der Datentriangulation schlägt Denzin (1970, S. 301) weitere Triangulationsformen vor, die hier lediglich genannt werden können: Es geht um 1) „investigator triangulation", 2) „theory triangulation" und 3) „methodology triangulation".

[3] Denzin selber sprach von der Zeit zwischen 1970 und 1985 von seiner „postpositivistischen" Phase (2010, S. 270).

ist[4] und lässt erkennen, dass die soziale Wirklichkeit nicht als die „gleiche Einheit" (Denzin 1989, S. 244) für die unterschiedlichen Gesellschaftsmitglieder betrachtet werden kann. Auch wenn er sich von der Annahme distanziert, dass die Triangulation zur Bekräftigung der gewonnenen Erkenntnisse herangezogen werden kann, sieht er eine Möglichkeit, „die interpretative Basis von jeder Untersuchung zu weiten, zu verdicken und zu vertiefen" (Denzin 1989, S. 247). Eine ähnliche Linie vertritt Hammersley (2008, S. 32), wenn er feststellt, dass die Kombination mehrerer Daten eine „Evidenz" schafft, welche die Deutungsarbeit des/der Forschers/Forscherin „inspirieren" könne und diese weniger als „Technik" (Hammersley 2008, S. 32) zu sehen ist, welche die „Wahrheit oder Vollständigkeit" zu erkennen ermöglicht.

An diese Behauptungen möchte ich nun anknüpfen. Insbesondere werde ich – mit Blick auf mein Promotionsprojekt über Familien mit sogenannten „geistig" behinderten Angehörigen – einige Überlegungen anstellen, ob durch die Erhebung und Triangulation unterschiedlicher Erfahrungsperspektiven, die sich auf denselben „familienbiografischen Gegenstand" oder dasselbe „Thema" beziehen, der Anspruch auf eine „vollständigere" bzw. „tiefere" Rekonstruktion verknüpft werden kann.

Diesen Zusammenhang konnte ich bereits in meiner Auseinandersetzung mit der Lebensgeschichte einer Frau, die an einer chronischen Darmerkrankung litt, bejahen (Mangione 2013). Allerdings hatte ich in diesem Fall ein autobiografisch-narratives Interview mit der Betroffenen und ein Tagebuch (vgl. dazu auch den Beitrag von Pohn-Lauggas in diesem Band; Heinze und Schiebel 2013), das diese verfasst hatte, narrationsstrukturell analysiert, miteinander kontrastiert und versucht, dadurch die immanenten „perspektivischen Erkenntnisgrenzen" (Mangione 2013) der jeweiligen Materialien zu überwinden. Ich konnte zeigen, dass solch ein mehrperspektivisches Forschungsverfahren analytisch vorteilhaft ist, um zentrale biografische Prozesse zu erhellen. Vor allem die retrospektive Erzählstruktur im narrativen Interview fand eine wichtige Ergänzung durch die Schilderung von Alltagsereignissen aus der Gegenwartsperspektive im Tagebuch, so dass es aus der Gesamtheit der Daten möglich war, ein detailreicheres Bild der Formen der „biografischen Arbeit" (Corbin und Strauss 1988) Frau Klöterjahns – so der maskierte Name der Informantin – in der Auseinandersetzung mit der Erkrankung zu erstellen.

Ein Schwerpunkt meiner weiteren Diskussion wird darin liegen, zu zeigen, ob und wie evtl. Diskrepanzen in der Darstellung der jeweiligen Familienmitglieder als Ressource für ein tieferes Verständnis der familialen Wirklichkeit verwendet

---

4 Vgl. die Einleitung zu diesem Band.

werden können. Aber bevor ich einige Passagen aus dem Interview mit einem Ehepaar mit der Erzählung ihrer zwei Kinder – eines davon mit einer so genannten „geistigen" Behinderung – in Beziehung setze, möchte ich einige Hinweise zu der Rolle der Triangulation als Erhebungsstrategie im Kontext einer fallverstehenden, qualitativen Sozialforschung vorauszuschicken.

2 Die ethnografische Erkenntnishaltung als grundlegendes epistemisches Erkundungsprinzip einer fallverstehenden qualitativen Sozialforschung

Die qualitative Sozialforschung ist von einem grundlegenden „ethnographischen Erkenntnisstil" geprägt (Schütze 1994, S. 237). Damit ist eine „totalisierend-interdisziplinäre Untersuchungshaltung auf der empirischen Basis von Primärdaten" (Schütze 1994, S. 279) gemeint. Es geht nicht um bestimmte Methoden und deren korrekte Anwendung, sondern um den Versuch, die sozialen Phänomene, für die man sich interessiert, „in allen wichtigen Aspekten" zu erfassen (Schütze 1993, S. 209) und sowohl die Situationsdefinitionen und Perspektiven der Handelnden als auch die von weiteren Akteur/innen in der Analyse zu berücksichtigen. Eine solche totalisierende Erhebungs- und Auswertungsstrategieist mit dem Ziel verbunden, „all diejenigen Erlebnisperspektiven zu erfassen, welche im Ereignisablauf der Problemfall-Entfaltung haltungsrelevant geworden sind" (Schütze 1993, S. 209) und darüber hinaus die gewonnenen „Erlebnisperspektiven" miteinander zu vergleichen und zu triangulieren. Auch „Systembetrachtungen" können eine Rolle in der Analyse spielen, aber nur dann, wenn vermutet wird, dass diese zum besseren Verständnis des Bedingungsrahmens, in dem sich die untersuchten sozialen Prozesse entfalten, beitragen können (Schütze 1993, S. 209). Dies ist z.B. der Fall, wenn das untersuchte Gesellschaftsmitglied mit widrigen und heteronomen Bedingungen konfrontiert wird, welche seine Handlungsbereitschaft einschränken und eine Haltung des „Getriebenwerdens" (Schütze 1981, S. 145) – im Sinne von „trajectory" oder „Verlaufskurve" (Riemann und Schütze 1991)– hervorbringen. Triangulation scheint sowohl ein Versuch zu sein, der kommunikativen Komplexität des Forschungsgegenstands durch eine Vielfalt an empirischen Zugängen und eine „sequentielle Sammlung" (Schütze 1979, S. 19f.) von Daten gerecht zu werden, als auch ein Weg, um die Annahme der Subjektgebundenheit der Erfahrung methodisch zu berücksichtigen. Um zu vermeiden, dass man der Täuschung unterliegt ein „vollständiges Bild" (kritisch auch Silverman 1985, S. 105) des untersuchten Phänomens hervorbringen zu können, ist es gleichzeitig von zentraler Bedeutung, die „epistemischen Validitäten" (Schütze 1994, S. 234) – also die Gültigkeit der Erkenntnisse, welche der/die Forscher/in anhand von unterschiedlichen Materialien und deren besondere „Art" (Schütze 1994, S. 234), die Wirklichkeit zu konstruieren, generiert – zu berücksichtigen.

Eine solche ethnografisch-totalisierend geprägte, „metatheoretische und metamethodische Haltung" (Schütze 1994, S. 190) einzunehmen, ist zudem wichtig, weil der/die Forscher/in dadurch für die Fremdheit der Phänomene, die ihm/ihr im Feld begegnen, sensibilisiert wird und er/sie angeregt wird, in der Auseinandersetzung mit den Äußerungen des/der jeweiligen Informanten/Informantin einen kritiklosen und „naiven Empirismus" (Matthes 1985, S. 51; Hammersley 2008) zu vermeiden. Denn ein häufiges Ergebnis des Triangulationsverfahrens besteht darin, dass der/die Forscher/in mit Materialien konfrontiert wird, in denen divergierende „Darstellungspositionen" (Schütze 1993, S. 209) sichtbar werden. Bereits diese Feststellung macht etwas von der spannungsreichen und mannigfaltigen Natur der sozialen Wirklichkeit deutlich, mit der es der/die Forscher/in zu tun hat. Will er/sie ein „geordnetes Wissen" (Schütz 1971a, S. 60) gewinnen, so muss er/sie einen interpretativen Zugang zu diesen komplexen Geflechten an Positionen, Beobachtungen, Partikularsichten und Betrachtungsweisen finden.

Ein Blick auf die anthropologische und soziologische Literatur zeigt, dass der Umgang mit Perspektivendiskrepanzen unterschiedlich sein kann. In seiner anthropologischen Studie hatte z.B. Lewis (1985, S. 125) mehrere Familienmitglieder befragt und darin eine Möglichkeit gesehen, deren Schilderungen als Evaluationsstrategie und als Entlarvungstechnik zu nutzen, was forschungsethische Fragen aufwirft. Andere Forscher/innen messen offensichtlich den Diskrepanzen analytische Bedeutung zu, wenn auch bei der Präsentation der Ergebnisse für den/die Leser/in nicht ersichtlich wird, wie der/die Forscher/in damit umgegangen ist und welche Erkenntnisse deren Interpretation herbeigeführt hat (Hildenbrand 1983). Die Schwierigkeit eines angemessen analytischen Umgangs mit Perspektivendiskrepanzen wird bei Bloor (1997, S. 39) sichtbar: Er kritisiert z.B. Triangulation als „Technik" zur Prüfung der Validität der Daten mit dem Hinweis auf die „logischen" Schwierigkeiten, die widersprüchliche Daten mit sich bringen. Des Weiteren betont er zu Recht, dass die „Ergebnisse" von den „Umständen" (Bloor 1997, S. 39), in denen sie hervorgebracht werden, geprägt sind, was eine vergleichende Analyse erschweren würde. Trotz dieser nachvollziehbaren Gründe schließt Bloor dennoch seinen Beitrag über „Techniken der Validierung in der qualitativen Forschung" mit der Aufforderung, triangulierende Erhebungen zu praktizieren, weil diese „einen Ansporn für eine tiefere und detailreichere Analyse" (Bloor 1997, S. 49) geben.

Wenn Bloor auf die „logischen" Schwierigkeiten der Vergleichbarkeit von unterschiedlichen Daten bzw. Erlebnisperspektiven hinweist, deutet er – ohne diese zu benennen – auf das komplexe Verhältnis zwischen subjektiven Wirklichkeitskonzeptionen und der Totalität sozialer Wirklichkeit, wovon die einzelnen Perspektiven unvollständige Einblicke liefern.

3 Triangulation und Perspektivität des Erlebnisses

Der Begriff der Erfahrungsperspektive, der in meinen Ausführungen bisher immer wieder angeklungen ist, verweist auf die Annahme, dass jede Beobachtung oder Schilderung notwendigerweise perspektivengebunden ist. Alfred Schütz geht davon aus, dass sich jeder Mensch „in einer biographisch bestimmten Situation" befinde (Schütz 1971b, S. 10), wodurch er seine „natürliche und soziokulturelle Umwelt" (Schütz 1971b, S. 10) in einer einzigartigen Weise definiere und ihr einen Sinn verleihe. Mit dieser lebensgeschichtlichen Prägung jedes individuellen „Relevanzsystems" (Schütz 1971b, S. 11) stellt er in Anlehnung an Husserl zunächst fest, dass der Mitmensch lediglich „mittelbar" verstanden werden könne (Schütz 1971c, S. 368). Es ist vor allem die Auslegung von „Bedeutungsträgern" des Bewusstseins des Einzelnen – das was er „cogitationes" nennt (Schütz 1971c, S. 368) –, was in seinen Augen hilfreich sein kann. Schütz führt hierzu beispielhaft u.a. parasprachliche Phänomene, wie das Erröten und das Lächeln, an (Schütz 1971c, S. 368f.).

Die Tatsache, dass „gemeinter Sinn" sich nur innerhalb des Bewusstseinsstromes des/der Handelnden „konstituiert" und somit nur diesem/dieser zugänglich ist (Schütz 1974, S. 140), liefert ihm deshalb zuerst einen Grund, um die Möglichkeit des Fremdverstehens faktisch einzuschränken. Eine „wechselseitige Verständigung", ja, eine ähnliche Deutung der Welt zu erreichen, setzt deshalb voraus, dass sich die Interaktant/innen an pragmatischen Motiven orientieren, ihre „biographische Situation" außer Acht lassen und eine „Idealisierung der Übereinstimmung der Perspektiven" (Schütz 1971c, S. 365) vornehmen. Demnach leben die Menschen in einer Welt von „typisierenden Konstruktionen" (Schütz 1971b, S. 14) und verfügen über ein Wissen, das „objektiv und anonym" ist, d.h. ein Wissen, das „unabhängig" von der jeweiligen biografischen Prägung und einzigartigen Definition der Situation ist (Schütz 1971b, S. 14). Vor diesem Hintergrund können sich nun Interaktant/innen verstehen, auch wenn deren wechselseitiger Zugang zu den Erfahrungen der anderen in ihrer „originären Gegenwart" (Schütz 1971c, S. 363) nicht möglich ist.

Die Frage, die sich aber an dieser Stelle aufdrängt, ist, ob eine solche kontrafaktische Unterstellung einer gemeinsamen Wirklichkeitsdefinition eine ausreichende Voraussetzung ist, um von „gemeinsamen Erfahrungen" zu sprechen. Schütz selbst bringt diesbezüglich gelegentlich Zweifel zum Ausdruck (Embree 1988, S. 123), so etwa in seiner Arbeit über „Don Quixote und das Problem der Realität", in der die Schwierigkeiten der Vereinbarung von unterschiedlichen Erfahrungen der Realität[5] am Beispiel des Romans von Cervantes dargestellt werden: „Wenn aber die von beiden (Don Quixote und Sancho Panza; C.M.) erlebten Dinge und Ereignisse mit verschiedenen Auslegungsschemen interpretiert werden, sind sie dann immer noch *gemeinsame* Erfahrungen *derselben* Gegenstände?" (Schütz 1972, S. 110f., Hervorhebungen im Original). Man kann diese Frage m. E. mit einigen Präzisierungen bejahen. Die Gedanken, die ich bisher skizziert habe, legen nahe, dass es prinzipiell nicht möglich ist, von „reinen und einfachen Tatsachen"– so die Bezeichnung von Alfred Schütz (1971b, S. 5) –, sondern lediglich von deren Deutung und aspektuellen Darstellung auszugehen. Sowohl die biografischen Hintergründe des/der Handelnden als auch der Wirklichkeitsakzent, mit dem er/sie die Realität wahrnimmt, prägen seine/ihre Erfahrungsperspektive.

Der Ausdruck „*gemeinsame* Erfahrung" (Schütz 1972, S. 111, Hervorhebung im Original) ist vor diesem Hintergrund nicht mit dem der *gleichen Erfahrung* inhaltlich deckungsgleich. Dies wird besonders deutlich, wenn z.B. der/die Sozialforscher/in unterschiedliche Informant/innen, wie unterschiedliche Mitglieder einer Wir-Gemeinschaft, bittet, deren Geschichte zu erzählen und diese miteinander kontrastiert. An den Stellen, an denen „die unaufhebbare Verflechtung" (Schütze 1987, S. 47) zwischen der individuellen und der kollektiven Identitätsentwicklung (S. 47) oder zwischen den Lebensgeschichten der einzelnen Mitglieder zu einem relevanten biografischen Thema wird, können bei dessen Rekonstruktion bezüglich unterschiedlicher Aspekte (Ereignisabfolge, Bilanzierung usw.) sowohl gegenseitige Bekräftigungen und Übereinstimmungen als auch Darstellungsunterschiede sichtbar werden. Beide Phänomene können Einblicke in die Qualität der Kommunikation in der untersuchten Gruppe, in die Erkenntnisschwierigkeiten und Ausblendungen, welche bestimmte biografische Verläufe bei manchen Mitgliedern hervorrufen, usw. ermöglichen.

Einer der wichtigsten analytischen Vorteile einer interpretativen Herangehensweise besteht genau darin, dass diese durch ihre ethnografische Orientierung in der Lage ist, die Spannung und die Widersprüche, welche den „verschiedenen Auslegungsschemen" (Schütz 1972, S.110) der Informant/innen geschuldet sind, zu rekonstruieren und für die Erhellung sozialer Wirklichkeit fruchtbar zu machen. Triangulation stellt zu diesem Zweck eine hervorragende Erkenntnispraktik dar, nicht zuletzt, weil sie sich eignet, das Verhältnis zwischen den individuellen Erfahrungsperspektiven und zwischen der individuellen und der, wie Mead (1969,

---

[5] Schütz spricht in Anlehnung an James auch von „Subuniversen der Realität" (1972, S. 103).

S. 219) sagen würde, „gemeinsamen Perspektive" zu bestimmen. Da genau die Erfassung dieser Zusammenhänge im Zentrum einer triangulierenden Forschungsstrategie stehen sollte, könnte man das Ergebnis der Datentriangulation als Rekonstruktion der „Organisation der Perspektiven" (S. 216) betrachten. Mit diesem Ausdruck, den Mead in Anlehnung an Whitehead verwendet, meint er, dass ein Individuum sowohl in „seiner eigenen Perspektive" als auch „in der gemeinsamen Perspektive einer Gruppe handelt" (S. 217). Diese Feststellung bringt ihn dazu, zu behaupten, dass die Gesellschaft das Ergebnis einer „Organisation von Perspektiven" (S. 217f.) darstellt.

Die Hoffnung, dass sich im Rahmen von triangulierenden Forschungsverfahren unterschiedliche Erfahrungsperspektiven gegenseitig komplettieren könnten oder dass die Wiederholung von „den gleichen Ereignissen" (Lewis 1984, S. 9) im Rahmen von Einzelinterviews ein Instrument zur Aufhebung der Subjektivität der Schilderungen und in der Folge ein Beweis der Objektivität der Darstellungen sein kann, wie Lewis (S. 9) dies anstrebt, lässt sich vor diesem Hintergrund nicht aufrechterhalten. Dennoch kann das Streben nach Fremdverstehen sich nicht darin erschöpfen, lediglich eine Pluralität an „gleichwertigen" biografischen Wahrheiten hervorzubringen – Denzin (2010, S. 271) spricht von „pluralen Validitäten" und meint damit eine Vielfalt an Erkenntnispositionen und Erfahrungsperspektiven, die mit Blick auf den jeweiligen Forschungsgegenstand in „jeder interpretativen Studie" erfasst werden sollten. Der Verzicht auf objektive Wahrheitsansprüche und die Fokussierung der Forschungsbemühungen auf die Erfassung des „polyphonen" und „multisubjektiven"[6] Charakters des Ausschnitts sozialer Wirklichkeit, den man untersuchen möchte, verlangt nach einem Rahmen oder interpretativen Horizont, in dem sich die erhobenen Erfahrungsperspektiven vergleichen lassen. Zu diesem Zweck kann, jenseits der einzelnen Erfahrungsperspektiven, die Betrachtung von weiteren Datenmaterialien hilfreich sein, um die eigene Deutungsarbeit und die Gültigkeit der entwickelten Schlussfolgerungen zu kontrollieren. Triangulation kann aus dieser Perspektive „als Gütekriterium qualitativer Sozialforschung" (siehe dazu die Einleitung zum Sammelband) verstanden werden. Demnach ist die Vielschichtigkeit der sozialen Wirklichkeit und deren Konstitutionsebenen erkenntnisoptimierend und reflexiv im Blick zu behalten.

Was dies in der Forschungspraxis bedeutet, werde ich im kommenden Kapitel an einer empirischen Illustration darstellen. Es werden die divergenten Rekonstruktionen von unterschiedlichen Familienmitgliedern bezüglich einer gemeinsamen biografischen Erfahrung interpretativ in einem sinnhaften Ganzen organisiert.

---

6   Ich benutze diese Begriffe in Anlehnung an Clifford (1983, S. 141f.).

4 Der analytische Umgang mit Diskrepanzen zwischen unterschiedlichen Datenmaterialien bzw. Perspektiven: eine empirische Illustration

Das Material, das ich im Folgenden betrachte, stammt aus meinem Promotionsprojekt über Familien mit sogenannten „geistig" behinderten Angehörigen.[7] In diesem Rahmen führte ich Familieninterviews durch, wobei ich keine Vorgaben machte, wer daran teilnehmen sollte. Ich überließ vielmehr meinen Ansprechpartner/innen die Entscheidung oder handelte bei Unsicherheiten das Setting mit diesen aus. So war bei Familie Bauer, deren Geschichte ich nun präsentieren werde, nach einem ersten gescheiterten Versuch, auch den betroffenen (behinderten) Angehörigen, Anton, in das Gespräch einzubeziehen, lediglich das Ehepaar anwesend. In solchen Fällen bemühte ich mich, Bedingungen dafür zu schaffen, die Perspektive der Betroffenen zu erfassen. Es kam zu einem Termin für ein autobiografisch-narratives Interview mit Anton.

Als ich am Tag der Verabredung bei seiner Wohnung ankam, bat er mich, noch etwas zu warten, da sein jüngerer Bruder Felix auch noch gerne hinzukommen wollte. Ich ließ mich darauf ein und somit entstand ein Interview mit den beiden Geschwistern, das ich im Rahmen der analytischen Betrachtung der Erzählung des Ehepaares Bauer an bestimmten – mir schwer erschließbaren – Stellen herangezogen habe. Mit einer besonders rätselhaften Passage werde ich mich – nach einer kurzen Skizze der zentralen Inhalte der Familiengeschichte – beschäftigen.

Prägend für die Familienbiografie der Bauers sind die Umstände der Schwangerschaft und der Geburt Antons. Denn Frau Bauer leidet seit der Pubertät an einer „Essstörung", welche zuerst anorektische und dann bulimische Züge annimmt – ein Zustand, den sie vor ihrem Freund und späteren Mann, aber auch dem betreuenden Mediziner bis in die letzte Phase der Schwangerschaft, als sie notfallmäßig in die Klinik eingeliefert werden muss, geheim hält.[8]

Während des Geburtsvorgangs, welcher im Erleben Frau Bauers dramatisch verläuft und in einen Kaiserschnitt mündet, kann sie ihre Essproblematik nicht mehr verheimlichen. Nach der Entbindung verschlechtert sich die gesundheitliche

---

7   In dieser Arbeit beschäftige ich mich mit den familienbiografischen Dilemmata und Problemstellungen, welche für solche Wir-Gemeinschaften in der Auseinandersetzung mit der Beeinträchtigung der betroffenen Angehörigen prägend sind und gehe u.a. der Frage nach, wie sich dies in der Familienkommunikation niederschlägt.

8   Frau Bauer deutet im Interview darauf hin, dass sie während des Notfalls ihre „Essstörung" eingestehen musste und diese danach in der Familie immer wieder thematisiert worden ist.

Situation Antons so gravierend, dass die Ärzte die Familie mit einer sehr negativen Prognose konfrontieren:

EM[9]: „da hat's eben geheißen, er kommt nie aus dem Rollstuhl raus und er wird nie essen und äh sprechen können, selbständig, ja und mit dieser Prognose haben wir ihn dann halt nach drei Monaten aus dem Krankenhaus zu uns nach Hause geholt"

Es sind vor allem die Krampfanfälle und die Frage nach der angemessenen Intervention– es ist auch die Rede von einer Operation „am Kopf" –, welche für Unsicherheit sorgen. Nach der Entlassung beginnt eine lange Orientierungsphase, welche vor allem durch die Suche nach einer geeigneten Therapiemöglichkeit und nach befriedigenderen Antworten auf die Frage nach der möglichen Entwicklungsperspektive Antons charakterisiert ist.

Als Anton elf Monate alt ist, stoßen sie in der Tat – entgegen der ersten düsteren ärztlichen Prognosen, wonach er lebenslänglich auf einen Rollstuhl hätte angewiesen sein müssen – auf die Einschätzung, dass das Kind eines Tages laufen wird. Vor allem merkt man in dieser Situation, in der die ärztlichen Beratungsimpulse divergieren, dass ihre Haltung den Mediziner/innen gegenüber nicht frei von einer gewissen Ambivalenz ist. Im Interview fehlen allerdings eindeutige Hinweise darauf, ob die Zurückhaltung, mit der sie die ärztlichen Einschätzungen insgesamt beurteilen, in einer enttäuschenden Erfahrung wurzelt. Es kann in der Tat sein, dass solch eine Erfahrung wegen ihres schmerzlichen Gehalts keinen expliziten Eingang in die Erzählung gefunden hat. Es lassen sich im Interview keine stichhaltigen Textindizien, wie eine empirisch fundierte Antwort auf diese Frage aussehen könnte, finden. Als ich dennoch den Versuch unternahm, mich diesen noch zu klärenden Aspekten zu nähern und dabei die Erzählung mit den beiden Geschwistern zu betrachten begann, konnte ich neue Lesarten entwickeln. Bei der punktuellen Triangulation beider Materialien im Hinblick auf die Zeit unmittelbar nach der Geburt entstand beispielsweise ein Bild, das, auch wenn dies meine Ausgangsfrage nicht zu beantworten vermag, zusätzliches Licht auf die Beziehungsqualität zwischen den Familienmitgliedern warf.

In der Haupterzählung der Bauers präsentierten sie unmittelbar nach der Bezugnahme auf die Geburt und die Entlassung aus der Klinik für Essstörungen, in

---

9   Mit „EM" ist hier Frau Bauer gemeint, während mit „I" der Interviewer aufgeführt wird. Auch wenn die Passagen, welche ich im Folgenden präsentieren werde, aus einem Paarinterview stammen, beziehen sich die Abschnitte lediglich auf Schilderungen von Frau Bauer. Für die verwendeten Transkriptionszeichen siehe Riemann (1987, S. 66) und die Hinweise von GAT II für Minimal- bzw. Feintranskripte (Selting et al. 2009).

der Frau Bauer untergebracht wurde, selbstläufig, d.h. ohne dass Zwischenfragen die thematische Abfolgestruktur und Erzähllinie abgelenkt hätten, die Auseinandersetzung mit der medizinischen Sinnwelt bzw. mit deren diagnostischen und prognostischen Konstruktionen. Auf meine gezielte Aufforderung im Nachfrageteil, von dieser Zeit etwas ausführlicher zu berichten – da ich noch Erzählpotenzial vermutete –, berichtete Frau Bauer, dass Anton nach der Geburt zwei Monate in der Klinik blieb, um dann zusammen mit ihr in die Uni-Klinik in B-Stadt verlegt zu werden. Dort erhofften sie sich passendere Therapien als die, welche in der medizinisch eher provinziellen Heimatstadt zur Verfügung standen:

> EM: „und dann gings halt mit diesen Krämpfen auch los, und äh, der Arzt, äh, der Professor Weißkopf war des damals noch, der Vorgänger vom jetzigen, äh, ähm, Chef von der Kinderklinik, der ist dann extra nach B-Stadt gefahren mit den ganzen Werten und hat sich dort Beratung gholt, äh, wie er des Kind, Medikation und so weiter, und wie der Anton dann nach zwei Monaten transportfähig war, dann kam er im Transportinkubator nach B-Stadt, und war dann noch drei Wochen etwa in der Kinderklinik in B-Stadt, ich bin dann hin (geholt hatten) für eine Woche, musste dann zeigen, dass ich nachts alle zwei Stunden aufstehen kann und des Kind ordnungsgemäß mit der Medizin versorgen kann, musst ich mich dann also auch in der Klinik einquartiern, und wie se dann gsehn ham, des geht, dass er alle zwei Stunden seine Medikation kriegt, seine Medizin kriegt, dann ham se uns alle beide entlassen, dann hat mein Mann mich abgeholt und hatt mer nach drei Monaten den Jungen daheim ((leise))".

Auffällig in dieser Geschichte ist eine gewisse Vagheit, mit der Frau Bauer eine „Medizin" erwähnt, die Anton regelmäßig verabreicht wurde. Es ist naheliegend, davon auszugehen, dass es sich um ein Antiepileptikum handelte, denn die Krampfanfälle schienen der Hauptgrund für die Verlegung nach B-Stadt gewesen zu sein – zumindest lässt sich das später indirekt aus der Erwähnung entnehmen, denn in B-Stadt arbeitete eine „Krampfspezialistin". Das Segment wird nicht bilanziert, wie sonst erwartbar gewesen wäre, sondern lediglich durch das Absinken der Stimmlautstärke geschlossen, so dass es unklar bleibt, ob Anton von dem Aufenthalt bzw. der pharmakologischen Therapie profitiert hat und ob die „Medizin" langfristig für ihn alltagsrelevant wurde. Hinweise zu diesen Aspekten findet man in dem Interview mit Anton und Felix:

> Felix: „ähm, Anton, was für ihn/ also aus seiner Kindheit interessant is, er is ähm als relativ gesundes Baby zur Welt gekommen..hat dann aber eben diese eleptischen Anfälle gehabt, und dann gab`s damals `n Medikament, das dagegen eingesetzt wurde, den Namen weiß ich nicht, aber das hatte die Auswirkung/ oder eine der Nebenwirkungen war eben geistige Behinderung..und ((lacht leicht)) meine Eltern

hat/ ((lacht leicht)) haben sich dann, sag ich mal, für das Medikament entschieden, weil er ja als Baby durch nen eleptischen Anfall hätte sterben können

I: mhm

Felix: das hat er dann glaub ich bis zum vierten Lebensjahr oder so genommen, und das hat dann meine Mutter in Eigenregie mit ner Kinderärztin, also einer ehemaligen Berufsschulkameradin von ihr, gemeinsam abgesetzt

I: mhm

Felix: und danach hat er nie mehr neneleptischen Anfall gehabt

I: mhm

Felix: aber ähm..die geistige Behinderung hat sich eingestellt

I: mhm

Felix: weil er das eben /– mitunter durch das Medikament gekommen – genetisch is er zur Geburt voll gesund gewesen

I: mhm…ähm, das ist etwas was du ähm – weißt?

Felix: ja, so

I: von deiner Mutter?

Felix: ja

I: wusstest du schon auch/ äh Anton, können wir offen darüber reden? Also/

Anton: /ja, i-i-ich wusste darüber…ähm..da, ich hab halt ähm Augen/ mit den Augen als Kind Probleme gehabt

Felix: geschielt, extremst [geschielt]

Anton: [geschielt].. da muss ich immer Augenpflaster tragen, wo ich in der A-Einrichtung[10] war

Felix: und da ging`s regelmäßig nach B-Stadt in die Uniklinik

I: mhm

Anton: ja, des war so."

An einer anderen Stelle erwähnt Felix auch die „Magersucht" der Mutter, misst dieser aber in der Pathogenese der geistigen Behinderung Antons eine geringe Bedeutung zu. Eine iatrogene Erklärungstheorie – so wie die, welche Felix zwischen Medikalisierung und geistiger Beeinträchtigung entwirft – scheint in der Tat, unterstützt von unterschiedlichen Studien, welche, ohne Kausalzusammen-

---

10 Einrichtung der Behindertenhilfe.

hänge zwischen langfristigen kognitiven Beeinträchtigungen und der Einnahme von Antiepileptika zu generalisieren, eine solche „Nebenwirkung" im Einzelfall zu bestätigen.[11] Auf einer Linie mit dieser Theorie ist der von Felix erwähnte Zeitpunkt der Einstellung der Gabe des Medikaments: nach vier Jahren. Denn in diesem Alter ist die lebenszyklische Erwartung einer *eindeutigen* sprachlichen Beteiligung an einer Interaktion – was natürlich das Verstehen des Interaktionspartners und zumindest elementare Beitragsaktivitäten voraussetzt – ein Kriterium, um die „Normalität" der kindlichen kognitiven Entwicklung zu bewerten. In diesem Alter verdichten sich frühe Warnzeichen einer geistigen Abweichung zu einer konkreten Befürchtung und bilden womöglich die Grundlage für eine medizinische Diagnose.[12] So gesehen erscheint die Entscheidung Frau Bauers – so wie diese von Felix dargestellt wird –, das Medikament abzusetzen, von der Einschätzung geleitet worden zu sein, dass Anton nicht das leistet, was vor dem Hintergrund einer „normalen" Entwicklung von ihm erwartet werden könnte. Obwohl Felix die genauen lebensgeschichtlichen Umstände, wie er an diese Informationen herankam, nicht offenbart, ist es höchst wahrscheinlich, dass diese in der Familienkommunikation eine wichtige Rolle gespielt haben. Er antwortete später auf meine – im Nachhinein kritisch zu betrachtende – suggestive Frage, ob er die Informationen von seiner Mutter habe, mit einem „ja", jedoch ohne dies weiter auszuführen.

Die Frage ist nun, wie es dazu kam, dass Herr und Frau Bauer in ihrer Darstellung der Familiengeschichte merkwürdigerweise über eine für die Familiengeschichte so bedeutsame Erklärungstheorie kein Wort verlieren. Um das zu klären, muss ich etwas ausholen. Denkbar wäre, dass der ausgeprägte biografische Stellenwert, den Felix der Medikalisierung Antons im Säuglingsalter zuschreibt, Ausdruck einer in der Familienkommunikation seitens seiner Eltern thematisierten Erklärungstheorie ist, und dass er von diesen das Wissen über die pathologisierende Wirkung des Antiepileptikums und die damalige Wahrnehmung der Not-

---

11 „It can be concluded from this review of the literature that AEDs (antiepileptic drugs, C.M.) can impair cognitive functions and can affect behavior in children with epilepsy. However, in the majority of children taking AEDs, these effects are not clinically relevant and, when they are, they are also likely to be recognized. On many occasions, preexisting or epilepsy-related problems have been attributed to AEDs"(Bourgeois 1998, S. 919).

12 In den von mir gesammelten Interviews berichteten die Eltern häufig, dass die Befürchtung, beim Kind sei etwas „nicht in Ordnung", im Alter von drei bis vier Jahren klare Konturen angenommen hat. Es ist interessant, dass auch in der Diskussion über die „Störungen der Sprachentwicklung" ab vier Jahren von einer „Verfestigung" einer vorhandenen Sprachentwicklungsstörung gesprochen wird, welche dann in manchen Fällen in „kognitive Probleme" (Grimm 2012, S. 161, insbesondere Abbildung 5) mündet.

wendigkeit dessen Verabreichung übernimmt. Dabei verteidigt Felix seine Eltern, welche in der Abwägung darüber, das Risiko von lebensbedrohlichen Anfällen einzugehen oder die eventuellen „Nebenwirkungen" des Medikaments in Kauf zu nehmen, sich für Letzteres entschieden haben. Es drängt sich der Verdacht auf, dass der vordergründige Stellenwert einer solchen Erklärungstheorie von der Tatsache abhängt, dass diese von den Eltern in der Familienkommunikation akzentuiert worden ist. Diese Überfokussierung, verbunden mit der Bagatellisierung der potenziellen Konsequenzen der Magersucht bzw. Bulimie für Anton, deutet auf eine strategische Offenheit hin, mit der Herr und Frau Bauer ihre Verantwortlichkeit gegenüber den eigenen Kindern aufrechtzuerhalten und damit die Interaktion von möglichen Schuldvorwürfen zu entlasten versuchen. Durch die Betonung, sie habe in „eigener Regie" gehandelt – wenn auch im Einvernehmen einer befreundeten Kinderärztin –, wird Frau Bauer von Felix sogar als diejenige porträtiert, die Anton durch ihre heroische subversive Haltung gegenüber den Mediziner/innen der Klinik vor weiteren Schäden bewahrt. Gleichzeitig wirkt die Erklärung – die kognitive Beeinträchtigung sei von einem Medikament verursacht worden –, als ob diese damals ausschließlich für Felix und Anton entworfen worden wäre. Ein solcher Verdacht könnte nützlich sein, um zu verstehen, wie es dazu kam, dass Herr und Frau Bauer in ihrer Erzählung auf die Thematisierung des Antiepileptikums als Ursache für die geistige Behinderung Antons verzichten.

Der in der Kindheit im Hinblick auf die Bulimie geschlossen gehaltene Bewusstheitskontext (Glaser und Strauss 1980) war womöglich von der Vermutung geleitet, die Kinder würden die komplexen Wirkmechanismen, die in der Entstehung der Behinderung eine Rolle gespielt haben, nicht nachvollziehen können. All das spiegelt natürlich auch das Bemühen der Eltern wider, sowohl Anton als auch Felix vor dem Bild der „bösen" oder „kranken" Mutter, welches die Beziehungsqualität hätte beeinträchtigen können, zu bewahren. Es ist anzunehmen, dass diese Erklärungstheorie – welche mit dem Verschweigen bzw. Geringhalten der Bulimie Frau Bauers verknüpft war – später in dem Bewusstsein von Anton und Felix als maßgeblicher Faktor für die Entstehung der geistigen Behinderung geblieben ist. Der Umstand, dass in der Darstellungsarbeit der Familie Bauer die Erwähnung einer lebensgeschichtlichen Phase fehlt, in der der Bewusstheitskontext bezüglich der komplexen Hintergründe der Beeinträchtigung Antons gegenüber den Kindern geschlossen gehalten worden ist, verweist womöglich auf die schmerzliche Bedeutung eines solchen selektiven Informationsmanagements für den Beziehungsaufbau zu Anton und Felix.

Die Offenheit, die Frau Bauer im Hinblick auf die Thematisierung ihrer „Essstörung" betont, dürfte also die Familienkommunikation geprägt haben, als die Kinder etwas älter geworden sind. Auch zu diesem Zeitpunkt ist sie dennoch zurückhaltend, wenn es darum geht, zwischen ihrem Essverhalten während der Schwangerschaft mit Anton und seiner Behinderung einen fraglosen Zusammenhang herzustellen.[13] Das kommt beispielsweise zum Ausdruck, wenn sie wie folgt kommentiert:

> EM: „dass also da ein Verschulden von meiner Seite aus diese Behinderung ausgelöst hat ((leise werdend))) – also des wissen se alle zwei, damit sind wir immer sehr offen umgangen, was aber **nie** nachgewiesen werden konnte – weiß mer net."

Es wird hier die Ambivalenz deutlich, mit der Frau Bauer die Rolle der mangelhaften Ernährung einschätzt: Einerseits die subjektive Wahrnehmung einer möglichen Mitverschuldung der Behinderung – was performativ durch das Leisewerden markiert wird – und andererseits die Diskreditierung dieser Perspektive durch die Übernahme der Begrifflichkeit der juristischen und medizinischen Sinnwelt („nie nachgewiesen werden konnte"). Es ist anzunehmen, dass Anton und Felix in diesem Zustand der relativen Ahnungslosigkeit belassen werden, weil die Eltern selbst noch mit dieser Geschichte hadern und eine vielstimmige Erklärungstheorie entwickelt haben. Gleichzeitig liegt bei der Betrachtung des Interviews mit beiden Geschwistern die Vermutung nahe, dass Anton und Felix die iatrogene Theorie präferieren und die Rolle der „Mangelernährung" teilweise in den Hintergrund stellen, weil dadurch das Bild einer verantwortungslosen Mutter entkräftet wird.

5 Schlussbemerkung

An meinem Argumentationsgang ist hoffentlich deutlich geworden, dass die Frage nach der Gewinnung von „objektiven Begriffen" aus „subjektiven Sinnstrukturen" (Schütz 2010, S. 460) – eine Frage, die Schütz als die „schwierigste" (S. 460) der methodologischen Probleme der Sozialwissenschaften betrachtete – anders gestellt werden muss. Es geht m.E. eher darum, zu fragen, wie der/die Sozialforscher/ in die einzigartige Sinnperspektivität der sozialen Akteur/innen überwindet und die unterschiedlichen Wissensfragmente über die soziale Wirklichkeit, die er/sie aus der ethnografisch orientierten Erfassung von verschiedenen Perspektiven und Materialien gewinnt, zu einem klaren und geordneten Wissen zusammenfügen kann. Ein triangulierendes Verfahren bietet einen denkbaren Weg, weil dadurch

---

13 Es kommt häufig vor, dass in solchen Familien diese extrem schmerzhafte Problemstellung relevant wird – die Frage: Was habe ich bzw. was haben wir mit der Behinderung unseres Kindes zu tun?

der/die Forscher/in die „Beobachtung der Totalität sozialer Prozesse" (Schütze 1994, S. 191) zu seiner/ihrer zentralen epistemischen Erkenntnishaltung macht und Bedingungen dafür schafft, dass ein „neuartiges" und im Material sonst nicht erkennbares „Muster" sichtbar wird (S. 250). Mit diesem Muster ist nicht nur ein Komplexitätszuwachs, sondern auch die Möglichkeit für den/die Forscher/in verbunden, Zugang zu Phänomenen und Lebensbedingungen, welche sonst von den sozialen Akteur/innen unbewusst verschleiert (S. 251) und somit nicht in den Fokus der Analyse gerückt worden wären, zu erhalten.

Durch die Kontrastierung von zwei Paarinterviews und die zusätzliche Einbeziehung von weiteren Datenmaterialien, wie z.b. medizinischer Literatur, habe ich zu zeigen versucht, auf welche Weise vor dem Hintergrund einer ethnografischen Forschungshaltung triangulierende Strategien der rekonstruktiven Arbeit dienlich sein können. Vor allem, wenn die erhobenen Darstellungen bezüglich einer gemeinsamen Erfahrung divergieren, zeigt sich, dass ein pluraler Zugang zum untersuchten Gegenstand analytische Vorteile birgt, weil der/die Forscher/in dadurch gezwungen wird, seine/ihre Bemühungen um Fremdverstehen zu verschärfen bzw. zu reflektieren und die „Selbstverständlichkeit" des Materials zu hinterfragen. Dies ist deshalb für die interpretative Arbeit von Bedeutung, weil damit im besten Falle rätselhafte Stellen in ein anderes Licht gerückt werden und die Interpretation an empirischer Tiefe gewinnt.

Literatur

Bloor, Michael. 1997. Techniques of validation in qualitative research: a critical commentary. In *Context and method in qualitative research*, Hrsg. Gale Miller und Robert Dingwall, 37-50. London: Sage Publications.
Bourgeois, Blaise F. D. 1998. Antiepileptic drugs, learning, and behavior in childhood epilepsy. *Epilepsia* 39 (9): 913-921.
Clifford, James. 1983. Onethnographic authority. *Representations* 1(2): 118-146.
Corbin, Juliet M., und Anselm L. Strauss. 1988. *Unending work and care. Managing chronic illness at home*. San Francisco/ London: Jossey-Bass Publishers.
Denzin, Norman K. 1970. *The research act. A theoretical introduction to sociological methods*. First Edition. Chicago: Aldine Publishing Company.
Denzin, Norman K. 1989 [1970]. *The research act. A theoretical introduction to sociological methods*.Third edition. Englewood Cliffs, New Jersey: Prentice Hall.
Denzin, Norman. 2010. ‚On elephants and gold standards'. *Qualitative Research* 10 (2): 269-272.
Embree, Lester. 1988. Schütz'sphenomenology of the praticalworld. In *Alfred Schütz. Neue Beiträge zur Rezeption seines Werkes*, Hrsg. Elisabeth List und Ilja Srubar, 121-144. Amsterdam: Editions Rodopi B.V.
Glaser, Barney G., und Anselm L. Strauss. 1980[1965]. *Awareness of dying*.New York: Aldine Publishing Company.
Grimm, Hannelore. 2012. *Störungen der Sprachentwicklung. Grundlagen – Ursachen – Diagnose – Intervention – Prävention*. Göttingen: Hogrefe Verlag.
Hammersley, Martyn. 2008. Troubles with triangulation. In *Advances in mixed methods research*, Hrsg. Manfred Max Bergman, 22-36. London: Sage.
Heinze, Carsten, und Martina Schiebel. 2013. Einleitung zur Sektionsveranstaltung: Autobiographische Formate – Spezifika der Produktion und Auswertung unterschiedlicher Quellen. In *Transnationale Vergesellschaftung. Verhandlungen des 35. Kongresses der Deutschen Gesellschaft für Soziologie in Frankfurt am Main 2010*, Hrsg. Hans-Georg Soeffner (CD-Rom). Wiesbaden: Springer VS.
Hildenbrand, Bruno. 1983. *Alltag und Krankheit. Ethnographie einer Familie*. Stuttgart: Klett-Cotta.
Lewis, Oscar. 1984. *Die Kinder von Sánchez. Selbstportrait einer mexikanischen Familie*. Bornheim-Merten: Lamuv.
Lewis, Oscar. 1985 [1950]. An anthropological approach to family studies. In *The psychosocial interior of the family*, Hrsg. Gerald Handel, 119-128. New York: Aldine Publishing Company.
Mangione, Cosimo. 2013. Eine Tagebuchanalyse und ihre Triangulation mit einem autobiografisch-narrativen Interview. Einblicke in das Leben einer Frau, die an einer chronischen Darmentzündung leidet. In *Transnationale Vergesellschaftung. Verhandlungen des 35. Kongresses der Deutschen Gesellschaft für Soziologie in Frankfurt am Main 2010*, Hrsg. Hans-Georg Soeffner (CD-Rom). Wiesbaden: Springer VS.
Matthes, Joachim. 1985. Die Soziologen und ihre Wirklichkeit. Anmerkungen zum Wirklichkeitsverhältnis der Soziologie. In *Entzauberte Wissenschaft. Soziale Welt. Sonderband*, Hrsg.Wolfgang Bonß und Heinz Hartmann, 49-64. Göttingen: Verlag Otto Schwarz & Co.

Mead, George Herbert. 1969. *Philosophie der Sozialität. Aufsätze zur Erkenntnisanthropologie*. Frankfurt/M.: Suhrkamp.
Riemann, Gerhard. 1987. *Das Fremdwerden der eigenen Biographie. Narrative Interviews mit psychiatrischen Patienten*. München: Wilhelm Fink Verlag.
Riemann, Gerhard, und Fritz Schütze. 1991. „Trajectory" as a basic theoretical concept for analyzing suffering and disorderly social processes. In *Social organization and social process. Essays in Honor of Anselm Strauss*, Hrsg. David R. Maines, 333-357. New York.: Aldine de Gruyter.
Schütz, Alfred. 1971a [1953]. Begriffs- und Theoriebildung in den Sozialwissenschaften. In *Gesammelte Aufsätze I. Das Problem der sozialen Wirklichkeit*, 55-76. Den Haag: Martinus Nijhoff.
Schütz, Alfred. 1971b [1953].Zur Methodologie der Sozialwissenschaften. In *Gesammelte Aufsätze I. Das Problem der sozialen Wirklichkeit*, 3-54. Den Haag: Martinus Nijhoff.
Schütz, Alfred. 1971c [1955]. Symbol, Wirklichkeit und Gesellschaft. In *Gesammelte Aufsätze I. Das Problem der sozialen Wirklichkeit*, 331-411. Den Haag: Martinus Nijhoff.
Schütz, Alfred. 1972 [1953]. Don Quixote und das Problem der Realität. In *Gesammelte Aufsätze II. Studien zur soziologischen Theorie*, Hrsg. Arvid Brodersen, 102-128. Den Haag: Martinus Nijhoff.
Schütz, Alfred. 1974 [1932]. *Der sinnhafte Aufbau der sozialen Welt. Eine Einleitung in die verstehende Soziologie*. Frankfurt/M.: Suhrkamp.
Schütz, Alfred.2010 [1954]. Begriffs- und Theoriebildung in den Sozialwissenschaften. In *Zur Methodologie der Sozialwissenschaften*, 445-470. Konstanz: UVK Verlagsgesellschaft.
Schütze, Fritz. 1979. *Möglichkeiten und Probleme der Anwendung qualitativer Forschungsverfahren in der Sozialarbeit*. Bielefeld, Manuskript.
Schütze, Fritz. 1981. Prozessstrukturen des Lebensablaufs. In *Biographie in handlungswissenschaftlicher Perspektive*, Hrsg. Joachim Matthes, Arno Pfeifenberger und Manfred Stoßberg, 67-156. Nürnberg: Verlag der Nürnberger Forschungsvereinigung e.V.
Schütze, Fritz. 1987. *Das narrative Interview in Interaktionsfeldstudien I*. Hagen: Fachbereich Erziehungs- und Sozialwissenschaften, Studienbrief Fernuniversität.
Schütze, Fritz. 1993. Die Fallanalyse. Zur wissenschaftlichen Fundierung einer klassischen Methode der Sozialen Arbeit. In *Der sozialpädagogische Blick. Lebensweltorientierte Methoden in der sozialen Arbeit*, Hrsg. Thomas Rauschenbach, Friedrich Ortmann und Maria-Eleonora Karsten, 191-221. Weinheim/München: Juventa.
Schütze, Fritz. 1994. Ethnographie und sozialwissenschaftliche Methoden der Feldforschung. Eine mögliche methodische Orientierung in der Ausbildung und Praxis der Sozialen Arbeit. In *Modernisierung Sozialer Arbeit durch Methodenentwicklung und -reflexion*,Hrsg.Norbert Groddeck und Michael Schumann, 189-297. Freiburg/Breisgau: Lambertus.
Selting, Margret, Peter Auer, Dagmar Barth-Weingarten, Jörg Bergmann, Pia Bergmann, Karin Birkner, Elizabeth Couper-Kuhlen, Arnulf Deppermann, Peter Gilles, Susanne Günthner, Martin Hartung, Friederike Kern, Christine Mertzlufft, Christian Meyer, Miriam Morek, Frank Oberzaucher, Jörg Peters, Uta Quasthoff, Wilfried Schütte, Anja Stukenbrock, und Susanne Uhmann. 2009. Gesprächsanalytisches Transkriptionssystem 2 (GAT 2). *Gesprächsforschung – Online-Zeitschrift zur verbalen Interaktion* 10: 353-402.

http://www.gespraechsforschung-ozs.de/heft2009/px-gat2.pdf. Zugegriffen: 20. Februar 2017.

Silverman, David. 1985. *Qualitative Methodology & Sociology*. Aldershot: Gower.

Biografie – Material – Interaktion

Zur Triangulation biografischer Rekonstruktionen mit Analysen von Interaktionen und der Bedeutung materialer Kontextfaktoren

Nicole Witte

Zusammenfassung

In diesem Artikel wird zum einen eine Triangulation von biografischer Fallrekonstruktion mit einer videogestützten Interaktionsanalyse am Beispiel von Arzt-Patient-Interaktionen vorgestellt. Diese ist dazu angetan, sowohl die Interpretations- und Interaktionsmuster von Akteurinnen und Akteuren als auch die Genese dieser Muster im biografischen Prozess versteh- und erklärbar zu machen. Zum anderen beschäftigte ich mich in diesem Aufsatz mit der Frage der Bedeutung und Wirkung von materialen Kontextfaktoren für (diese) Interaktionen und ferner, welche methodischen Konsequenzen das für die Rekonstruktion hat/haben sollte.

1 Einleitung

Die Frage, warum Menschen in bestimmten (Interaktions-)Situationen „so und nicht anders" handeln, ist für Soziolog/innen eine „klassisch" zu nennende Herausforderung.[1] Die hier angestellten Überlegungen fußen u.a. auf den proto-soziologischen Konzepten von Alfred Schütz und Thomas Luckmann zur Konstitution und Konstruktion der Alltagswelt durch die in ihr handelnden Akteur/innen (Schütz und Luckmann 2003).[2] So grundlegend und unspezifisch die obige Frage formuliert ist, kann man doch bereits an dieser Stelle sehr allgemeine Überlegungen dazu anstellen, auf welchen Wegen sie – für den je spezifischen Fall – sinnvoll zu beantworten ist. Im Grunde resultieren aus den kurzen Überlegungen mindestens zwei Fragen: Die Frage nach dem „so" (dem konkreten Handeln) und die nach dem „und nicht anders" (der Konstitution des Handlungs-Möglichkeitenspektrums der Akteur/innen und deren konkreter Auswahl daraus).

Zunächst scheint es jedoch notwendig zu unterscheiden, ob das Forschungsinteresse sich auf eine bestimmte Handlungssituation bezieht (bspw. Warten an einer Fußgängerampel, „Schlange stehen") oder ob einzelne Akteur/innen als „typische" Repräsentant/innen einer bestimmten Gruppierung fokussiert werden (bspw. „Kriegskinder", Ärzt/innen, Migrant/innen). Einmal steht man also vor der Frage, wie „man" in einer bestimmten Situation handelt oder exakter ausgedrückt: welche Typen von Handlungsmustern in einer spezifischen Situation aufzufinden sind; im anderen Fall ist die Frage, wie bspw. die Ärztin A im Gegensatz zu Arzt B in einer bestimmten Situation handelt.[3] Dieser letztgenannte Fokus ist insbesondere dann angebracht, wenn es um die Rekonstruktion von strukturiertem[4] Handeln

---

1   Je nach Fragestellung sollte die Analyse sicher nicht bei der Rekonstruktion einzelner Interaktionssituationen stehen bleiben, sondern sich in prozessualer Perspektive auf (unter Umständen deutlich) längere Zeitverläufe richten (Bogner und Rosenthal 2016). Für die hier betrachtete Frage steht jedoch die einzelne Interaktionssituation zunächst im Mittelpunkt (s.u.).

2   Damit wird meine sozialkonstruktivistisch und wissenssoziologisch ausgerichtete Perspektive vermutlich mehr als deutlich.

3   Dabei ist es äußerst wahrscheinlich (vor dem Hintergrund wissenssoziologischer und sozialkonstruktivistischer Annahmen sogar sicher), dass die Typen von Handlungsmustern, die bei der Beantwortung der Frage, wie die Ärzt/innen handeln, herausgearbeitet werden können, als eine Teilmenge kollektiv geteilter Wissensbestände gelten können. Eine Abgrenzung wird hier ausschließlich durch das die Untersuchung leitende Forschungsinteresse begründet.

4   Strukturiertes Handeln meint hier nicht etwa „geplant" oder „organisiert" im Sinne einer bewussten und effektiven Planung bestimmter Handlungsabläufe durch die Akteur/innen, sondern um Handeln als Reproduktion oder Transformation von biogra-

in Situationen geht, die nur einer bestimmten Gruppe begegnen (bspw. das „Begrüßungshandeln" von Ärzt/innen gegenüber ihren Patient/innen).

Trotz dieser notwendigen Konkretisierung des Forschungsinteresses ist es zur Beantwortung der Frage nach dem „Warum?" bestimmten Handelns in beiden Fällen angebracht, sowohl das konkrete Handeln innerhalb der Situationen in den Blick zu nehmen als auch den Fokus auf die Akteur/innen jenseits der Handlungssituationen zu richten.[5] In diesem Zusammenhang sind stets auch die physischen Objekte der Alltagswelt von Relevanz, die sich (in den jeweils betrachteten Handlungssituationen) in einem dialektischen Prozess von Darbietung und Zuwendung im Bewusstsein der Akteur/innen bilden (Husserl et al. 2004).

Um nochmals auf das Beispiel des Konsultationsbeginns zurückzukommen, kann ich die Frage danach, warum (und warum nicht anders) Ärztin A sich stets an ihren Schreibtisch setzt, bevor sie ihre Aufmerksamkeit auf den jeweiligen Patienten richtet und ihn begrüßt („so"), nur beantworten, wenn ich die Genese dieses Handlungsmusters in den Blick nehme; diese liegt jedoch regelmäßig jenseits der konkreten Handlungssituation(en) – d.h. in der Vergangenheit der Akteurin.[6] Zwar kann ich aus der Rekonstruktion spezifischer Handlungsmuster auch plausible Hypothesen über deren Entstehungszusammenhang ableiten, oder – in der schützschen Terminologie – ich kann aus der Analyse des Handelns Lesarten über den ex ante bestehenden Handlungsentwurf bilden, allerdings verbleiben diese jedoch „naturgemäß" stets auf der Ebene des plausibel Prognostischen.[7]

---

fisch etablierten Interpretations- und Interaktionsmustern, die in den seltensten Fällen den Akteur/innen bewusst zugänglich sind. Auch der modus futuri exacti (Schütz und Luckmann 2003), den Schütz für den Entwurf von Handlungen beschreibt, setzt kein Bewusstsein voraus, wenn man sich die Bedeutung von Routinehandeln vor Augen führt.

5   Ist man hingegen „nur" an den Typiken von Handeln in bestimmten Handlungssituationen interessiert und lässt die Frage des „Warum" außen vor, so ist eine reine Interaktionsanalyse mittels teilnehmender Beobachtung oder audio-visuell unterstützter Beobachtung vermutlich ausreichend erkenntnisgenerierend.

6   Selbstverständlich kann die Frage auch umgekehrt formuliert werden: Habe ich zunächst bspw. auf der Basis von Interviews spezifische biografische Muster herausgearbeitet, so kann ich nun durch die Analyse von konkreten Handlungssituationen meine Hypothesen plausibilisieren bzw. in situ beobachten.

7   Dies gilt im Übrigen auch vice versa. Aus einer bspw. biografischen Rekonstruktion lassen sich ebenfalls plausible Prognosen über strukturierte Handlungsweisen in bestimmten Situationen gewinnen. Jedoch bleiben diese nicht nur hypothetisch, sondern weisen auch einen geringen Detailierungsgrad auf. Auch wenn dies dadurch eingeschränkt wird, dass das Handeln der Biograf/innen gegenüber den Forschenden –

Unabhängig jedoch davon, ob sich mein Forschungsinteresse nun auf das Handeln selber oder (die „Gründe" für) einen spezifischen Handlungsentwurf richten, ist das Vorhandensein des Schreibtisches als materialem Kontextfaktor (wie auch seine Verortung im Raum, sein spezifisches Erscheinungsbild etc.) eine notwendige Bedingung sowohl für das eine als auch für das andere.

Wie kann ich nun also das „Wie" („so") und das „Warum" („nicht anders") von Handeln ergründen? Hierzu schlage ich eine Methodenkombination von Interaktionsanalyse und biografietheoretischem Vorgehen vor.

Der vermeintlich weite Weg, den es dabei zu überbrücken gilt, wird erheblich kürzer, wenn man sich in Erinnerung ruft, dass komplexe Sinnstrukturen der Alltagshandelnden nur über die Rekonstruktion einzelner Sinnsetzungs- und Sinndeutungsakte zugänglich werden können.[8] Dass auf verschiedenen Analyseebenen verschiedene (interpretative) Methoden zur Anwendung kommen müssen, sollte einsichtig sein; wird ein Erschließen der Sinnsetzungs- und Verstehensprozesse (der Alltagshandelnden) – wie bspw. durch die Rekonstruktion konkreter beobachtbarer Handlungsverläufe innerhalb von Interaktionen – unmittelbar nachvollziehbar, müssen andererseits bei einem biografietheoretischen Vorgehen in Erinnerungen und Erfahrungen „sedimentierte" – und damit als Vergangenes nur mittelbar zugängliche – Sinnsetzungsakte erschlossen werden, die zudem in komplexen Sinngebilden verwoben sind. Frage ich im ersten Fall bspw. in erster Linie nach typisierenden Zuschreibungen, die die Handelnden innerhalb der Interaktionssituation vornehmen, so richtet sich die Aufmerksamkeit im zweiten Fall eher auf die Genese eines bestimmten Typus als Teil der Wissensbestände der Handelnden. Dabei gilt es jedoch zu beachten, dass die Typisierungen in den jeweiligen Situationen nicht „nur" angewandt werden, wirkt doch jede „Verwendung" eines Typus entweder reproduzierend verfestigend oder aber transformierend auf seinen Inhalt. Damit handelt es sich um einen dialektischen und keineswegs um einen unidirektionalen Zusammenhang im Sinne der Anwendung einmal erlernten Wissens.

Geht man, wie Max Weber und Alfred Schütz[9], davon aus, das Handeln (anderer) zu verstehen (und somit den Sinn, den das Handeln für den anderen hat), sei

---

bspw. in der Interviewsituation – auch strukturiertes Handeln ist und ich somit einen direkten Zugang zum Interaktionshandeln des Interviewpartners habe.

8   Zu Sinnkonzepten siehe Schütz (1974) in seiner Konkretisierung weberscher Überlegungen (1922).
9   Alfred Schütz kritisiert Max Weber an anderer Stelle deutlich, wenn es bspw. um Webers, seiner Meinung nach mangelnde Differenziertheit in Bezug auf Konzepte des Handelns und des Sinnes geht (Schütz 1974).

insbesondere dann möglich, wenn es gelingt, „die einen Handlungsablauf bestimmenden Motive zu enthüllen" (Schütz 1974, S. 19), so wird dies deutlich. Schütz unterscheidet so genannte „Um-zu-Motive" (ich handele, um ein Ziel zu erreichen), die die einzelnen Teilhandlungen und einen gesamten Handlungsentwurf motivieren, von „Weil-Motiven", die zum einen innerhalb des Handlungsverlaufs aus den Um-zu Motiven des Interaktionspartners entstehen und den Handelnden motivieren und so genannten „echten" Weil-Motiven, die eine Handlungsmotivation repräsentieren, die aus der Vergangenheit des Handelnden resultiert. Sind nun die Um-zu-Motive aus der Beobachtung und Analyse des Handlungsablaufes zu rekonstruieren, so sind diese echten Weil-Motive nur durch eine Rekonstruktion von bereits Vergangenem möglich. Dafür bietet sich m.E. ein biografietheoretisches Vorgehen in besonderer Weise an.

Diese methodische Triangulation von Interaktions- und Biografieanalyse soll im Folgenden präsentiert werden. Darüber hinaus werde ich mich aber insbesondere mit der Rolle von materialen Kontextfaktoren und deren Bedeutung für das Handeln der Akteur/innen – und damit auf den Verlauf von Interaktionssituationen – beschäftigen. Eine Kombination der Analyse materialer Faktoren mit der Analyse des Handelns der beteiligten Interaktionspartner/innen wird realisiert, um Interpretations- und Interaktionsstrukturen zu rekonstruieren.[10] Ich werde somit zum einen den Versuch unternehmen, die Rekonstruktion von Interpretations- und Interaktionsmustern in einzelnen Handlungssituationen mit einem Gesamtkonstrukt von „Biografie" in Verbindung zu setzen und den soziologischen Mehrwert einer solchen Perspektiven-, Daten- und Methodentriangulation herausarbeiten. Zum anderen möchte ich die Bedeutung von (meist artifiziellem) Material für das „Deuten" und „Handeln" der Akteur/innen in Interaktionssituationen in den Fokus rücken.

---

10 Die Frage, welche Rolle Materialität (materiale Objekte in spezifischer Kombination in der Dingwelt) spielt, wie bspw. die Einrichtung eines Raumes für den Ablauf einer bestimmten Interaktion innerhalb dieses Raumes, hat mich bereits in meinem Dissertationsprojekt zu Arzt-Patient-Interaktionen beschäftigt (Witte 2010) und wird in meinem aktuellen Forschungsprojekt zum Zusammenleben in der Stadt Haifa (Israel) erneut virulent (s. z.B. Witte 2012, 2015).

2 Methodenkombination: Biografie- und Interaktionsanalysen

Welche Methoden können nun Zugang zur Interaktion und zur biografischen Strukturierung bieten? Die bislang theoretisch und methodisch gehaltenen Ausführungen möchte ich anhand eines Beispiels aus meiner Dissertation vom Kopf auf die Füße stellen.

Mein ursprüngliches, naives Forschungsinteresse war die ganz zu Anfang dieses Beitrages gestellte Frage nach dem „Warum" ärztlichen Handelns in Konsultationssituationen mit Patient/innen. Warum handelt der eine meiner Wahrnehmung nach freundlich und mir zugewandt, während der zweite vielleicht distanziert, abweisend, unhöflich wirkt? Zunächst bietet sich hier sicher eine Antwort an, die in der Interaktion begründet liegt, d.h. dem einen Mediziner bin ich vielleicht sympathischer als dem anderen. Wie die Ergebnisse meiner Untersuchung jedoch zeigen, liegt die Begründung fast immer in der Vergangenheit des Arztes, egal ob die Handlungsmuster vorprofessionell bereits herausgebildet oder in beruflicher Sozialisation etabliert wurden.[11] Dem Prinzip der Offenheit folgend, konnte und wollte ich dies nicht im Vorfeld entscheiden und entschloss mich aufgrund dessen zu einem Vorgehen, welches den gesamten Lebensverlauf – die gesamte Biografie – von Ärzt/innen in den Blick nimmt. Die Methode der Biografischen Fallrekonstruktion, wie sie von Rosenthal (1995) vorgestellt wurde, bot sich an. Ohne hier die Methode im Detail vorstellen zu wollen[12], sei kurz herausgestellt, dass die Biografische Fallrekonstruktion mittels der Formulierung empirisch fundierter Annahmen über die vergangenen Erlebnisse der Biograf/innen dazu angetan ist, Fragen danach zu beantworten, welche Erfahrungen die Biograf/innen in bestimmten historischen und sozialen Kontexten gemacht haben und welche Bedeutungen sie ihren Erlebnissen in unterschiedlichen Phasen ihres Lebens zuschrieben. Darüber hinaus können

---

11   Aus meiner Sicht bedauerlicherweise, musste ich feststellen, dass der „Einfluss" der Patient/innen auf den Verlauf einer Konsultation äußerst begrenzt ist. Dies hat verschiedene Gründe, die nicht nur auf das ärztliche Handeln zurückzuführen sind, sondern bspw. auch auf die Position der Patient/innen als machtschwächer und vielfach hilfebedürftig. Jedoch wird dies von den Patient/innen keineswegs stets als negativ bewertet, vielmehr erwarten sie nicht selten eine „Führung" durch den Arzt. Hier könnte sich nun eine Darstellung der verschiedenen, in der Medizin(-soziologie) diskutierten Modelle von A-P-Interaktionen anschließen, dies würde jedoch den Rahmen des Beitrags sprengen.

12   Hierzu liegt über die grundlegende Schrift aus dem Jahr 1995 umfangreiche Literatur von Rosenthal selber (vgl. z.B. 1997, 2002, 2005), aber auch ihrer Schüler/innen vor (auf eine detaillierte Aufzählung wird hier aufgrund der Fülle von Autor/innen und Schriften zu unterschiedlichen Themenstellungen verzichtet).

auch Aussagen gemacht werden, welche Bedeutung diese Erlebnisse in der Gegenwart – also im Rückblick auf die Vergangenheit – für die Biograf/innen haben und welche institutionellen Rahmungen und sozialen Diskurse diese Deutungen (mit-)bedingt haben und bedingen und welche historischen Diskurse weiterhin wirksam waren oder sind (vgl. Rosenthal 2005). Es wird deutlich, dass es nicht nur darum geht, das Erleben der Menschen in der Vergangenheit zu rekonstruieren, sondern auch die Gegenwartsperspektive der Biograf/innen im Rückblick auf die Vergangenheit analytisch fassbar zu machen. Die Analyse geschieht auf der Datenbasis biografisch-narrativer Interviews (Schütze 1976, 1977; Rosenthal 1995, 2005), die Erleben *und* Erzählung sowie deren Interdependenz erfassbar machen.

Zur Analyse der konkreten Interaktionssituationen zwischen Ärzt/innen und Patient/innen wählte ich eine videogestützte Methode, wie sie von Gabriele Rosenthal und mir vorgestellt wurde (Witte und Rosenthal 2007). Auch in Bezug auf die Analyse videografierter Interaktionen soll an dieser Stelle auf eine detaillierte Darstellung der Methodik verzichtet werden.[13] Anzumerken bleibt jedoch, dass hier mittels streng sequenziell vorgenommener, offener und abduktiver Hypothesenbildung die Rekonstruktion derjenigen strukturellen Muster angestrebt wird, die dem Interaktionsverlauf „zu Grunde" liegen,[14] d.h. Handlungs- und Deutungsmuster der Akteur/innen sowie deren Verwobenheit innerhalb einer Interaktionssituation werden rekonstruiert.

Neben den erheblichen methodologischen und methodischen Herausforderungen, die die Analyse von Videomaterial mit sich bringt (vgl. Knoblauch 2004), bietet ein solches Vorgehen jedoch auch erhebliche Vorteile. Insbesondere die detaillierte Analyse leiblicher (zum Teil kleinster) Ausdrucksgestalten und der Einbezug materialer Kontextbedingungen der Interaktion in ihrer Bedeutung für die Handelnden werden erst durch die registrierende Konservierung (vgl. Bergmann 1985) der audiovisuellen Daten möglich. Auch ist die leibliche Anwesenheit der Forschenden in der Interaktionssituation nicht notwendig, was insbesondere in „intimen" Settings, wie einer Arzt-Patient-Interaktion, vorteilhaft sein kann.[15]

---

13 Zur methodologischen Konzeptualisierung s. Witte und Rosenthal (2007), zur methodischen Ausführung Witte (2011), zum praktischen Nachvollzug Witte (2010).

14 Dabei ist es wichtig, zu betonen, dass dies keinesfalls so gemeint ist, dass die Akteur/innen die Muster quasi nur exekutieren (seien es nun die eigenen Handlungsstrukturen oder die diskursiv erzeugten, geteilten Muster und Regeln einer spezifischen Interaktionssituation). Vielmehr ist die Möglichkeit zur Strukturtransformation dem hier benutzen prozessualen Strukturbegriff stets immanent (zum Strukturbegriff vgl. Oevermann 2000).

15 Nun lässt sich wohlfeil darüber diskutieren, ob hier nicht die Vorbehalte eher auf meiner Seite lagen, in dem Sinn, dass es mir unangenehm gewesen wäre, die Konsultatio-

Ich betrachte nun einerseits die Biografien der Ärzt/innen mittels biografischer Fallrekonstruktion und nehme andererseits Interaktionen dieser Ärzt/innen in Konsultationssituationen mit ihren Patient/innen durch Videoanalyse in den Blick. Diese Methodentriangulation schöpft nur dann ihr vollständiges Erkenntnispotenzial aus, wenn ich beide Analyseschritte zunächst unabhängig voneinander durchführe und erst die Ergebnisse beider Analysen miteinander in Verbindung setze. Nur so wird, wie Flick schreibt, „der erwartbare Erkenntnisgewinn systematisch [...] gegenüber einer Einzelmethode [erweitert]" (2008, S. 49). Dies bedeutet, dass ich nicht aus der biografischen Analyse Hypothesen gewinne, die ich dann zur Prüfung an die Videoanalyse herantrage und vice versa. Durch die vollständige – und vollständig offene – Durchführung beider Analyseschritte erzielt man auf beiden analytischen Ebenen umfassende Ergebnisse. Es ist notwendig, dieses Vorgehen zu betonen, da ich im Folgenden beispielhaft einen Fall präsentieren werde und aufgrund der – vermeintlich außergewöhnlichen – Passung der Ergebnisse bei Rezipient/innen der Eindruck entstehen könnte, ich sei zumindest auf einer Ebene hypothesenprüfend – bzw. subsumtionslogisch – vorgegangen, was nicht der Fall ist.[16]

3 Empirisches Beispiel: Der Fall Dr. Zeisig – Schuld und Sühne

Im Folgenden möchte ich die zuvor theoretisch ein- und ausgeführten Perspektiven anhand eines Beispiels aus meiner Dissertation greifbar machen. Zunächst werde ich die Biografie eines Arztes vorstellen, um dann sein Interaktionshandeln mit Patient/innen zu skizzieren. Im Zusammenhang mit diesem Beispiel werde ich auch die Frage der materialen Kontextbedingungen aufwerfen, um im Anschluss methodische Überlegungen dazu vorzustellen.

---

nen zu beobachten. Dies mag der Fall gewesen sein, jedoch macht dies das Argument nicht weniger wertvoll, dass eine „Gewöhnung" der Interaktant/innen an die Anwesenheit der Kamera schneller geschieht, als in Bezug auf einen anwesenden Dritten. Ich gehe jedoch keineswegs davon aus, dass das Handeln innerhalb der Situation dann quasi gebiased sei, aber ich wollte die Interaktion Ärzt/in und Patient/in und nicht die Interaktion Ärzt/in-Patient/in-Forscherin rekonstruieren.

16 Zunächst war auch ich von diesem großen Passungsverhältnis überrascht. Wenn man jedoch der Annahme einer biografischen Bedingtheit von Handeln folgt – und wie sollte es sonst bedingt sein – kann dies nicht überraschen.

3.1 Biografische Rekonstruktion

Betrachten wir zunächst die Biografie des Arztes Dr. Bernd Zeisig.[17] Dr. Zeisig wird Mitte der 1950er Jahre in eine „Arztfamilie" hineingeboren. Beide Eltern sind Mediziner/innen, wobei sich der Vater niederlässt und die Mutter ihre Tätigkeit zu Gunsten der Kindererziehung aufgibt. Beide Eltern haben einen „Fluchthintergrund" und es ist ausgesprochen wahrscheinlich, dass zumindest Teile der väterlichen Familie – wenn nicht gar der Vater selbst – an den Verbrechen während der nationalsozialistischen Herrschaft beteiligt war(en). Bernd Zeisig erlebt seinen Vater als „abwesenden Patriarchen", der seinen Patient/innen Verständnis und Empathie entgegenbringt, dies aber seiner Familie verweigert. Die Mutter hingegen opfert ihre berufliche Karriere auf dem Altar der Familienarbeit und erleidet in häufiger Folge depressive Episoden.

Es wird deutlich, dass Bernd Zeisig bereits in seiner Jugend, stärker werdend dann im Verlauf seines erwachsenen Lebens, seine (Arbeits-)Kraft in dem Bemühen verwendet, für andere Menschen „da" zu sein, sich ihnen zuzuwenden. Die Analyse hat ergeben, dass dieses (rastlose) Bemühen um andere in der Familienvergangenheit begründet liegt. Es ist sehr wahrscheinlich, dass Bernd von konkreten Ereignissen und dem Handeln seiner Familienmitglieder während der Zeit des Nationalsozialismus nichts weiß, jedoch etwas „ahnt", ist das Thema innerhalb seiner Herkunftsfamilie doch bis heute tabuisiert. Bernd beschäftigt sich sowohl in medizinisch professioneller Hinsicht als auch in seinem umfangreichen zivilgesellschaftlichen Engagement mit Themen, die in unmittelbarer Beziehung zur nationalsozialistischen Terrorherrschaft und den Kriegsverbrechen stehen.

Gleichzeitig lebt er – trotz seiner Ablehnung des väterlichen Handelns – ein ähnliches Leben wie der Vater. Auch die eigene zeitliche und kräftemäßige „Aufopferung" für seine Patient/innen geht zu Lasten der Erfüllung seiner familialen Verpflichtungen. Diese Ähnlichkeit zur Beschreibung des väterlichen Lebens ist Bernd bewusst und beängstigt ihn auch, weil sein Vater noch vor Eintritt in den Ruhestand an einem Herzinfarkt starb und Bernd dies auch für sich befürchtet.

Ist er einerseits zufrieden mit seiner beruflichen Tätigkeit, so ist er andererseits unzufrieden mit dem mangelnden Veränderungspotenzial in seinem Leben. Diese Unzufriedenheit attribuiert er ausschließlich auf sein Familienleben, da das Professionelle aufgrund seiner erheblichen Bedeutung für Bernds biografische Arbeit quasi „unantastbar" ist. Die „ersehnte" Veränderung kann damit für ihn nur innerhalb seines privaten Lebens erfolgen und sollte auch „radikal" sein. Kleine Verän-

---

17 Ich halte die Ausführungen an dieser Stelle bewusst extrem kurz und auf das für das Verständnis der Argumentation Relevante reduziert.

derungen zählen für Bernd in diesem Zusammenhang nicht. Innerhalb einer „jungen" Familie mit kleinen Kindern erscheinen solcherart radikale Veränderungen jedoch ausgesprochen schwierig. So fühlt Bernd sich zunehmend „eingesperrt" in einer für ihn ausweglosen familialen Situation, die von ihm Gesetztheit fordert, die aufzubringen ihn unglücklich macht. Auch diese Situation ähnelt der Position des Vaters innerhalb der Herkunftsfamilie. Die Hypothese liegt ausgesprochen nahe, dass bereits Bernds Vater eine Handlungsstruktur von Schuldgefühl und notwendigerweise durch ihn zu erbringender Sühne (durch Arbeit, Aufopferung) herausgebildet hat, die sich in die nächste Generation tradiert hat.[18]

Bernd handelt(e) in seiner gesamten Biografie so, als hätte er eine große „Schuld an der Menschheit" abzutragen – gleichzeitig steht er seiner Unzufriedenheit mit seinem Leben hilflos gegenüber, kann er doch eigentlich in seinem beruflichen Leben genau die Sühneleistung erbringen, die er – unbewusst – von sich erwartet.[19]

3.2 Interaktionsmuster

Wie oben ausgeführt, wurde die Videoanalyse der Konsultationen mit Patient/innen unabhängig von der biografischen Fallrekonstruktion durchgeführt, d.h. dass in beiden Fällen offen, sequenzanalytisch und abduktiv Lesarten gebildet wurden und nicht etwa Hypothesen aus dem jeweils anderen methodischen Vorgehen (bspw. zu deren Prüfung) in die Auswertung einflossen. Im Folgenden möchte ich kurz auch die allgemeinen Ergebnisse der Video-Interaktionsanalyse für den Fall Dr. Zeisig darstellen.

Als zentrales Element innerhalb seines Interaktionshandelns mit seinen Patient/innen[20] kann man Dr. Zeisigs Bemühen darum konstatieren, alle unangenehmen, belastenden oder schwierigen Themen innerhalb der Konsultation zu vermeiden,

---

18 Ob dies eine Tradierung von Traumafolgen ist, kann hier nicht abschließend entschieden werden; es erscheint aber äußerst wahrscheinlich (zur Tradierung von Traumata vgl. Baer und Frick-Baer 2012).

19 Anhand dieser biografischen Rekonstruktion können nun verschiedene theoretische Verallgemeinerungen vorgenommen werden. So können bspw. Fragen nach den Gründen der Berufswahl, nach der Etablierung spezifischer professioneller Handlungsmuster, der Sozialisation als Arzt/Ärztin, dem ärztlichen Selbstbild oder der Konzeptualisierung eines ärztlichen WIR plausibel beantwortet werden. Darauf wird an dieser Stelle jedoch verzichtet, geht es hier doch in erster Linie um die Verknüpfung der Analyse von Interaktion und Biografie und um die Frage der Bedeutung von Materialem in diesen Zusammenhängen.

20 Jedoch auch in seinem Handeln bei den Interviewterminen mit mir als Forscherin.

möchte er doch eine angenehme Atmosphäre kreieren, in der sich die Patient/innen „wohl fühlen" und Dr. Zeisig als Arzt „Gutes" für sie tun kann. Für diese Handlungsorientierung konnten in der Analyse verschiedene Hinweise herausgearbeitet werden. So verfolgt Dr. Zeisig während der Konsultationen kein – zumindest für die Beobachterin sichtbares – Ablaufkonzept (so ist vielfach nicht einmal der medizinische „Dreischritt" Anamnese, Diagnose, Therapie in Reihenfolge erkennbar), sondern vielmehr sind es die Patient/innen, die die „Richtung" bestimmen, in die sich die Konsultation entwickelt, überlässt Dr. Zeisig ihnen doch die Eingrenzung der Gesprächsthemen. Zudem versäumt er es, Rahmenschaltelemente zu setzen, was bedeutet, dass er den Patient/innen nicht mitteilt – oder ihnen mindestens Hinweise darauf gibt -, was er als Nächstes zu tun gedenkt respektive was in der Konsultation als Nächstes ansteht. Es wird in der Analyse sehr deutlich, dass dies nicht etwa auf Dr. Zeisigs fachliche Unzulänglichkeit oder medizinisch-situative Unsicherheit zurückzuführen ist, wirkt er doch weder in seinen Diagnosestellungen noch in seinen Therapieempfehlungen unsicher. Vielmehr möchte er es offenbar – fast um jeden Preis – vermeiden, seine Patient/innen zu verärgern, zu verunsichern oder „traurig" zu machen. Er möchte jede negative Emotion von ihnen fernhalten und sie zufrieden und „glücklich" hinterlassen.

Selbstverständlich geschieht – und liegt – dies keineswegs immer im Interesse der Patient/innen und es gelingt Dr. Zeisig auch nicht immer. Ist in den Analysen doch nachweisbar, dass einzelne Patient/innen verunsichert oder unzufrieden mit dem Verlauf der Konsultation sind. Auch ist es medizinisch wenig sinnvoll – oder gar höchst problematisch – den Patient/innen stets „nach dem Mund" zu reden.[21] Dr. Bernd Zeisig handelt in erster Linie im eigenen Interesse und konterkariert damit in gewisser Weise seinen biografisch herausgebildeten Wunsch, den Menschen zu helfen.

Ein weiteres zentrales Ergebnis der Interaktionsanalysen sind die homogenisierenden Zuschreibungen, die Dr. Zeisig gegenüber seinen Patient/innen vornimmt. Er konzeptualisiert sie alle als einer Gruppe von „(sozialstrukturell) benachteiligten Hilfsbedürftigen" zugehörig.[22] Handelt Dr. Zeisig einerseits in eigenem Interesse, indem er „schwierige" Themen vermeidet, so führt seine Homogenisierung

---

21 Ein immanenter Teil ärztlicher Arbeit ist die Notwendigkeit, den Patient/innen auch „Unangenehmes" mitzuteilen bzw. von ihnen zu verlangen, damit medizinische Hilfe geleistet werden kann, mindestens aber, damit sich der Zustand der Patient/innen nicht verschlimmert.

22 Diese homogenisierenden Zuschreibungen konnten bei allen von mir untersuchten Ärztinnen und Ärzten herausgearbeitet werden, auch wenn die jeweiligen Inhalte der Zuschreibungen unterschiedlich ausfallen.

der Patient/innen andererseits zu geringer Empathie innerhalb der Konsultationen, interagiert er mehr mit seinem „Bild" von Patient/innen, denn mit Patient/innen selber. Dies wird insbesondere in Konsultationen deutlich, in denen die Patient/innen dem von Dr. Zeisig entworfenen Bild nicht entsprechen (oder entsprechen wollen). Kommt es doch bspw. mit den Patient/innen zu Interaktionskrisen, die ihm selbstbewusst und nicht selten fachkompetent (zumindest was ihre spezifische Erkrankung angeht) gegenübertreten.

Zusammenfassend kann festgestellt werden, dass Dr. Zeisig Patient/innen gegenübertritt, die er als hilfebedürftig und „vom Leben benachteiligt" konzeptualisiert. Diesen möchte er dann – folgerichtig – genau die benötigte und aus seiner Sicht von den Patient/innen schmerzlich vermisste Hilfe anbieten. Ferner geht er davon aus, seine Patient/innen vor Unangenehmem schützen zu müssen, weil er ihnen nicht die Fähigkeit zuschreibt, mit diesem Unangenehmen angemessen und für sie passend umgehen zu können.[23]

Es stellt sich hier die Frage, ob Dr. Zeisig nicht eher sich selber vor der Thematisierung von schwierigen Themen schützt, weil eine mangelnde Kompetenz im Umgang mit diesen Aspekten seine „Helferrolle" erheblich in Zweifel zöge. Diese Lesart bietet sich – auch jenseits der Ergebnisse der biografischen Fallrekonstruktion – aus den hier präsentierten Resultaten der Videoanalyse an, kann jedoch mittels Interaktionsanalyse nicht plausibilisiert werden. Dies führt mich nun zu einer kurzen Darstellung der zusammengeführten Ergebnisse beider Auswertungsverfahren für den Fall Dr. Bernd Zeisig.

3.3 Biografie und Interaktion

Betrachtet man den Fall Dr. Zeisig wird deutlich, dass sich seine ärztlich-professionellen Interpretations- und Interaktionsmuster gesamtbiografisch, d.h. in unterschiedlichen Lebensbereichen und -phasen, etabliert haben und nicht „erst" im Verlauf der professionellen Sozialisation. Im Gegenteil: Es kann sogar konstatiert werden, dass der Arztberuf es ermöglicht – und als „klassische" Profession sogar notwendig macht –, auf außerhalb des beruflichen Settings erworbene Interaktionsmuster zurückzugreifen. In der Ärzt/in-Patient/in-Interaktion kommen nun ein erheblicher situativer Handlungsdruck einerseits und ein großer Handlungsspielraum – negativ formuliert: insbesondere im Zusammenhang mit zwischenmensch-

---

23 Auch auf die Darstellung der verallgemeinerten Ergebnisse der Interaktionsanalysen (Frage der Interaktionskrisen, der Variation des Handelns, der Reproduktion/Transformation der Interaktionsmuster etc.) wird hier großteils verzichtet.

lichen, jenseits rein medizinisch-technischer Abläufe liegender Handlungen sind kaum vorgeformte, nur auszuführende Handlungsroutinen auszumachen – andererseits zusammen. Darüber hinaus grenzt das ärztlich-professionelle Setting den konkreten Interaktionsverlauf in rigider Weise gegen Transformationsanforderungen von außen ab, d.h. Ärzt/innen haben im Inneren einen großen Handlungsspielraum und sind nach außen gegen Kritik abgesichert.[24] Vor diesem Hintergrund kann es kaum überraschen, dass bestimmte biografische Bewältigungsmechanismen oder Muster biografischer Arbeit sich innerhalb des professionellen Handelns reproduzieren und damit auch verfestigen, werden sie doch „von außen" nicht herausgefordert. Betrachtet man den Fall von Dr. Zeisig, so kann man dies nachvollziehen. Hat er „Helfen" als Umgang oder Bewältigung mit der (angenommenen) familialen Schuld oder dem tradierten Trauma des Vaters biografisch ausgebildet, gestaltet Dr. Zeisig jede einzelne Interaktion mit seinen Patient/innen als Hilfe- und Schutzsituation.

Nun könnte man einwenden, dass Patient/innen einen nicht unerheblichen Einfluss auf den Verlauf der Interaktionen haben, jedoch weisen die Ergebnisse meiner Untersuchung in eine andere Richtung (vgl. Witte 2010). Treten insgesamt eher wenige Interaktionskrisen auf, da die Patient/innen sich an die Interaktionsvorgaben des Arztes/der Ärztin halten (ist dies doch Teil ihrer Rolle innerhalb der Interaktion und entspricht es auch ihrer Machtposition in einer solchen Situation), so homogenisiert sich im Verlauf der Niederlassung die Patient/innenschaft eines Arztes/einer Ärztin erheblich in Bezug auf die Akzeptanz der durch den/die ärztliche Akteur/in maßgeblich hergestellten Regeln der Interaktion, D.h., dass die Patient/innen, die mit den Konsultationen nachhaltig unzufrieden sind (bzw. die Spielregeln der Interaktion nicht teilen können oder wollen), einen Arzt/eine Ärztin nicht weiter aufsuchen.[25] Der Arzt/die Ärztin setzt sich somit mit seinen Interaktionsmustern durch und wird im Verlauf der Niederlassung immer seltener herausgefordert. Erneut führt dies zu einer Verfestigung der etablierten Muster.

Im Fall von Dr. Zeisig handelt es sich um ein biografisches Bewältigungsmuster für eine schwerwiegende Problemlage. Geradezu tragisch zu nennen ist dann, dass

---

24 Dies „reproduziert" sich auch im ärztlichen Selbst- und Wir-Bild (vgl. Elias 1990): Lässt sich einerseits ein klares „Wir-Ärztinnen/-Ärzte" in Abgrenzung zu allen Nicht-Ärztinnen/-Ärzten konstatieren, so bietet dieses WIR im Inneren erheblichen Spielraum für verschiedene professionelle Selbstbilder – bspw. als Helfende/r, Forschende/r, Problemlöser/in, ärztliche/r Handwerker/in.

25 Hierbei handelt es sich um eine andere Art von Homogenisierung als die homogenisierten Zuschreibungen, die die Ärzt/innen an ihre Patient/innen richten. Problematisch ist jedoch, dass diese Regelkonformität von den Ärzt/innen häufig als Bestätigung der Richtigkeit ihrer Zuschreibungen wahrgenommen wird.

die ärztliche Konsultationssituation mit ihren Spezifika dazu angetan ist, diese Bewältigungsstrategie stets anwendbar zu machen und nach und nach zu verfestigen, sodass die nachhaltige Bearbeitung der zugrunde liegenden biografischen Problemlage in immer weitere Ferne gerückt wird. Dr. Zeisig kann ja „helfen", er kann seine Patient/innen „glücklich" machen, er kann seine (angenommene familiale) „Schuld" tilgen – er wird durch die Interaktionen mit ihnen nicht gezwungen, sich der Problemlage zuzuwenden.[26]

Möchte man das Ergebnis im Fall Dr. Zeisig, aber auch für alle anderen untersuchten Ärztinnen und Ärzte salopp formulieren, so kann man sagen, die Ärztinnen und Ärzte handeln (wenig überraschend – und doch erstaunlicherweise zuvor wenig beforscht) im Sprechzimmer als „ganze Menschen" und nicht bloß in ihrer ärztlich-professionellen Rolle oder aus dieser heraus. Ganz im Gegenteil: Der ärztliche Berufsalltag macht das Agieren des ganzen Menschen notwendig, welches gegen Herausforderungen und Kritik von außen maximal abgeschirmt ist. Rekonstruierbar ist dies jedoch nur durch eine Triangulation von biografischen und Interaktionsanalysen. Denn so nimmt man sowohl die biografische Genese der Handlungsmuster in den Blick als auch deren konkrete Ausgestaltung innerhalb einzelner Interaktionssituationen. Trianguliert man nicht in einer solchen Weise, bleiben die Aussagen in dem jeweils nicht betrachteten Forschungsbereich auf der Ebene des (häufig ausgesprochen plausibel) Prognostischen.

Was macht nun die Frage des Materialen in dieser Untersuchung relevant und wie und an welcher Stelle fließt es in die Untersuchung und ihre Ergebnisse ein? Dies soll im Folgenden ausgeführt werden.

4 Zur Frage des „Materials"

Jede Interaktion findet in einem Kontext statt, der sich aus einem immateriellen (häufig diachronen) und einem materiellen (immer synchronen) räumlichen Umfeld zusammensetzt. Immaterielle Kontextbedingungen im Zusammenhang mit der Untersuchung von ärztlichen Interaktionen mit Patient/innen sind z.B. die Interaktionsgeschichte zwischen einem bestimmten Arzt und einem bestimmten Patienten, aber auch die Zukunftserwartungen beider Partner/innen an die weite-

---

26 Es wird natürlich keinesfalls behauptet, dass alle Ärztinnen und Ärzte derart gravierende biografische Problemlagen „mitbringen". Jedoch liegt die Hypothese nahe, dass der Arztberuf (ähnlich wie andere klassische Professionen) eine große Anziehung auf Menschen ausübt, für die eine Veränderung ihrer eingeübten Handlungsmuster ausgesprochen bedrohlich ist (vgl. Witte 2010).

re Gestaltung der Interaktionsbeziehung (jeweils diachron organisiert). Auch die rechtlichen Rahmenbedingungen, die Organisation der Gesundheitsversorgung, das Versicherungssystem etc. sind solche immateriellen Kontexte, innerhalb derer die Interaktion stattfindet (immateriell, aber für den Zeitraum der Interaktion synchron organisiert). Besonderes Augenmerk möchte ich aber auf physische Objekte als materiellem Kontext richten, die stets synchron organisiert sind. Zunächst fällt einem sicher der Konsultationsraum ein, in welchem die Interaktion konkret physisch stattfindet, jedoch ist es notwendig, auch durch die Tür des Konsultationsraumes nach „draußen" zu gehen, befindet sich ein solcher Raum stets in einer Praxis, in einem Haus, in einem Viertel, in einer Stadt etc.

Der Kontext – alle Bedingungen im Zusammenspiel – rahmt die Interaktion in dem Sinne, als dass er den Möglichkeitsraum der Akteur/innen begrenzt und die verschiedenen Handlungsmöglichkeiten bezüglich ihrer Angemessenheit und Durchführbarkeit (vor-)indiziert. Dabei referieren bestimmte räumliche Objekte auf das (Alltags-)Wissen der Beteiligten – es ist allen Patient/innen klar, welcher Stuhl für den Arzt/die Ärztin ist, auch wenn sie einen Konsultationsraum das erste Mal betreten. Ferner aktualisieren diese Raumdinge spezifische Wissensbestände innerhalb der Interaktion. Darüber hinaus werden die Wissensbestände oder Typisierung für die Interaktion relevant „gemacht" – der „Arztstuhl" steht am Schreibtisch, ist vielleicht größer, bequemer, die Typisierung eines Arztes als wissend und machtvoll wird über ein solches Objekt innerhalb der Interaktion aktualisiert und damit in ihr wirksam.[27]

Rahmt der Kontext die Interaktion und legt bestimmte Handlungsmöglichkeiten nahe, so ist es zur plausiblen und aussagekräftigen Rekonstruktion von Interaktionsgeschehen sinnvoll und notwendig, eine Kontextanalyse als Teil einer Interaktionsanalyse durchzuführen;[28] schreiben wir bspw. sonst den Akteur/innen bestimmte Entscheidungen zu, die sie nicht getroffen haben, weil sie sie nicht treffen konnten – liegen sie doch außerhalb ihres Möglichkeitsspektrums innerhalb der Interaktion.

Mehr noch sollte die Kontextanalyse zu Beginn einer Interaktionsanalyse erfolgen und vom weiten zum engen Kontext durchgeführt werden, da der Kontext

---

27 Wie bereits angemerkt, handelt es sich hier nur in seltenen Fällen um bewusste Vorgänge, sind die allermeisten Typisierungen „Wissensroutinen", unreflektiert und damit entlastend für die Alltagshandelnden in der natürlichen Einstellung (Schütz 1974). Im Übrigen sind sie ja genau „dafür da", ist doch Handeln und Reflexion des Handelns nicht simultan möglich.

28 Aus diesem Grund wird im hier angewandten videogestützten Interaktionsanalyseverfahren eine Kontextanalyse als erster Auswertungsschritt vorgeschlagen (vgl. Witte und Rosenthal 2007).

nicht nur die Handlungsmöglichkeiten der Akteur/innen begrenzt, sondern ebenso die Re-Konstruktionen der Forscher/innen, was auch aus forschungspragmatischen Gründen relevant ist.[29] Dies ist jedoch keineswegs eine „Aufforderung" zur Subsumtionslogik, allerdings wird damit für die Analyse des konkreten Interaktionsgeschehens ein Rahmen gesetzt; keineswegs geht es um die Formulierung von Hypothesen, die dann in der weiteren Analyse „geprüft" werden. Erst nach Abschluss der gesamten Interaktionsanalyse werden die Ergebnisse der verschiedenen Schritte (Kontextanalyse und Analyse des sequenziellen Interaktionsgeschehens) in Beziehung gesetzt. Insofern kann hier ebenfalls von einer Triangulation gesprochen werden, auch wenn sie in diesem Fall innerhalb einer Auswertungsmethode situiert ist (vgl. Flick 2008).

Doch zurück zur Kontextanalyse: Beschränken wir uns bei der weiteren Betrachtung auf den materialen, mehr noch auf den unmittelbaren physischen Kontext einer Arzt-Patient-Interaktion, konkret: auf die Einrichtung des Konsultationsraums, so kommt eine Besonderheit hinzu, die für viele, aber längst nicht für alle Interaktionen gegeben ist. Ist doch der Raum, in dem die Interaktion stattfindet durch einen Interaktionsbeteiligten – hier: den Arzt – gestaltet, der Kontext somit durch einen Akteur „gesetzt". Dies bedeutet, dass der Kontext nicht bloß (Rahmen-)Bedingung für Handeln darstellt, sondern bereits Ergebnis von Handeln ist, Ausdruck von Handlungs- und Entscheidungsmustern des Arztes in der Vergangenheit.

Dieser Zusammenhang ist nicht bloß für die konkrete Rekonstruktion der jeweiligen Interpretations- und Interaktionsmuster relevant, sondern bringt einen erheblichen methodologischen Vorteil. So wird bspw. das konkrete Möbelstück bzw. die Anordnung verschiedener Möbelstücke zu einer Einrichtung eines Raumes als Handlungsergebnis im Rahmen einer Motivanalyse im schützschen Verständnis (s.o.) zugänglich. Kann man nun – analog zu alltagsweltlichen Überlegungen – methodologisch fundiert Hypothesen zu den Motiven bestimmter Wahlen aufstellen und im abduktiven Verfahren prüfen. Gleichzeitig „schützt" man sich als Forscher/in gegen ein vorschnelles Abtun bestimmter Kontextfaktoren als vermeintlich zufällig oder ohne Relevanz, ist doch jedes Handeln motiviert und „ordnen" sich die Motivlagen der spezifischen Akteur/innen zu einem Relevanzsystem. Materialität oder Raumdinge (in der husserlschen Terminologie) werden damit Fragen nach Um-zu- und Weil-Motiven ihrer Auswahl zugänglich.

Lassen Sie mich auf das Beispiel Dr. Zeisig zurückkommen. Noch einmal – sehr allgemein – rekapitulierend: Dr. Zeisig möchte alles Unangenehme von den Patient/innen fernhalten, er möchte Gutes tun und die Patient/innen „glücklich"

---

29 Wie eine solche Analyse konkret durchgeführt werden kann, zeige ich in Witte 2010.

hinterlassen. Dabei entwirft er seine Patient/innen als (sozialstrukturell) benachteiligte Hilfebedürftige. Dieser Entwurf über die Gruppe seiner Patient/innen wird zu einem Teil des *Weil*-Motivs seiner Einrichtungsentscheidungen. Eine biografische Rekonstruktion ermöglicht somit bereits die Bildung plausibler Lesarten über die wahrscheinliche Anmutung des Konsultationsraumes.

Betrachten wir die Um-zu-Motive, so stellen sich komplementär folgende Fragen: Wie wird er sein Zimmer einrichten, *um* sein Handlungsziel *zu* erreichen oder zumindest, *um* sein Handeln nicht durch den Handlungskontext *zu* konterkarieren und, vielleicht noch wichtiger, um zu erreichen, dass die Patient/innen sein(e) Um-zu-Motive zu ihren Weil-Motiven werden lassen.

Vielleicht haben Sie sich bereits eine Vorstellung von seinem Konsultationsraum gemacht?! Wenn nicht, möchte ich Sie an dieser Stelle dazu auffordern. Vielleicht nehmen Sie sich eine Minute Zeit dafür, bevor Sie weiterlesen.

Vermutlich schwebt Ihnen hier keine innenarchitektonisch designte Praxis vor, ebenso wenig eine „sterile", hochtechnisierte Einrichtung oder eine funktionale, auf das wesentliche reduzierte und damit ein eher „leerer" Praxisraum?! Oder gehe ich fehl in meinen Annahmen über Ihre Vorstellungen?

Lassen Sie mich das Spiel nicht weiter treiben und eine „Auflösung" präsentieren. Ohne hier viele Details anführen zu wollen, lässt sich konstatieren, dass die gesamte Praxis Dr. Zeisigs, insbesondere aber der Konsultationsraum, sehr eng und „zusammengewürfelt" möbliert ist. Klar medizinisch konnotierte Möbelstücke (bspw. eine Untersuchungsliege) werden kombiniert mit eher in privaten Settings zu verortenden Einrichtungsgegenständen, wie etwa einer Eckkommode aus Kiefernholz, die man in einem Esszimmer erwarten würde. Die Schreibtischoberfläche ist ebenso wie die Regale im Konsultationsraum „unordentlich", mit verschiedensten Papieren, Medikamentenpackungen und medizinischem Gerät vollgestellt. Papiere und Bücher sind zu wenig systematisch anmutenden Stapeln aufgeschichtet. Die Analyse erbrachte, dass dies Patient/innen entweder gemütlich, „heimelig" anmutet oder aber unordentlich, chaotisch. Es ist anzunehmen, dass diejenigen Patient/innen, die die Räumlichkeiten als chaotisch erleben, die Praxis künftig nicht mehr frequentieren werden, machen sie doch das zeisigsche Um-zu-Motiv (salopp: „gute Atmosphäre kreieren") nicht zu ihrem Weil-Motiv (ebenfalls salopp: „sich wohlfühlen").

So lassen sich allein aus der Analyse der räumlichen Kontextbedingungen plausible Hypothesen[30] über die Interaktions- und Interpretationsmuster des Arz-

---

30 Für die Analyse – respektive die wissenschaftliche Rekonstruktion – mehr denn für die Handelnden selber in ihrer natürlichen Einstellung, besteht stets das Risiko sich in der „Unendlichkeit dieser Mannigfaltigkeit" (Weber 1982, S. 171), die uns

tes gewinnen. Dabei abstrahiere ich in der Analyse von der Sequenzialität der Auswahl der Möbelstücke und ihrer sukzessiven Zusammenstellung innerhalb des Raumes und betrachte nur die synchrone Gegebenheit und Konfiguration der Raumdinge zueinander.[31] Nun stellt sich die Rekonstruktion der patientenseitigen Anmutung deutlich komplexer dar. Ist doch ihre Wahrnehmung des Kontextes der Interaktion stets sequenziell organisiert und nicht alle Raumdinge erreichen überhaupt Aufmerksamkeit. Wie ist nun die Wahrnehmung des Kontextes durch die Patient/innen „organisiert"?

In der Interaktionssituation mit dem Arzt begegnen dem/der Patient/in einerseits zeitliche, das heißt, in der jeweiligen Situation sequenziell entstehende Objekte, insbesondere das Gespräch mit dem Arzt (was sagt er wie?). Andererseits bieten sich dem/der Akteur/in bereits existente, räumliche, i.d.R. unbewegte Objekte dar;[32] eben u.a. die Möbel im Konsultationsraum. Dies ist selbstverständlich nur ein sehr kleiner Ausschnitt aus der Vielzahl der simultan bestehenden materialen Gegebenheiten, die in den Wahrnehmungsbereich von Patient/innen geraten und potenziell innerhalb einer spezifischen Handlungssituation Relevanz erlangen können. Somit stellt sich die Frage, welche dieser simultanen Gegebenheiten innerhalb des von ihnen wahrzunehmenden Bereiches von den Patient/innen überhaupt implizit oder explizit „bemerkt" werden. Diese Art „Bemerken" ist die stete Anforderung an die Akteur/innen – in und mit jedem Augenblick – auswählen zu müssen, welche der simultan gegebenen Eindrücke unbewegter Artefakte ins Zentrum ihrer Aufmerksamkeit rücken, welche thematisch ko-präsent sind oder welche am unthematischen „Rand" der Aufmerksamkeit verbleiben. In Bezug auf räumliche Gegenstände, die keine Zeitextension in sich enthalten, die also nicht „verschwinden", würde man die Zeit anhalten, tragen die Handelnden mit ihrer Auswahl Sequenzialität an die empirische Wirklichkeit heran, ist Wahrnehmen

---

die empirische Wirklichkeit darbietet, zu „verlieren". Die Hypothesenbildung sollte deshalb von Sparsamkeits- und Plausibilitätsüberlegen geleitet sein (vgl. Oevermann 1983, 2000).

31 Eine Hypothesenbildung sollte dann sowohl zur Auswahl einzelner Möbelstücke erfolgen als auch zu deren Konfiguration innerhalb des gegebenen Raumes. Hilfreich ist bei diesen Überlegungen stets der gedankenexperimentelle „Austausch" bestimmter Möbelstücke durch gedachte andere mit gleicher Funktion sowie eine ebenfalls gedankenexperimentelle Rekonfiguration der gegebenen Einrichtungsgegenstände zueinander.

32 Ohne tiefere phänomenologische Argumentationen aufführen zu wollen, soll an dieser Stelle der Hinweis auf die Differenz in der Wahrnehmung von Dingen und Zeitobjekten bei Husserl (1976) genügen.

doch immer sequenziell organisiert[33], auch wird die Reihenfolge durch den Wahrnehmenden gesetzt.[34]

Dass räumliche Gegenstände „von sich aus" keine Sequenzialisierung vornehmen, bedeutet jedoch nicht, dass die Objekte in ihrer Materialität und Konfiguration zueinander nicht auch eine bestimmte Wahrnehmung nahelegen oder vorgeben. Gibt doch der sich der Wahrnehmung darbietende Raum bereits eine Strukturiertheit vor und bestimmt damit die Art der Zuwendung. Ebenso bestimmt die Art der Zuwendung wiederum das sich der Wahrnehmung Darbietende.[35] Jedoch bieten räumliche Objekte in ihrer visuellen Wahrnehmung durch die Handelnden diesen einen vielfach vergrößerten Möglichkeitenhorizont der Sequenzialität. Wählen sie nicht nur aus, welche Geräusche oder verbalen Äußerungen sie in gegebener Abfolge hören (wollen), sondern haben sie hier die Möglichkeit auch die Abfolge der Wahrnehmung zu bestimmen.[36]

Dabei erfolgt sowohl die Auswahl zur Wahrnehmung als auch die sequenzielle Abfolge dieser wohlstrukturiert und wird nicht zufällig durch die Gegebenheiten bestimmt. Dabei ist das, was die Patient/innen wahrnehmen, die Reihenfolge, in der sie die räumlichen Objekte wahrnehmen und deren Verknüpfung zu einer bestimmten Gesamtevaluation („sich wohlfühlen") abhängig von ihren lebensgeschichtlich ausgebildeten Interpretationsmustern und in diesem Sinne ebenfalls wohlstrukturiert.

Fühlen sich die Patient/innen nun „wohl", so „passen" ärztliche und patientenseitige Interpretationsmuster zusammen, Wissensbestände bzw. Typisierungen sind ähnlich, die Konsultation kann gelingen, weil auch Interaktionsmuster zueinander passen. Doch entsteht der Eindruck, den die Patient/innen von einer Praxis haben, nicht erst im Konsultationsraum, sondern bereits beim Betreten der Praxis.

---

33 Dabei ist das Sinnesorgan, mit dem wahrgenommen wird, nicht entscheidend. Schließlich würde beim Anhalten der Zeit auch das Sichtbare „verschwinden" – da Sichtbarkeit die Bewegung von Licht erfordert, hielte man die Zeit an, wäre auch Lichtgeschwindigkeit „zu langsam".

34 Für Geräusche demgegenüber ist Sequenzialität Existenzbedingung, da sie im Zeitablauf erst entstehen. Das Wahrnehmen von Geräuschen ist also in seiner Reihenfolge nicht durch die Hörenden organisiert. Erneut: Sicherlich wählt man bei einer Vielzahl von simultan Hörbarem auch aus, „auf was man hört", jedoch ist das, was man auswählt, in sich sequenziell geordnet, ohne einen „Einfluss" der Hörenden darauf.

35 Siehe hier Husserl (1976) oder Husserl et al. (2004) zu den Konzepten Noema und Noesis oder auch die ausgesprochen luzide und nachvollziehbare Darstellung dieser husserlschen Konzepte bei Rosenthal (1995).

36 Wenn man ein musikalisches Bild wählen möchte, könnte man vielleicht davon sprechen, dass sie einmal nur die Möglichkeit haben, die Abfolge der Musikstücke auszuwählen, die sie hören wollen; im anderen Fall sind sie sozusagen Komponist/innen der Musik.

Sicher spielt hier auch die Ansprache durch das Praxispersonal eine erhebliche Rolle, aber – zumeist unterschätzt – die physische Ausstattung einer Praxis ist für die Patient/innen (meist wenig bewusst) Indikator für die Interaktionen, die sie in der jeweiligen Praxis erwarten. Mit der Deutung des materialen Kontextes durch die Patient/innen geht bereits eine spezifisch zugeschriebene Erwartung an das Interaktionshandeln der Ärztin/des Arztes einher. Das Material ist Teil der Typisierung des Arztes als „freundlich" oder „arrogant" oder „kompetent" etc. Aufgrund der genannten Zusammenhänge ist dieser „Kurzschluss" in der Deutung der Patient/innen keineswegs zu kurz, sondern eine alltagstaugliche „Methode" der Einschätzung davon, was sie erwartet und ob ihnen das gefällt.

Physische Objekte, die eine Interaktion „rahmen", sind damit nicht ausschließlich Hindernisse für oder (Mit-)Produzenten von Handeln in konkreten Interaktionssituationen, sondern eben auch Indikatoren für Regeln der Interaktion im Vorfeld. Zumal wenn sie – wie im hier gezeigten Beispiel – von einem Interaktionspartner gesetzt werden. Dies sollte für Forschende Anlass genug sein, sie als relevanten Teil im Interaktionsgeschehen in den Blick zu nehmen, zumal diese In-den-Blicknahme wortwörtlich und damit deutlich leichter geschehen kann, als dies für Immaterielles möglich ist.

5   Fazit

Mein Ziel war es aufzuzeigen, dass eine Triangulation biografietheoretischer Vorgehensweisen mit interaktionsanalytischen Methoden dazu dienen kann, sowohl die Strukturen konkreten Interaktionshandelns zu rekonstruieren als auch die biografische Genese dieser Interaktionsstrukturen in den Blick zu nehmen. Damit wird es möglich das „Wie" und das „Warum" spezifischen (häufig vorbewussten und doch stets wohlstrukturierten) Handelns zu umreißen. In diesem Zusammenhang kommt auch den materialen Kontextfaktoren eine herausragende Bedeutung zu – insbesondere wenn dieser Kontext durch eine Akteurin/einen Akteur „gesetzt" ist. Innerhalb einer videogestützten Interaktionsanalyse erweitert die Betrachtung (materialer) Kontextfaktoren den Blick auf das Interaktionsgeschehen im Sinne einer methodenimmanenten Triangulation.

Auch für ein auf (narrative) Interviews gestütztes biografietheoretisches Vorgehen kann sich die Betrachtung des Kontextes der Interviewsituation als sehr ertragreich erweisen, denn es ist auch hier nicht selten so, dass das Interview in Räumlichkeiten stattfindet, die vom Interviewee „eingerichtet" wurden. Auch hier erscheint die systematische Betrachtung des materialen Interviewkontextes geboten und auch in diesem Fall kann deren Analyse neue Lesarten erschließen.

Literatur

Baer, Udo, und Gabriele Frick-Baer. 2012. *Wie Traumata in die nächste Generation wirken: Untersuchungen, Erfahrungen, therapeutische Hilfen.* Neukirchen-Vluyn: Semnos.

Bergmann, Jörg R. 1985. Flüchtigkeit und methodische Fixierung sozialer Wirklichkeit. *Soziale Welt, Sonderband* 3: 299-320.

Bogner, Artur, und Gabriele Rosenthal. 2017. Biographien – Diskurse – Figurationen. Methodologische Überlegungen aus einer sozialkonstruktivistischen und figurationssoziologischen Perspektive. In *Biographie und Diskurs. Methodisches Vorgehen und methodologische Verbindungen von Biographie- und Diskursforschung*, Hrsg. Tina Spies und Elisabeth Tuider, 43-67. Wiesbaden: Springer VS.

Elias, Norbert. 1990. Zur Theorie von Etablierten-Außenseiter-Beziehungen. In *Etablierte und Außenseiter*, Hrsg. Norbert Elias und John L. Scotson, 7-56. Frankfurt am Main: Suhrkamp.

Flick, Uwe. 2008. *Triangulation.* Wiesbaden: Verlag für Sozialwissenschaften.

Husserl, Edmund. 1976. *Ideen zu einer reinen Phänomenologie und Phänomenologischen Philosophie. Gesammelte Werke III* (hrsg. von Karl Schuhmann). Den Haag: Nijhoff.

Husserl, Edmund, Thomas Vongehr, und Regula Giuliani. 2004. *Wahrnehmung und Aufmerksamkeit*: *Texte aus dem Nachlass (1893-1912).* Dordrecht: Springer.

Knoblauch, Hubert. 2004. Die Video-Interaktions-Analyse. *Sozialer Sinn* 5 (1): 123-138.

Oevermann, Ulrich. 1983. Zur Sache. Die Bedeutung von Adornos methodologischem Selbstverständnis für die Begründung einer materialen soziologischen Strukturanalyse. In *Adorno Konferenz 1983*, Hrsg. Ludwig von Friedeburg und Jürgen Habermas, 234-289. Frankfurt am Main: Suhrkamp.

Oevermann, Ulrich. 2000. Die Methode der Fallrekonstruktion in der Grundlagenforschung sowie der klinischen und pädagogischen Praxis. In *Die Fallrekonstruktion. Sinnverstehen in der sozialwissenschaftlichen Forschung*, Hrsg. Klaus Kraimer, 58-156. Frankfurt am Main: Suhrkamp.

Rosenthal, Gabriele. 1995. *Erlebte und erzählte Lebensgeschichte. Gestalt und Struktur biographischer Selbstbeschreibungen.* Frankfurt/M.: Campus.

Rosenthal, Gabriele. 1997. *Der Holocaust im Leben von drei Generationen.* Gießen: edition psychosozial.

Rosenthal, Gabriele. 2002. Biographische Forschung. In *Qualitative Gesundheits- und Pflegeforschung*, Hrsg. Doris Schaeffer und Gabriele Müller-Mundt, 133-147. Bern: Hans Huber.

Rosenthal, Gabriele. 2005. *Interpretative Sozialforschung.* München: Juventa.

Schütz, Alfred. 1974 [1932]. *Der sinnhafte Aufbau der sozialen Welt.* Wien: Springer.

Schütz, Alfred, und Thomas Luckmann. 2003. *Strukturen der Lebenswelt.* Konstanz: UVK.

Schütze, Fritz. 1976. Zur Hervorlockung und Analyse von Erzählungen thematisch relevanter Geschichten im Rahmen soziologischer Feldforschung – dargestellt an einem Projekt zur Erforschung von kommunalen Machtstrukturen. In *Kommunikative Sozialforschung. Alltagswissen und Alltagshandeln. Gemeindemachtforschung. Polizei. Politische Erwachsenenbildung*, Hrsg. Arbeitsgruppe Bielefelder Soziologen, 159-260. München: Fink.

Schütze, Fritz. 1977. *Die Technik des narrativen Interviews in Interaktionsfeldstudien – dargestellt an einem Projekt zur Erforschung von kommunalen Machtstrukturen*. Arbeitsberichte und Forschungsmaterialien Nr. 1 der Universität Bielefeld.

Weber, Max. 1922. *Wirtschaft und Gesellschaft*. Tübingen: Mohr.

Weber, Max. 1982. Die Objektivität sozialwissenschaftlicher und sozialpolitischer Erkenntnis. In *Gesammelte Aufsätze zur Wissenschaftslehre von Max Weber* (hrsg. von Johannes Winckelmann), 146-214. Tübingen: Mohr .

Witte, Nicole. 2010. *Ärztliches Handeln im Praxisalltag*. Frankfurt/M.: Campus.

Witte, Nicole. 2011. Analyse videographierten Datenmaterials. In *Interpretative Sozialforschung*, Hrsg. Gabriele Rosenthal, 121-138. München: Juventa.

Witte, Nicole. 2012. Zum Fall des Falles – Fallrekonstruktionen in der interpretativen Sozialforschung: Dialogarbeit als biographische Arbeit. In *Fall – Fallgeschichte – Fallverstehen*, Hrsg. Susanne Düwell und Nicolas Pethes, 195-213. Frankfurt/M.: Campus.

Witte, Nicole. 2015. Palästinensische Stimmen aus Haifa. In *Etablierte und Außenseiter zugleich: Selbst- und Fremdbilder in den palästinensischen Communities im Westjordanland und in Israel*, Hrsg. Rosenthal, Gabriele, 211-241. Frankfurt am Main [u.a.]: Campus.

Witte, Nicole und Gabriele Rosenthal. 2007. Biographische Fallrekonstruktion und Sequenzanalyse videographierter Interaktionen. *Sozialer Sinn* 8 (1): 3-24.

Biografie als Praxis-Diskurs-Formation

Eine praxeologische Perspektive
auf lebensgeschichtliche Interviews

Rixta Wundrak

Zusammenfassung

Texte als Produkt diskursiver Praktiken sind das übliche Datenmaterial der Biografieforschung. Sie entstehen vorwiegend aus dem narrativen Interview, einer interaktiv hergestellten Erzählung über Selbsterlebtes. Dieser Artikel geht nun den nicht-diskursiven Momenten, vor allem den körperlich-performativen Momenten in der Forschungspraxis biografisch-narrativer Gesprächsführung nach. Methodologisch stellt sich in diesem Zusammenhang die Frage nach der Verknüpfung der Erzählung-als-Text, mit den Praktiken ihrer Hervorbringung. Das Interview mit einer palästinensischen Israelin, die mit ihrer Familie in Jaffa lebt, bildet die Grundlage, allerdings werden mithilfe von Beobachtungsprotokollen die aufgeworfenen methodologischen Fragen diskutiert. Grundsätzlich vermengen sich in jedem kommunikativen Setting, auch im narrativen Interview, kulturelle, situative sowie wissenschaftliche Praktiken mit bestimmten diskursiven und performativen Kommunikationsformen. Der Einbezug praxeologischer Annahmen in die biografietheoretische Methodologie eröffnet eine mehrdimensionale Perspektive auf die Gestalthaftigkeit lebensgeschichtlicher Erzählungen. Zu berücksichtigen bleibt erstens, welche Erinnerungen der erzählenden Person auf welche Weise im Gespräch vorstellig werden, zweitens, welches kulturelle und situative Handlungsrepertoire die Teilnehmenden in der sozialen Erzählsituation jeweils wie nutzen und drittens, wie das Erzählte verkörpert wird beziehungsweise materialisiert ist. Die Frage nach den Praxis-Diskurs-Dynamiken dient einer praxeologisch reformulierten Analyse der Struktur und Gestalt von Lebensgeschichten.

1 Einleitung: Biografietheorie und Praxistheorie – zwei Sichtweisen auf das Erzählen

Dem Anspruch gemäß ist das narrative Interview eine Praktik zur Hervorlockung autobiografischer Stegreiferzählungen (Schütze 1976). Im Rahmen dieser Erhebungspraktik soll ein Text entstehen, der Erzählungen beinhaltet. Dieses Endprodukt gilt es anschließend zu analysieren. Primär wird der Text dann hinsichtlich subjektiver Sichtweisen von Erlebtem und der Repräsentationen des Erlebten im gegenwärtig Erzählten untersucht. Bettina Völter hat dies für die Biografieforschung ausformuliert: „Biografien sind Texte, versprachlichte Zugänge zu einer gelebten Vergangenheit" (2001, S. 1). Im Rückgriff auf soziolinguistische Narrationstheorien wird der Text (je nach Ansatz der Biografieforschung) auf die Gestalt und Struktur der biografischen Selbstpräsentation hin untersucht (Rosenthal 2005). Seine Analyse ermöglicht es, Handlungs- und Deutungsmuster der Sozialwelt zu rekonstruieren. Von Praxistheoretiker/innen wird sowohl die Erhebungspraktik des Interviews im Allgemeinen und des biografisch-narrativen Interviews im Besonderen als auch die (Über-)Betonung auf den Text teilweise kritisiert.[1] Im Unterschied zu einer teilnehmenden Beobachtung berücksichtige sie nicht den Prozess des Tuns in einem in der aktuellen Wirklichkeit stattfindenden Vollzug. Explizit formuliert Robert Schmidt diesen Einwand: „Für das Erfassen des praktischen ‚Modus Operandi' erscheinen Verfahren, die wie das Interview auf nachträgliche Teilnehmerdeutungen ausgerichtet sind und die Teilnehmerinnen gleichsam als Autorinnen, Interpretinnen und Theoretikerinnen ihrer Praktiken ansprechen, unzuträglich." (Schmidt 2012, S. 48) Eine Unzuträglichkeit in der Kommunikation zu konstatieren lässt allerdings den Schluss auf eine dualistische Denkweise zu: Hier wird eine objektive von einer subjektiven, und eine konservierte von einer konstruierten Wirklichkeit unterschieden. Darüber hinaus werden so die wissenssoziologischen Grundannahmen bezüglich der kommunikativen Konstruktion von Wirklichkeit ignoriert, die für die Praxis der Interviewanalyse grundlegend sind (Rosenthal 2005).

---

[1] In ihrer methodologischen Reflexion wurde das narrative Interview zu Beginn als Königsweg propagiert (Küchler 1983) und geriet zugleich auch in die Kritik, die partiell bis heute anhält. Heinz Bude sprach von Soziolog/innen als „Narrationsanimateuren" (1985, S. 1), Stefan Hirschauer zufolge werde der „Mensch als Informationsautomat" missbraucht und das Interview notorisch überschätzt (2008, S. 976), Jo Reichertz (2013) problematisiert die massenhafte und mediale Abnutzung. Andreas Reckwitz (2008) kritisiert die Sprachdominanz der Erhebungsverfahren, um nur einige prominente Kritiken herauszugreifen. Ich teile diese Kritikpunkte zu einem Großteil. Sie könnten Anlass dafür sein, die Reflexion der Praxis sozialwissenschaftlicher Interviewführung in Veröffentlichungen öfters zu explizieren, was u.a. mit diesem Beitrag auch bezweckt wird.

Miteinander zu sprechen ist nicht immer und nicht nur, aber oftmals der einzige (mögliche) Weg überhaupt, um etwas über vergangene (oder länger andauernde) Praktiken zu erfahren und dieser Weg durchkreuzt sprechende Subjekte. Auch wenn praxistheoretisch Subjekte als Partizipand/innen des Tuns bezeichnet werden, bleibt das Argument bestehen: Vergangene Praktiken können u.a. über Partizipierende in der Gegenwart (ein Stück weit) „zuträglich" sein. Die Praktik des Hervorbringens einer erinnerten Erfahrung wird von Partizipand/innen „getan"; durch Körper (und Sprechen) werden so „Erinnerungen" geformt. Interviewees sind somit keine Informationsproduzent/innen, die als Subjekte Information hervorbringen können (und Subjekt und Information voneinander getrennt verstanden werden können), sondern sie sind Teilnehmende am Geschehen einer gemeinsamen Konstruktion einer Erinnerung.

Darüber hinaus hat die Theorie eine sehr unterschiedliche und durchaus differenzierte Sichtweise auf Erzählpraktiken: Die forscherische Praxis versucht an Alltagsroutinen des autobiografischen Erzählens anzuschließen (Schütze 1976; Alber 2014), weiß aber, dass sie an dieses Alltagsgeschehen nicht ohne weiteres herankommt. So wählt sie den Weg, diese zu animieren, d.h. (wissenschaftlich erarbeitete) Praktiken zu entwickeln, welche das Erzählen evozieren. Eine geschulte Interviewer/in tut dies nicht nur mittels diskursiver Designs (beispielsweise durch Regieanweisungen im Interview), diskursiver Angebote (etwa offener Frageformulierungen), diskursiver Aufrufungen (durch erzählgenerierendes Nachfragen), sondern auch mittels Know-how über begünstigende sozio-materielle Arrangements sowie mithilfe des Wissens, wie ein Setting gut zu gestalten und zu rahmen ist, damit Menschen sich dem Erinnerungsstrom widmen können. Schließlich ist aber vor allem die aktive, zuhörende *Teilnahme* im kommunikativen Setting zu berücksichtigen, um zu verstehen wie Praktiken des Erzählens im Forschungskontext „funktionieren". Insofern ist die Situation „künstlich" und an einem Ideal von Alltagserzählung orientiert. Infolge ist sie beschränkend, formierend, ermöglichend und ermächtigend. Methodisch dient dies dazu, die Vergangenheitsperspektive anzusteuern und Gegenwartsdeutungen (sowie gegenwärtigen Handlungsdruck) eher in den Hintergrund zu stellen, um dem Vollzug des Erinnerns und Erzählens Raum zu geben. In diesem Prozess verweben sich – entsprechend der methodologischen Annahmen in der Biografieforschung – Vergangenes, Gegenwärtiges und Zukünftiges – und zwar nicht, weil Subjekte absichtlich Informationen über Vergangenes speichern und später (wie ein Drucker) liefern, sondern weil die Vergangenheit Teil dieser sprechenden Subjekte und Gegenwarten ist.[2] Dennoch bleibt die

---

2 Dabei gehe ich von den Theorien der sozialen, kommunikativen Konstruktion von Erinnerung und Gedächtnis – z.B. Maurice Halbwachs (1985) – sowie ihres Zusammen-

praxeologische Kritik[3] an der Methodologie und Methode der Biografieforschung, wie ich sie hier formulieren möchte, relevant: Denn gerade diese Praktiken sollten stärker reflektiert und expliziert werden. Mit einem praxeologischen Blick auf das erzählgenerierende Gespräch tauchen u.a. folgende Fragen auf: Wodurch wird eine Erinnerung und Erzählung noch gestaltet, außer durch den diskursiven Zugang und dem im Gefolge produzierten Text? In welcher Weise steht das Tun außerhalb des Textes mit dem Text in Zusammenhang? Und wie kann beides (die erlebte Handlung und die Erzählung) prozesshaft (unter Einklammerung von Vergangenheit und Zukunft) in Narrationsanalysen einbezogen werden? Diese Frage ist auf der Ebene der Methodologie und methodischen Umsetzung eine nach der Triangulation, also der Frage, wie eine Kombination der beiden Perspektiven erstens zu denken und zweitens kontrastierend zu analysieren ist. Ich möchte im nächsten Absatz daher auf den Forschungsstand in diesem Zusammenhang eingehen und danach Studien nennen, die für eine solche Triangulation wichtige Grundpfeiler gesetzt haben.

2 Praktiken und Diskurse autobiografischer Alltagserzählungen

In der Praxis der empirischen Ansätze, die sich qualitativer Interviews bedienen (auch abgesehen von der Biografieforschung), deuten sich unterschiedliche Richtungen an, wie diese Fragen in die Analyse einzubeziehen sind. So fokussieren manche Interpret/innen die interaktiven Momente im Gespräch anhand des Text-Transkriptes (Deppermann 2013). In ethnografischen Arbeiten wird berücksichtigt, in welchem Setting/Kontext ein Interview entstanden ist (Atkinson und Delamont 2006; Spradley 1979, 1979), bisweilen werden auch explizit Daten zur Interpretation herangezogen, die außerhalb des Text-Transkriptes gewonnen wurden (Schwitalla 2006). Auf theoretischer Ebene sind aber vor allem kulturwissenschaftliche Ansätze zu erwähnen (Müller-Funk 2008; Nünning 2013), die in den methodologischen Debatten m.E. stärker zur Kenntnis genommen werden sollten. So berücksichtigen die feministische, die postkoloniale (Michel 1985; Neumann

---

hangs mit Sprache und Text – z.B. Ricœur (1991) – aus. Zu dem methodologischen Bestreben der Aufhebung der Dualismen von Erfahrung und Erzählung verweise ich erneut auf Gabriele Rosenthal (1995).

3   Mit der Formulierung der praxeologischen Kritik wird allgemein auf (Bourdieu) 1976 Bezug genommen. Zu seiner Kritik an der Biografieforschung siehe Bourdieu 1998, S. 75-82 („Die biografischeIllusion") sowie eine hilfreiche methodologische Reaktion von Seiten Bruno Hildenbrand 2012): „Objektive Daten im Gespräch".

und Birk 2002; Prince 2005) und die interkulturelle Narratologie (Orosz und Schönert 2004) die Kontextualität und Performanz des Erzählens. Im Konnex der Analyse lebensgeschichtlicher Konstruktionen im Rahmen der Biografieforschung wurden bisher vor allem die Kontaktaufnahme vor dem Interview sowie das Setting interaktionistisch (vgl. Witte in diesem Band) – häufig im Sinne der Rahmenanalyse von Erving Goffman (1989) – einbezogen. Hier explizierte Ulrike Loch als erste „die Bedeutung ethnografischer Beobachtung für die Biografieforschung" (Loch 2009, S. 1) in dem gleichnamigem Buchbeitrag. Sie betont die situative Herstellung von Biografischem.[4] Die Sinnrekonstruktion bleibt (zunächst noch) unidirektional: Die situative Interaktion beeinflusse die Art und Weise, wie die Lebensgeschichte erinnert und präsentiert wird. Beobachtungsprotokolle können, so Loch, die Ebene der erzählten Lebensgeschichte ergänzen und durch eine anschließende Kontrastierung mit der Ebene der erlebten Lebensgeschichte zu einer biografischen Fallrekonstruktion beitragen. Bettina Dausien und Helga Kelle (2007, S. 1) zeigen in dem Aufsatz zur „Verknüpfung von Ethnografie und Biografieforschung", wie sich ethnografische und biografietheoretische Perspektiven ergänzen können. Auf der einen Seite konstatieren die Autorinnen – wie Ulrike Loch – eine Erweiterung der Biografieforschung durch die Analyse des *Doing Biography* und durch eine ethnografische Haltung in der Biografieforschung; auf der anderen Seite werde ihrer Meinung nach auch die Biografie in der ethnografischen Forschung berücksichtigt (Wundrak 2015a).

In diesem Beitrag baue ich auf diesen Erkenntnissen auf. Dabei wende ich den Blick noch stärker vom Text ab (was für manch Interviewführende, und vielleicht noch mehr für jene, die mit der Interviewführung nicht vertraut sind, irritierend sein mag) und richte ihn auf die nicht-diskursiven Praktiken des Interviews. Im Sinne Bourdieus wird das Interview als ein auf Körper und Wissen basiertes Tun, auf ein durch einverleibtes Wissen basiertes Handeln betrachtet (Bourdieu 1982, S. 739).

Mit einer solchen Betrachtungsweise wird man jedoch auf eine theoretische Grundsatzfrage „zurückgeworfen": Fraglich wird, inwiefern Erzählung und Handlung überhaupt in einem Zusammenhang stehen (Ricœur 1985) und warum dieser Zusammenhang dualistisch konzipiert ist. Er ist bekanntermaßen die Konsequenz einer weitreichenden historisch-methodologischen Lagerbildung von Praxis- versus Diskurstheorie (Reckwitz 2008). Beide Richtungen beziehen die andere jeweils als ein Phänomen ein: In der Praxistheorie werden Diskurse berücksichtigt

---

4   Dieser Einbezug wird weder von dieser Autorin noch von mir als neu behauptet (vgl. Rosenthal 1995), wurde aber in dem genannten Aufsatz methodologisch ausformuliert.

und die Diskurstheorie berücksichtigt Praktiken. Die praxistheoretische Perspektive auf Sozialität geht von implizitem Wissen aus, das durch Handlungen hervorgebracht wird, aber auch in Materialitäten eingeschrieben ist. Die Medien der Verkörperung und ständigen Umsetzung des impliziten Wissens stehen dabei im Fokus des Interesses, eines Wissens, das „kaum je verbalisiert wird und somit in Diskursen auffindbar oder anhand von ausdrücklichen Zeichen ablesbar wäre. In dieser Perspektive kommen Diskurse gewissermaßen immer schon zu spät, da sie an ein Reich des Impliziten anknüpfen." (Reckwitz 2008, S. 191) Die diskurstheoretische Logik ist indessen an Bedeutungen und Mechanismen der Sinngebung interessiert.

> „Das Soziale ist [...] aus dieser Perspektive Diskurs: Diskurse sind Signifikationsregime, die jegliche Form menschlichen Handelns als sinnhaftes Handeln fundieren. Diskurse sind jene kulturellen ‚Sprachen', die eine intelligible Sozialwelt in ihrer Produktion, Reproduktion und Identifikation erst möglich machen. Praktiken erscheinen dann ‚immer schon' als diskursiv imprägniert, wenn sie von sozialer Relevanz sein wollen." (Reckwitz 2008, S. 192f.)

Dies klingt zunächst wie eine unauflösbare Opposition, welche Andreas Reckwitz durch eine Verbindung textualistischer und praxistheoretischer Kulturtheorie zu überwinden vorschlägt:

> „Statt Diskurse und Praktiken gegeneinander auszuspielen, kann diese Suche nach den immanenten Widersprüchen innerhalb von Praxis/Diskurs-Formationen einerseits, die Rekonstruktion der möglichen Antagonismen zwischen unterschiedlichen Praxis-Diskurs-Formationen des gleichen sozialen Feldes andererseits eine heuristisch fruchtbare kulturwissenschaftliche Strategie liefern" (Reckwitz 2008, S. 207).

Die Frage, wie eine solche Verbindung in der empirischen Praxis aussehen kann, müsste – zumindest in Bezug auf narrative Interviews – noch geklärt werden, wozu hier ein Beitrag geleistet werden soll.[5] Der Ausschnitt eines Beobachtungs-

---

5 Varianten der Kombination von Praktiken und Diskursen sind in der Zwischenzeit sowohl auf theoretisch-methodologischer als auch auf empirisch-analytischer Ebene weiterentwickelt worden. Zu nennen sind etwa die Möglichkeiten, die aus Diskurs- und Dispositivanalysen resultieren. So nehmen Andrea Bührmann und Werner Schneider (2008) den Zusammenhang von diskursiven und nichtdiskursiven Praktiken und (kulturellen) Wissensordnungen stärker in den Blick (als andere Diskursanalytiker/innen). Ebenso legt Siegfried Jäger (2012) den Fokus auf Dispositive und Objektivierungen von „Praxen", wie er sie nennt. Hinsichtlich der Analyse wissenschaftlicher Praxis

protokolls bildet die Grundlage für die Frage, wie diskursive und nicht-diskursive Praktiken zusammenhängen und die Körperlichkeit von Praxen, die Inkorporiertheit von Wissen wie auch die Performativität des Handelns eine Erzählung (mit) gestalten.

3 Die Erzählung von Frau Layla H.

Bei diesem Protokollausschnitt handelt es sich um ein Interview, das ich in Jaffa[6] geführt habe: Die Geschichte einer muslimisch-palästinensischen Israelin, die mit ihrem Ehemann in einem der alten Häuser lebt, aus denen viele – meist palästinensische – Bewohner/innen vertrieben wurden.[7] Mit dem Ehemann, Mahmoud

---

(hier: Interviews) oder der Untersuchung von Alltagspraktiken (hier: das Stegreiferzählen) – inklusive des wahrheitsschaffenden Charakters und ihrer machtwirksamen Dimension – müsste diese noch ausformuliert werden. Erste Überlegungen gibt es dazu von Birgit Griese (2010). Ein Ansatz einer solchen Ausformulierung bildet meine vorgeschlagene wissenssoziologische Diskursethnografie (WDE, vgl. Wundrak 2013), angelehnt an die wissenssoziologische Diskursanalyse (WDA) von Reiner Keller (2005). Ein Beispiel für eine Umsetzung der Praxis-Diskurs-Formation auf methodischer Ebene findet sich in der empirischen Studie von Gabriele Winker und Nina Degele (2009, S. 63ff.) über soziale Ungleichheit. Eine überzeugende Variante der Analyse von Narrativen (medialen sowie Alltagserzählungen) in Fällen, in welchen die Praktiken schwer zugänglich sind, hat Christian Bueger (2014) am Beispiel der klandestinen Praktiken der Piraterie in Somalia vorgelegt. Zur Verknüpfung von schriftlichen und mündlichen Erzählungen in narrativen Interviews verweise ich auf den Beitrag von Pohn-Lauggas in diesem Band.

6 Es gehört zu einem Datenkorpus (bestehend aus ethnografischen Interviews und teilnehmenden Beobachtungen), der im Rahmen des DFG geförderten Forschungsprojektes „Außenseiter und Etablierte zugleich: Palästinenser und Israelis in unterschiedlichen Figurationen" (RO 827/16) entstanden ist. Das Projekt wurde trilateral zwischen Palästina, Israel und Deutschland im Zeitraum 2010 und 2015 organisiert und galt der Rekonstruktion sozialer Figurationen (Elias 1991) von Gruppierungen unterschiedlicher ethnopolitischer und religiöser Zugehörigkeiten in sieben Städten in Israel und dem Westjordanland (Rosenthal 2015). 38 narrativ-biografische und weitere ethnografische Interviews wurden mit anderen Datenmaterialien, wie Dokumentar- und Spielfilmen, Printmedien und TV-Berichterstattung und Beobachtungsprotokollen trianguliert.

7 Jaffa, der südlich von Tel Aviv liegende Stadtteil, gilt als sogenannte Mixed City (Monterescu 2007), mit jüdisch-christlich-muslimischer und eher heterogener, vorwiegend aber arabischer Bevölkerung. Sie galt lange Zeit als einflussreiche arabische Handelsstadt und wurde später zu einer Vorstadt von Tel Aviv. Im Zuge einer seit den 1990er Jahren stattfindenden Gentrifizierung nehmen die jüdische Bevölkerung und

H., wurden ein Jahr vor dem hier vorgestellten Zeitpunkt bereits Interviews von mir geführt, die im öffentlichen Untergeschoss seines Restaurants stattfanden. Mahmoud H., Frau Layla H.s Ehemann, gehört zu jenen Bewohnern, die sich als Sprecher/innen ihrer Community und deren Belange sehen und welchen ich als Forscherin bei der Suche nach Interviewpartner/innen daher schnell begegnete. Er ist in der Stadt für seinen unermüdlichen Kampf bekannt, bei dem er sich gegen den Abriss seines Hauses zur Wehr setzt. Seine Darstellung war durch Belegerzählungen charakterisiert, die mit den politischen, kollektiven Narrativen über die Stadt Jaffa verwoben sind. (Wundrak 2012) Wesentlich für sein erlebtes Leben ist seine jahrzehntelange Drogenkrankheit, die er in seinen Erzählungen völlig aussparte.[8] Ebenso ist für die „erlebte Ebene" der Rekonstruktion relevant, dass der Mann im Zuge der Drogenkrankheit und nach dem Gefängnisaufenthalt innerhalb seiner Ehe gewalttätig geworden ist, worüber wir in seinem Interview (aus seinen eigenen Erzählungen) auch nichts erfahren haben. Seine biografische Selbstpräsentation (mit Gesagtem und Nichtgesagtem) sei hier vorab kurz erwähnt, weil sie sich mit dem nachfolgend interpretierten Datenmaterial verweben wird.

Eine kurze, aber wichtige Vorbemerkung zur folgenden Sequenz soll Missverständnisse aus dem Weg räumen: Das folgende Zitat bildet eine fragmentierte Passage aus dem Interviewprotokoll. Das Protokoll wurde im Anschluss an den Besuch bei Frau H. geschrieben. Es stellt noch eine Art Rohfassung dar, die zudem stark gekürzt wurde, um die Leser/innen in die Situation hineinzuführen und anschließend den kurzen Handlungsverlauf hinsichtlich der Diskurs-Praxis-Formationen nachvollziehbar deuten zu können.

Die protokollierte Situation könnte sicherlich als „extrem" wahrgenommen werden. Vielleicht mag die/der eine oder andere Leser/in denken, dies wäre kein „gutes" Beispiel für eine methodologische Veranschaulichung, weil es sich nicht um ein übliches Interview, kein „Standardinterview" handelt, sondern eine Extremsituation. Gerade mit der Befremdung, die entsteht, möchte ich zeigen, wie Diskurs und Praxis verwoben sind. Gerade an brüchigen, krisenhaften oder befremdlichen Situationen sind implizite Regeln der Kontinuität, Routinenhaftigkeit und Selbstverständlichkeit deutlicher abzulesen als an vermeintlich repräsentati-

---

die hebräische Sprache zu, während die palästinensische Bevölkerung durch kapitalistische und ethnopolitische Mechanismen benachteiligt wird (Monterescu 2005, 2008).

8 Einige der von mir Interviewten sprachen ausführlich über ihre Suchterkrankung, die bei jungen palästinensischen Männern eine Begleiterscheinung von Enteignungen, Verarmung, sozialen Notständen, Gefängnisaufenthalten und Zukunftslosigkeit ist. Zur Sprache brachten es jene Interviewpartner/innen, die eine Therapie in den jüngst (zur Zeit meiner Feldaufenthalte) eingerichteten psychosozialen Zentren hinter sich hatten.

ven („üblichen", „normalen") Gesprächen, die, wenn wir sie einmal so benannt haben, bereits schwer im Verdacht stehen, der herrschenden Normen und Regeln (der Wissenschaftlichkeit) völlig unterworfen zu sein. Dann nämlich ist die Norm viel wirkmächtiger, aber eben nicht so anschaulich, nicht so sichtbar, was zu sagen und zu tun erwünscht und verboten ist (Foucault 2003). Die folgenden Passagen sollen die Ordnung (des Diskurses) ja gerade zeigen und nicht (die Repräsentativität dieses Interviews) besprechen. Die Leser/innen seinen nun imaginär – anhand des Beobachtungsprotokolls – in die Altstadt von Jaffa geführt:

> „Wir befinden uns im Haus von Frau H., im Obergeschoß, einem zentralen Raum, der bis zum Dach geöffnet ist, sodass die im Giebel befindlichen Fenster mit Spitzbögen viel Licht hereinwerfen. Hier befindet sich mittig ein Esstisch mit Küchenschränken und alten Möbeln. Zu drei Seiten führen Türen in weitere Räume und einen Treppenaufgang, von dem aus wir den Raum betraten. Wir nehmen im türlosen Bereich Platz, der mit einer Sitzecke und einem großen Bildschirm ausgestattet ist. Die Runde besteht aus Layla H., ihrer Tochter, ihrer Schwiegertochter, deren Kindern, meiner Übersetzerin und mir; eine betriebsame Atmosphäre. Eine der Frauen beschäftigt sich mit der Vorbereitung von Tabuleh und schneidet Petersilie auf einem großen Blech. Es folgt ein Vorgespräch, bei dem ich den Interviewablauf erkläre. Ich schlage vor, dass eine möglichst ungestörte Situation förderlich ist und beabsichtige damit die Person davon sozial zu entlasten. So soll sie nicht selbst eine höfliche Begründung finden müssen, die anderen Anwesenden aus dem Raum zu bitten. Durch wenige Worte von Frau H. reduziert sich die Runde auf Frau H., meine Übersetzerin und mich, nachdem uns Süßigkeiten und Zitronenlimonade serviert wurden. Ich stelle die Eingangsfrage nach der Familien- und Lebensgeschichte. Die Interviewte fragt nach, wo sie beginnen solle, ob mit ihrer Ehe oder noch davor. Sie sei erst im Zuge der Eheschließung aus Gaza hierher gezogen in die Stadt, die uns vermutlich interessierte. Nachdem ich neuerlich meine Frage offen formuliere, geht sie zurück in ihre Geburtsstadt Gaza und beginnt mit ihrer Kindheit. Ihre Erzählung handelt davon, wie sie später ihren jetzigen Mann aus Jaffa kennengelernt hat. Sie erklärte, dass sie sich für einen Mann entschieden hätte, in dem Wissen, dass dieser keine gute Partie sei, aber sie ihn mochte und unbedingt aus Gaza raus wollte, um in einer freien Stadt zu leben. Als Frau H. bei der Eheschließung angelangt ist, erzählt sie, in welche Falle sie geraten sei. Ihr Mann sei kurz nach der Heirat inhaftiert worden und sie sei alleine gewesen. Eine Zeit lang bleibt es still bis ich frage ‚und dann?' und sie sagt, ‚dann begannen die Probleme'. In diesem Moment betritt Herr H. den Raum. Er stolpert etwas, gestikuliert mit den Armen und bewegt sich fahrig. Aus meiner Perspektive entsteht aus der Kombination seines Hereinlaufens, unserer Beobachtungsposition und der Raumaufteilung etwas Bühnenartiges. Kaum erkenne ich Herrn H. wieder und denke, er ist seit unserem letzten Treffen vor einem Jahr zehn Jahre gealtert. Er schleudert einen Aschenbecher auf unseren Couchtisch, bewegt sich dann aber zum Tisch in der Mitte des Raumes. Ich schlage eine Pause vor. Frau H. legt daraufhin ihren Gebetsteppich neben uns und betet. Danach begeben wir uns wieder in die Positionen wie zuvor. Das Tonband wird angeschaltet

als Frau H. wieder leise zu sprechen beginnt. Bald ruft ihr Ehemann, sie solle ihm Manikür-Utensilien bringen. Sie nimmt aus einer Lade eine Schere und bringt sie zu ihm. Er beginnt, während wir weiter sprechen, die Socken auszuziehen, stöhnende Geräusche zu machen und seine Füße zu bearbeiten. Seinen linken Fuß auf die Sitzfläche gehoben, schneidet er diesen blutig. Ein Tuch, das über seinem rechten Oberschenkel liegt, dient ihm dazu, das Blut abzuwischen. Es entstehen immer größere Blutflecken auf dem Leinen. Frau H. folgt meinem Blick in seine Richtung. ‚Seit vierzig Jahren' sagt sie, habe sie ‚dieses Problem.'"[9]

Wie lassen sich diese Beobachtungen auf die Eingangsüberlegungen beziehen? Welche Praxis-Diskurs-Formationen zeigen sich an diesem Einzelfall? Wir können zunächst – gemäß der Erwähnung im Protokoll – mit der Betrachtung des räumlich-architektonischen Arrangements beginnen und Lesarten darüber bilden, wie dieses mit der konkreten Erzählpraxis zusammenhängt. Das erste, im öffentlichen Bereich des Gebäudes, in der Bar im Untergeschoss, stattfindende Gespräch mit Herrn H. war – im Gegensatz zu dem beschriebenen – von einer diskursiven Narrationspraktik dominiert. So war der Text, den Mahmoud H. vorgetragen hatte, viel deutlicher für das Tonband und für eine Öffentlichkeit vorgesehen und darauf gerichtet. Ein Hinweis auf Zeitungsartikel und Bücher, in welchen seine Geschichte vorkommt, unterstützten diese Symbolik. Für Forschungszwecke wirkt eine solche Konstruktion der Lebensgeschichte zunächst praktisch und wenig irritierend. Nicht die „Schweigsamkeit des Sozialen" (Hirschauer 2001), sondern Routinen des Versprachlichens und textuell-literarischen Aufbereitens selbsterlebter Erfahrungen prägen das Gespräch. Im Obergeschoss beobachte ich im Kontrast dazu nun ein Geschehen, dass ich als eine Inszenierung mündlicher Erzählpraxis deute, die zudem durch eine diskursiv erzeugte Weiblichkeit konnotiert ist. So befinden wir uns in einer Frauengemeinschaft, in einem Frauenraum, in dem während des Erzählens Essen zubereitet und Kinder betreut werden. Die Betonung liegt hier auf der Gemeinsamkeit, dem Teilen von Erfahrung, der Absicht, das Eigenerlebte auch an die jüngeren Generationen zu kommunizieren. Performativ zeigt sich dies dadurch, dass sich Tochter und Schwiegertochter dazugesellen, dass sie nicken und lächeln aber auch, dass Frau H., während sie spricht, ihren Enkel auf dem Schoß hält und ihn übers Gesicht streichelnd anlächelt, so als ob sie durch den Anblick des Kindes (besser imaginierend) in ihre eigene Kindheit zurückgehen kann.

Susanne Kaiser (2013) spricht aus kulturtheoretischer Sicht von einem Spezifikum der stärkeren Präsenz von Körperlichkeit in der arabischen Volksliteratur und Erzähltradition. Diese sowohl kulturelle als auch geschlechtsspezifische Struktu-

---

[9] Ausschnitt aus einem Interviewmemo, erstellt in Jaffa, am 31.05.2013, verfasst von der Autorin dieses Artikels.

riertheit des Interviews ist kritisch und in zweierlei Hinsicht zu analysieren. Erstens gestaltet sie die lebensgeschichtliche Darstellung ebenso mit, das heißt das, was Frau H. diskursiv vermittelt beziehungsweise sprachlich auf Tonband bringt ist ebenso kulturell geprägt. Im Datenmaterial „steckt" ein Kulturalismus, der sich in der Situation interaktiv zeigt und in der Niederschrift des Protokolls sedimentiert. Zum Zweiten und im Sinne der reflexiven Anthropologie von Pierre Bourdieu und Loïc Wacquant (1996) ist dieser Befund – aus der Forschenden- beziehungsweise Beobachtungsposition – reflektierend und interpretierend gemeint. Die Situation ist hegemonial und kulturalistisch prästrukturiert, was in die Analyse einzubeziehen ist. Dies wird meiner Meinung nach in der Analyse narrativer Interviews oftmals vernachlässigt, und zwar nicht nur in Zusammenhang mit „fremdkulturellen", also interkulturellen Interaktionen, sondern gerade auch dann, wenn Interviews in der „eigenen Lebenswelt" geführt und Machtungleichheiten aufgrund der Selbstverständlichkeit (für die Forschenden) oft übersehen werden.[10]

Dieser Präsenz körperlicher und kultur- beziehungsweise geschlechtsspezifisch konnotierter Praktiken steht nun das von mir als Wissenschaftlerin angestrebte Einzelgespräch, möglichst ohne Hintergrundgeräusch im Dienste des Tonbandgerätes und einer bekenntnishaften Selbstthematisierung (Hahn und Kapp 1987) gegenüber. Durch eine Regieanweisung (wie das Interview ablaufen soll), durch eine performative Sprechhandlung („Lassen Sie uns das Interview beginnen"), durch die Erklärung, warum dies eines ruhigen Settings bedarf und schließlich durch das Verlassen des Raumes der Angehörigen, erarbeiten wir die kommunikative Konstruktion dieser Erzählung gemeinsam, die im Vergleich zur Ausgangssituation deutlich „diskurslastiger" wird. Hier bahnt sich in gewissem Sinne das wissenschaftliche Interview als eine herrschende Praxis-Diskurs-Formation ihren Weg und setzt sich gegen die Alltagspraktik oder das „natürliche Setting" (das natürlich ebenso hegemonial strukturiert ist) seinen Weg. Aus praxistheoretischer und wissenschaftstheoretischer Sichtweise ist dies durchaus sehr kritisch zu betrachten, wenngleich auch die Methode des Interviewens insofern verteidigt werden kann, als es der Person eben ein ruhigeres Setting gestattet. Man könnte auch sagen, dass mehrere Praktiken des Erzählens miteinander konkurrieren, bei welcher einmal mehr und einmal weniger die Anteile körperlich-performativer Momente „zu ihrem Recht kommen". Mein Wissen um die diskursiven Alltagspraktiken des Erzählens wird strategisch (und auch routinehaft) eingesetzt, damit sich im Laufe des Gespräches die „Zugzwänge des Erzählens" (Schütze 1984, S. 79) entfalten. Frau H. geht auf meine Aufforderung ein, die Zeit vor der Heirat einzubeziehen und

---

10 Vgl. für eine explizite Reflexion dieser Thematik bspw. Christine Riegel und Asiye Kaya (2002).

beginnt mit ihrer Geburt in Gaza-Stadt. Der Ereignispunkt Heirat kann nun aus verschiedenen Gründen erwähnt worden sein. Er kann bspw. den „gesellschaftlich vermittelten Ordnungsstrukturen" (Dausien 1994, S. 149) geschuldet sein: Dieser umfasst das geschlechterspezifische (Dausien 1994) oder das kollektive Gedächtnis (Halbwachs 1985).[11] Er kann aber auch als ein Wendepunkt und somit als erlebte Krisensituation (Verlust der Familie, Unterordnung unter einen gewalttätigen Mann) interpretiert werden.[12] Die diskursive Struktur dieser biografischen Erzählung, so kann weiter gelesen werden, entspricht politischen und zugehörigkeitsspezifischen Konventionen, welche Frau H. als implizites Wissen zur Verfügung stehen, insbesondere auch jenen Mustern, die sie gerade im Kontakt mit Journalist/innen gewöhnt ist, wie das in diesem spezifischen Feld aufgrund der extrem starken Medienpräsenz der Fall ist (zur Verbindung politischer Diskurse und biografischer Fallrekonstruktionen siehe Schiebel 2011). Demgemäß stehen Interviews im Dienste der Zeugnislegung kollektiver Schicksale – in diesem Falle der Schicksale der palästinensischen Community in Jaffa (Wundrak 2012, 2015b). Ihre Lebenserzählung beginnt mit der Heirat und damit der Migration in jene Stadt, um die es in der Situation ihrer Annahme nach geht. Zumindest nimmt sie dies vielleicht an, wenn sie die soziale Erwünschtheit der ihr bekannten Interviewer/innen (meist Journalist/innen) antizipiert. Vielleicht brächte sie ihre Erinnerungen von der Zeit als junges Mädchen eher im Beisammensein mit ihren Familienangehörigen oder ihrer Enkelin zur Sprache, wenn diese in dasselbe Alter gekommen ist.[13] Schließlich aber werden – und dies ist ein zentraler Punkt in der biografischen Fallrekonstruktion – im Erinnerungsprozess „Bestandteile der erlebten Situation vorstellig […], die entsprechend der Gegenwartsperspektive und dem Präsentationsinteresse nicht intendiert waren und sogar inkongruent sein können" (Rosenthal 2010, S. 207). Der Zugzwang der erstgenannten Ordnungsstrukturen steht dann in Konkurrenz zum Zugzwang des Erzählens, oder praxeologisch formuliert: der Selbstläufigkeit der Praktik des Erzählens (vgl. Schindler 2011). In der selbstläufigen Praktik ist Frau H. „nur" eine Partizipandin des Geschehens und nur sehr bedingt eine intentional-strategische oder „subjektive" Erfinderin ihrer eigenen Geschichte. Indem sie über Erlebnisse vor dem Ordnungspunkt Heirat erzählt und in einen

---

11 Der Begriff der Ordnungsstrukturen wird hier im Sinne von Hubert Knoblauch (1995) verstanden.

12 Zur gestalttheoretischen Betrachtungen der Interaktionsdynamik siehe auch Rosenthal (1995, S. 22ff.).

13 Vgl. zum Umgang mit Beobachtungsprotokollen ausführlicher in Wundrak 2010. Dabei verstehe ich Ethnografie als Autoethnografie in Anlehnung an die Reflexion als epistemologische Praxis (vgl. Hegener 2004; Haraway et al. 1995; Bourdieu und Wacquant 1996).

Erzählfluss gerät, der sie dann zu ihrer Gewalterfahrung bringt und sie auch darüber sprechen möchte, zeigt sich diese Selbstläufigkeit. Ich behaupte daher, dass die Suche nach den latenten Strukturen „biografischer Selbstpräsentationen"[14] (Oevermann et al. 1980; Rosenthal 2010) mit einer praxeologischen Sichtweise auf das Geschehen viel stärker übereinstimmt, als den Vertreter/innen beider Richtungen möglicherweise geläufig ist.

In der texthermeneutischen Analyse geht es (bereits) stets darum, einerseits die „Brüche und Ungleichzeitigkeiten" (Dausien 1994, S. 149) im Text sichtbar zu machen und andererseits die durch das Erzählen entstandene Glättung nicht unkritisch zu übernehmen.[15] Damit ist jene Glättung gemeint, die durch die Tätigkeit des Erzählens entstehen kann, und derer sich analyseerfahrene Biografieforschende bewusst sind. Sie passiert nicht durch das „absichtliche Niederbügeln" oder „Verkitten" der eigenen Brüche im Lebenslauf und sie geschieht auch nicht nur in der Gegenwart des Erzählens, sondern ist ein Prozess der Rekonstruktion und Gestaltung der eigenen Geschichte von Tag zu Tag. Diese Glättung wohnt also der Praktik des Rückblickens und Kommunizierens von Eigenerlebtem inne und kann insofern als alltäglicher Vorgang bezeichnet werden, „der gewissermaßen selbstläufig im Zuge verschiedener Tätigkeiten von statten geht, ohne aktives Zutun der Teilnehmer und durchaus auch schon einmal gegen ihren Willen", wie es Larissa Schindler (2011, S. 9) für die Eigenheit von Praktiken formuliert. Haben für Biografieforscher/innen die Logik der Praxis des biografischen Interviews zwar durchaus Relevanz, so fokussieren sie in der Analyse aber auf die diskursiven Glättungspraktiken, die im Text auffindbar sind und nicht auf körperlich-performative Praktiken der Glättung.

Wie geht es nun in der protokollierten Beobachtung nach diesem biografischen Wendepunkt in Laylas Leben, als „die Probleme begannen", weiter? Herr H. betrat genau in jenem Moment den Raum, in dem Layla H. in ihrer Erzählung an der Stelle angelangt ist, an welcher Herr H. aus dem Gefängnis entlassen wurde und zu ihr zurückkehrte. Bereits davor hatte sich angedeutet, dass ihr Mann sie zu schlagen begann, als er traumatisiert und drogensüchtig aus dem Gefängnis zurückgekehrt war. Bis jetzt hat es aber noch keine Möglichkeit gegeben, dieser erlebten Phase

---

14 Die mündliche Darstellung lebensgeschichtlicher Erzählungen wird innerhalb der genannten Schule als biografische Selbstpräsentation bezeichnet.

15 Hier sei darauf hingewiesen, dass die gegenwärtige Selbstpräsentation integraler Bestandteil einer Analyse narrativer Interviews ist (Rosenthal 2005). Die (manifesten und latenten) Interessen der Interviewten, warum und wie ein Interview „gegeben" wird, werden in die Analyse einbezogen. Die Kritik, dass dies zu wenig berücksichtigt werde, richtet sich daher vermutlich gegen den Mainstream der Interviewverfahren (Reichertz 2013).

mehr Erzählraum zu widmen und diese wurde mit dem Eintritt des Ehemannes performativ gestoppt. So gut wie es diskursiv zu laufen scheint, dank der Konventionen und Routinen, an welche unser Gespräch und ihre Erzählungen anschlussfähig sind, so schnell kann diese Erzählung also performativ-körperlich wieder unterbrochen werden. Viel einfacher als dies eine sprachliche Unterbrechung ist, passiert dies durch den „Bühnenauftritt" des Ehemannes, seine körperliche Präsenz und sein durchaus latent gewalttätiges Hantieren mit Gegenständen wie dem Werfen des Aschenbechers und dem Verletzen seines Körpers. Frau H. kann über das, so zeigt sich nun, was „dann" gekommen ist, nicht sprechen. Mein Vorschlag, eine Pause zu machen, wird von Frau H. angenommen. Dies gelingt ihr – trotz der Anwesenheit anderer – durch einen ebenso performativen Rückzug in die Intimwelt des Religiösen. Die Ruhe und der zu Boden gekehrte Körper, die Hinwendung zu einer Himmelsrichtung bewirken im aktuellen Geschehen ein körperliches Abwenden von den anderen Anwesenden und ein „kommunikatives Ausklinken". An diese Performanz wurde kommunikativ angeschlossen, indem alle für eine Zeit lang aus der Kommunikation mit ihr heraustraten, bis sie das Ritual beendet hat und zum Geschehen zurückgekehrt ist.[16] Während seine Performanz und Störung, mein Pausenvorschlag sowie ihr Gebet den erzählten *Text* unterbrechen, fungieren diese Handlungen für meine Kollegin und mich beziehungsweise das Gesamtgeschehen als (symbolischer) Hinweis *sehr wohl* darauf, „was damals passiert ist". Diese Aufführungen versinnbildlichen die damals erlebten Erfahrungen, aktualisieren sie und illustrieren die Erzählhandlung. Die Brüche und Glättungen stehen wiederum mit dem erlebten Leben beider Personen in Wechselwirkung. Erfahre ich doch erst hier über einen Teil des erlebten Lebens von Herrn H. (und seine Drogenkrankheit), und zwar durch Frau H.s Erzählungen einerseits sowie Herrn H.s performativer Selbstpräsentation andererseits, durch Frau H.s Stocken sowie durch Herrn H.s getimtes Verhindern ihrer Erzählung. Das ein Jahr zuvor geführte Interview mit ihm bekommt jetzt einen neuen Charakter. Seine damals auf Narrative der Zugehörigkeit zu einer Leidensgemeinschaft konzentrierte Darstellung habe ich zwar kritisch hinterfragt, dementsprechend barg diese neue Sichtweise auf ihn keine Überraschung – und steht auch nicht im Gegensatz dazu. Vielmehr soll hier methodologisch gezeigt werden, wie sich die Interviews in Praxis-Diskurs-Formationen verschachteln: die Gespräche vor einem Jahr und dieses Gespräch, Untergeschoss und Obergeschoss, öffentliche Räume des Restaurants und private Räume, Mann und Frau, Erzähltes und körperlich Aufgeführtes, diskursiv vorgeformte

---

16 Sprachliche Manifestationen der Erzählblockaden können ebenso stark wirken, worauf ich hier aber nicht eingehe, nicht zuletzt deshalb, weil dies ein sehr häufiges Phänomen ist, das in der Textanalyse von narrativen Interviews beachtet wird.

Muster und performativ durchbrochene Irritationen bilden viele Gegensätze, die sich zu einer Gestalt zusammenfügen. Ein abschließendes Beispiel einer weiteren Praxis-Diskurs-Formation soll die Darstellung und Analyse abrunden: Zwischen dem Interview mit der Ehefrau und dem Interview mit dem Ehemann liegt einige Zeit und räumlich gesehen die Zwischendecke. Das Interview mit Herrn H. fand im Erdgeschoss, dem Shisha-Restaurant, statt. Nun im Obergeschoss befindlich und mit Frau H. sprechend, sehe ich, dass auf dem Bildschirm (positioniert wie ein TV-Gerät an der Sitzecke) das ebenerdige Gastzimmer (als Standbild) videoüberwacht wird. Das Video zeigt jenen Raum, in dem ich vor einem Jahr mit Herrn H. gesessen hatte, und ich sitze jetzt in der Position, in welcher Layla H. ihren Ehemann und mich vielleicht damals beobachtete. Unabhängig von dem jeweiligen subjektiven Wissen wird das Interview mit Herrn H. auf diese Weise in das jetzige Interview mit Layla H. hereingeholt. Ebenso passiert dies in umgekehrter Richtung: Die Interaktion mit Frau H. begann bereits ein Jahr zuvor, als sie unser Gespräch vermutlich gehört und beobachtet hatte. Die zeitlich auseinander liegenden Aufführungen verweben sich in einer Erzählung. Die Erzählung integriert das aktuelle Geschehen mit dem vergangenen Erlebten, die Erfahrung mit der Erinnerung und der gegenwärtigen Performanz. Schließlich integriert sie die zeitliche mit der räumlichen Dimension in einer Gestalt. Sie verweben sich aufgrund ihres zeitlichen Vollzugs und ihrer Wirkungen miteinander sowie aufgrund der Verzahnung von Diskurs und Praxis – und am letzten Beispiel in abgebildeter und materialisierter Form (des Bildschirmes): Es entsteht das Interview im Interview, wie ein Bild im Bild gleich eines „Mise en abyme". Vielleicht ist dies die beste Metapher für eine Praxis-Diskurs-Formation.

4 Fazit

Die Fragestellungen für eine empirische Rekonstruktion von Erzähltem verschieben sich mit einer praxeologische Methodologie (Schäfer 2014) einerseits sowie einer analytischen Verbindung von Praxis und Diskurs (Reckwitz 2008) andererseits. Den Ausgangspunkt eines praxeologischen Blickwechsels in der Analyse biografischer Interviews bildet der folgende Kerngedanke: Mündliche Erzählungen autobiografischen Gehalts verweben zwei Vollzugsebenen: erlebte Handlungen, über die erzählt wird einerseits, und das Erzählen als Handlung in der Erzählzeit andererseits. In den narrativen Interviews geht es deshalb um zwei Wechselwirkungen: Wie das interaktive Setting und die situierte Praxis auf Vergangenes referieren und rekonstruierte Erinnerung hervorbringen und wie das Erlebte der Agierenden die gegenwärtige Interaktion und kommunikative Gestaltung der Erzählung konstituiert. Weder die mündliche und körperlich-performative Hervorbringung noch der Text als Endprodukt allein bestimmen die Erzählung, sondern die Dynamik und Wechselwirkung zwischen beiden.

Die hier fokussierte Frage nach der Praxis-Diskurs-Formation, die von Andras Reckwitz aufgeworfen und von mir auf die Analyse narrativer Interviews übertragen wurde, lautet, wie eine solche Formation die Erzählung gestaltet. Darüber hinaus wird die Frage relevant, wie das Erlebte die gegenwärtige Erzählhandlung gestaltet, das heißt, wie sich das Erlebte und Erinnerte nicht nur im Text gestalthaft zeigen – was bereits in der Methodologie von Gabriele Rosenthal (1995) ausgearbeitet wurde –, sondern auch wie das Erlebte und Erinnerte die performative Aufführung konstituieren. Denn die Rekonstruktion solle nicht in der gegenwärtigen Vollzugszeit stehen bleiben. Die in der Biografieforschung vertretene Annahme, dass sich Vergangenheit, Gegenwart und Zukunft in jeder sozialen Situation miteinander verweben, würde zugunsten einer praxistheoretisch (dann verkürzten) Reduktion auf das Hier und Jetzt über Bord geworfen werden. Der Handlungsvollzug, den die Praxistheoretiker/innen sinnvoller Weise für wesentlich halten, ist ohne die Vergangenheit, aufgrund welcher es überhaupt zu einem Vollzug kommen konnte – zumindest im Sinne der rekonstruktiven Analyse von Narrationen – nicht (allein) zu verstehen. Ebenso wenig ist er ohne Zukunftsantizipation (in seiner Gesamtgestalt und sozialen Sinnhaftigkeit) zu verstehen. Wenngleich Praxistheoretiker/innen diese Prozesshaftigkeit von Sozialität in der eigenen Forschung doch meist berücksichtigen, unterstellen sie Biografieforscher/innen und Interviewenden oftmals eine überspannte Vergangenheitsfixierung – mehr noch: Sie werfen ihnen einen Homologismusglauben vor, der besagt, die Vergangenheit könne gespeichert und in der Gegenwart (und in einem Text) aufgerufen und abgebildet werden – eine Naivitätsunterstellung, der sich Biografieforscher/innen auch nach Jahrzehnten immer noch ausgesetzt sehen (vgl. bspw. Nassehi 2006, S. 237).[17]

Abgesehen von diesen Missverständnissen bleibt aber festzuhalten, dass Interviews stärker in ihrem Vollzugsgeschehen analysiert werden sollten. In einem narrativen Interview vermengen sich kulturelle und situative Handlungsmuster und Wissensordnungen mit bestimmten Kombinationen diskursiver und performativer Kommunikationsformen. Das Erzählen kann als Erzählhandlung im Vollzug, mit der Art und Weise sowie seiner Materialisierung, mit dem Gesprochenen und Ge-

---

17 Aus eigener Erfahrung – und aus der Position einer Biografieforscherin – muss ich umgekehrt feststellen, dass in der Tat allzu oft Interviewaussagen als Auskunft über Praktiken herbeigezogen und damit Menschen als Informationsautomaten verkannt werden.

dachten im Interviewsetting unterschiedlich wechselwirken. Wie aber kann nun diese Wechselwirkung theoretisch gefasst oder empirisch erfahren werden? Diese Frage kann in die Landschaft der theoretischen Kultursoziologie (wie sie Andreas Reckwitz beschrieben hat) insofern eingebettet werden, als sie die Frage der Praxis-Diskurs-Formationen berührt (auch wenn sich Reckwitz zum Verhältnis Theorie/Empirie nicht geäußert hat). Sie könnte sich hinsichtlich einer theoretisch-analytischen Konzeptualisierung zur Dispositivanalyse (Bührmann und Schneider 2008) gesellen. Allerdings lehnen die beiden Autor/innen eine Vorgabe hinsichtlich der Methodenwahl ab und plädieren für eine gegenstandsorientierte Methodenwahl einerseits sowie eine Vorabklärung des Erkenntnisinteresses andererseits.[18] In meinem Forschungsprojekt wurde das methodologische Fundament der Biografietheorie (Gestalttheorie und Wissenssoziologie) berücksichtigt und um praxistheoretische Überlegungen ergänzt. Es bezieht darüber hinaus diskursanalytische sowie ethnografische Methodologie ein. In diesem Sinne soll also nicht von einer Triangulation „zweier Methoden" oder gar „Erhebungen" gesprochen werden, sondern von einer neuen Perspektive auf Interviews als Praxis-Diskurs-Formationen inklusive der damit verbundenen unterschiedlichen Theoriestränge. Dies setzt ein etwas anders gelagertes Erkenntnisinteresse in Bezug auf Alltagserzählungen voraus, das sich nicht auf Biografie oder Praxis alleine beschränkt.

Autobiografische Erzählungen im Interview folgen dem Strom und der Eigendynamik der Praktik des Erzählens, die keineswegs nur kognitive, sondern ebenso performative und materielle Dimensionen umfasst. Sie sind durch kulturelle Muster und institutionalisierte Generatoren (Hahn und Kapp 1987) gesetzt, welche bestimmen, wie, wo, und wann erzählt werden kann und soll. Auf diese Weise sind im Erzählen Diskurse eingeschrieben, verknappt, tabuisiert oder transformiert. Nun stoßen diese Alltagspraktiken auf die Praktik des Interviewens. Die teilweise akademisch erlernten, teilweise durch implizite Wissensbestände allgemeiner Gesprächspraktiken angewandten Methoden der Aufforderung und Generierung von Erzählungen eröffnen neue Erzählmöglichkeiten, schränken diese aber auch ein oder modellieren sie. Kommt das Gespräch einmal in Gang, werden oft die Umgebung und das materiale Setting, welche die Erzählpraktik begleiten, ausgeblendet, was ebenso bestimmten Konventionen geschuldet ist, die sich auch auf der

---

18 Werner Schneider (2015) betonte in seinem Vortrag, dass die Frage, ob ich mich nur für „die Sage" oder auch ihre Wirkungen auf „das Tun" interessiere, vor Beginn einer Untersuchung entscheidend sei. Wie über etwas gesprochen werde, zeige aber noch nicht, welche Wirkmacht dieses Gesprochene habe. Diese von ihm selbst explizit überspitzte (Praxis-Diskurs-)Dichotomie sollte den Unterschied zwischen einer Diskurs- und einer Dispositivanalyse verdeutlichen und für unterschiedliche Erkenntnisinteressen in Diskurs- und Dispositivanalysen sensibilisieren.

Textebene durch die Zugzwänge des Erzählens zeigen. Diese „Praktiken des Ausklammerns von Gegenwart" haben sowohl körperliche und materialisierte Tools als auch Auswirkungen. Dabei sind nicht die Kompetenzen des/der einzelnen Erzählenden falltypisch, sondern das gemeinsame Praktizieren des Erzählens, bei dem auf unterschiedliche Repertoires zurückgegriffen wird. Ebenso gehört das wissenschaftliche Interview zu einer Praktik, die es selbst zu analysieren gilt, und zwar in ihrer jeweiligen Abwandlung von der Routine als Alltagspraktik. Der Weg von der leiblich erlebten Erfahrung hin zur sprachlich präsentierten Lebensgeschichte ist daher nicht nur eine fortwährende Rekonstruktionsarbeit (Halbwachs 1985), sondern auch eine Verschiebung von Nichtdiskursivem zu Diskursivem. Damit ist nicht gemeint, dass Leibliches und Erfahrung der Sprache und dem Text gegenüber gestellt werden sollen, keineswegs geht es darum, die Dichotomien von Leib und Sprache oder Gedanken und Text zu reproduzieren. Vielmehr geht es um die Verschiebung hin zu diskursiven Festschreibungen, also um Modellierungen der Erfahrung in Macht-Wissen-Komplexen. Das, was erzählt wird, wird im Laufe dieses Prozesses fixiert, „bewahrheitet", in Form „gepresst". Die Analyse der Macht-Wissen-Komplexe in Erzählungen ist nicht zuletzt deshalb besonders auf Sprach- und Narrationstheorien angewiesen. Eine Diskursbetonung wird in der wissenschaftlichen Gesprächsführung noch weiter aufgerufen, denn sie folgt der diskursdominierten wissenschaftlichen Praxis. Die Betrachtung eines empirischen Beispiels zielte auf die Verwobenheit von körperlich-performativen, soziomateriellen und sprachlich-diskursiven Elementen. Sie sollte dazu dienen, die situierte Praxis des Erzählens als eine Zwischenstation zwischen Ereignis, Erlebtem, Erinnertem und Erzähltem zu verstehen, wobei diskursive und nicht-diskursive Praktiken miteinander „konkurrieren". Damit sollte aufgezeigt werden, inwiefern und wie diskursive und nicht-diskursive Praktiken verschiedene Gestalten und Strukturen biografischer Erzählung hervorbringen und Wissensordnungen reproduzieren oder transformieren. Die Diskurs-Praxis-Formationen sind fallspezifisch zu betrachten, gestalten sich nicht immer gleich oder befinden sich im „Gleichgewicht". Das Formierungsspiel ist empirisch zu suchen und (als Ziel einer Analyse) zu typologisieren. Dies könnte ein praxeologischer Blick verdeutlichen. Die Verzahnung und die Schnittstelle von Diskurs und Praxis sind bislang noch nicht systematisch in die Methodologie der Biografieforschung eingebaut worden: Sie ist als Teil der Struktur und Gestalt von Lebensgeschichten zu betrachten und konsequent im Sinne fallrekonstruktiver Forschung zu typologisieren.

Literatur

Alber, Ina. 2014. Alltagswissen. In *Wörterbuch Rekonstruktive Soziale Arbeit*, Hrsg. Regina Rätz und Bettina Völter, 15-18. Leverkusen: Verlag Barbara Budrich.
Atkinson, Paul, und Sara Delamont. 2006. *Narrative methods*. London, Thousand Oaks, Calif: SAGE (Sage benchmarks in social research methods).
Bourdieu, Pierre. 1976. *Entwurf einer Theorie der Praxis: Auf der ethnologischen Grundlage der kabylischen Gesellschaft*. Frankfurt/M.: Suhrkamp.
Bourdieu, Pierre. 1982. *Die feinen Unterschiede. Kritik der gesellschaftlichen Urteilskraft*. Frankfurt/M.: Suhrkamp.
Bourdieu, Pierre. 1998. *Praktische Vernunft zur Theorie des Handels*. Unter Mitarbeit von Hella Beister. Frankfurt/M: Suhrkamp.
Bourdieu, Pierre. 1998. Die biographische Illusion. In *Praktische Vernunft. Zur Theorie des Handelns*, Hrsg. Pierre Bourdieu, 75-82. Frankfurt/M: Suhrkamp.
Bourdieu, Pierre, und Loïc J. D Wacquant. 1996. *Reflexive Anthropologie*. Frankfurt/M.: Suhrkamp.
Bude, Heinz. 1985. Der Sozialforscher als Narrationsanimateur. Kritische Anmerkungen zu einer erzähltheoretischen Fundierung der interpretativen Sozialforschung. In *Kölner Zeitschrift für Soziologie und Sozialpsychologie*, 37 (2): 327-336.
Bueger, Christian. 2014. Narrative Praxiographie. Klandestine Praktiken und das ‚Grand Narrativ' Somalischer Piraterie. In *Politische Narrative. Konzepte – Analysen – Forschungspraxis*, Hrsg. Frank Gadinger, 201-223. Wiesbaden: Springer VS.
Bührmann, Andrea D., und Werner Schneider. 2008. *Vom Diskurs zum Dispositiv: Eine Einführung in die Dispositivanalyse*. Bielefeld: transcript.
Dausien, Bettina. 1994. Biographieforschung als „Königinnenweg"? Überlegungen zur Relevanz biographischer Ansätze in der Frauenforschung. In *Erfahrung mit Methode. Wege sozialwissenschaftlicher Frauenforschung*, Hrsg. Angelika Diezinger, 129-153. Freiburg i. Br: Kore.
Dausien, Bettina, und Helga Kelle. 2007. Biographie und kulturelle Praxis. Methodologische Überlegungen zur Verknüpfung von Ethnographie und Biographieforschung. In *Biographieforschung im Diskurs*, Hrsg. Bettina Völter, Bettina Dausien, Helma Lutz und Gabriele Rosenthal, 189-212. Wiesbaden: Verlag für Sozialwissenschaften.
Deppermann, Arnulf. 2013. Interview als Text versus Interview als Interaktion [61 Absätze]. *Forum Qualitative Sozialforschung / Forum: Qualitative Social Research* 14 (3): Art. 13. http://nbn-resolving.de/urn:nbn:de:0114-fqs1303131. Zugegriffen: 8. Januar 2016.
Elias, Norbert. 1991. *Was ist Soziologie?* Weinheim: Juventa.
Foucault, Michel. 2003. *Die Ordnung des Diskurses: [Inauguralvorlesung am Collège de France, 2. Dezember 1970]*. Frankfurt/M.: Fischer-Taschenbuch-Verlag.
Goffman, Erving. 1989. *Rahmen-Analyse: Ein Versuch über die Organisation von Alltagserfahrung*. Frankfurt/M.: Suhrkamp.
Griese, Birgit (Hrsg.). 2010. *Subjekt – Identität – Person? Reflexionen zur Biographieforschung*. 1. Aufl. Wiesbaden: Springer VS.
Hahn, Alois, und Volker Kapp. 1987. *Selbstthematisierung und Selbstzeugnis: Bekenntnis und Geständnis*. Frankfurt/M.: Suhrkamp.
Halbwachs, Maurice. 1985 [1925]. *Das Gedächtnis und seine sozialen Bedingungen*. Frankfurt/M.: Suhrkamp.

Haraway, Donna, Carmen Hammer, und Immanuel Stiess. 1995. *Die Neuerfindung der Natur: Primaten, Cyborgs und Frauen*. Frankfurt/M.: Campus.
Hegener, Wolfgang. 2004. „Konstruktionen sind im aktiven Handeln entstanden, und wir sind nicht nur Opfer, die von der herrschenden Kultur, die sich globalisiert, erschlagen und zu etwas Farblosem geklont werden". Maya Nadig im Interview mit Wolfgang Hegener [72 Absätze]. *Forum Qualitative Sozialforschung / Forum: Qualitative Social Research*, 5 (3): Art. 36. http://nbn-resolving.de/urn:nbn:de:0114-fqs0403362. Zugegriffen: 8. Januar 2016.
Hildenbrand, Bruno. 2012. Objektive Daten im Gespräch. In: *Sozialer Sinn*, 13 (1). DOI: 10.1515/sosi-2012-0104.
Hirschauer, Stefan. 2001. Ethnografisches Schreiben und die Schweigsamkeit des Sozialen. Zu einer Methodologie der Beschreibung. In: *Zeitschrift für Soziologie*, 30 (6): 429–451.
Hirschauer, Stefan. 2008. Körper macht Wissen – Für eine Somatisierung des Wissensbegriffs. In *Verhandlungen des 33. Kongresses der Deutschen Gesellschaft für Soziologie*, Hrsg. Karl-Siegbert Rehberg, 974-983. Frankfurt/M.: Campus.
Jäger, Siegfried. 2012. *Kritische Diskursanalyse: Eine Einführung*. Münster: Unrast.
Kaiser, Susanne. 2013. Körper und Erzählen: Zur Inszenierung mündlicher Erzähltradition in Tahar Ben Jellouns L'enfant de sable. In *Kultur – Wissen – Narration. Perspektiven transdisziplinärer Erzählforschung für die Kulturwissenschaften*, Hrsg. Alexandra Strohmaier, 445-457. Bielefeld: transcript.
Keller, Reiner. 2005. *Wissenssoziologische Diskursanalyse: Grundlegung eines Forschungsprogramms*: Wiesbaden: VS.
Knoblauch, Hubert. 1995. *Kommunikationskultur: Die kommunikative Konstruktion kultureller Kontexte*. Berlin [u.a.]: De Gruyter.
Küchler, Manfred. 1983. ‚Qualitative' Sozialforschung – ein neuer Königsweg? In *Brauchen wir andere Forschungsmethoden? Beiträge zur Diskussion interpretativer Verfahren*, Hrsg. Detlef Garz und Klaus Kraimer, 9-30. Frankfurt/M.: Scriptor.
Loch, Ulrike. 2009. Die Bedeutung ethnographischer Beobachtung für die Biographieforschung. In *„Auf unsicherem Terrain": Ethnographische Forschung im Kontext des Bildungs- und Sozialwesens*, Hrsg. F. Heinzel, W. Thole, P. Cloos und S. Köngeter, 193–204. Springer VS.
Michel, Gabriele. 1985. *Biographisches Erzählen – zwischen individuellem Erlebnis und kollektiver Geschichtentradition. Untersuchung typischer Erzählfiguren, ihrer sprachlichen Form und ihrer interaktiven und identitätskonstituierenden Funktion in Geschichten und Lebensgeschichten*. Reihe germanistische Linguistik, 62. Tübingen: Niemeyer
Monterescu, Daniel. 2005. *Spacial relationality. Urban space and ethnic relations in Jewish-Arab mixed towns, 1948-2004*.
Monterescu, Daniel. 2007. *Mixed towns, trapped communities: Historical narratives, spatial dynamics, gender relations and cultural encounters in Palestinian-Israeli towns*. Aldershot: Ashgate.
Monterescu, Daniel. 2008. The 'Housing Intifada' and Its Aftermath: Ethno-Gentrification and the Politics of Communal Existence in Jaffa. In: *Anthropology News*, 12, S. 21.
Müller-Funk, Wolfgang. 2008. *Die Kultur und ihre Narrative: Eine Einführung*. Wien [u.a.]: Springer.
Nassehi, Armin. 2006. *Der soziologische Diskurs der Moderne*. Frankfurt/M.: Suhrkamp.

Neumann, Birgit, und Hanne Birk. 2002. Go-between: Postkoloniale Erzähltheorie. In *Neue Ansätze in der Erzähltheorie*, Hrsg. Ansgar Nünning und Vera Nünning, 4, 115–152. Trier: WVT, Wiss. Verl. Trier (WVT-Handbücher zum literaturwissenschaftlichen Studium).

Nünning, Ansgar. 2013. Wie Erzählungen Kulturen erzeugen. In *Kultur – Wissen – Narration. Perspektiven transdisziplinärer Erzählforschung für die Kulturwissenschaften*, Hrsg. Alexandra Strohmaier, 15-48. Bielefeld: transcript.

Oevermann, Ullrich, Tilmann Allert, und Elisabeth Konau. 1980. Zur Logik der Interpretation von Interviewtexten. Fallanalyse anhand eines Interviews mit einer Fernstudentin. In *Interpretationen einer Bildungsgeschichte. Überlegungen zur sozialwissenschaftlichen Hermeneutik*, Hrsg. Thomas Heinze, Hans-W. Klusemann und Hans-Georg Soeffner, 15-16. Bensheim: Päd.-extra-Buchverlag.

Orosz, Magdolna, und Jörg Schönert. 2004. *Narratologie interkulturell: Entwicklungen, Theorien*. Frankfurt/M., New York: Lang.

Prince, Gerald. 2005. On a postcolonial Narratology. In *Companion to Narrative Theory*, Hrsg. James Phelan und Peter J. Rabinowitz, 33, 372–381. Malden, MA: Blackwell.

Reckwitz, Andreas. 2008. Praktiken und Diskurse: Eine sozialtheoretische und methodologische Relation. In *Theoretische Empirie. Zur Relevanz qualitativer Forschung*, Hrsg. Herbert Kalthoff, Stefan Hirschauer und Gesa Lindemann, 188-209. Frankfurt/M.: Suhrkamp.

Reichertz, Jo. 2013. Schaffen Interviews Potjomkinsche Dörfer? In *SozBlog. Blog der Deutschen Gesellschaft für Soziologie*. http://soziologie.de/blog/?p=937. Zugegriffen: 14. Februar 2016.

Ricœur, Paul. 1985. Der Text als Modell: hermeneutisches Verstehen. In *Die Hermeneutik und die Wissenschaften*, Hrsg. Hans-Georg Gadamer und Gottfried Boehm, 83-117. Frankfurt/M.: Suhrkamp.

Ricœur, Paul. 1991. *Zeit und Erzählung*. München: Fink.

Riegel, Christine, und Asiye Kaya. 2002. The Significance of Ethnic and National Identity of Female Researchers in Practice with Young Migrant Women: Experiences of Allochthonous and Autochthonous Researchers. In *The Role of the Researcher in Qualitative Psychology*, Hrsg. Mechthild Kiegelmann, 149-158. Bern: Huber.

Rosenthal, Gabriele. 1995. *Erlebte und erzählte Lebensgeschichte: Gestalt und Struktur biographischer Selbstbeschreibungen*. Frankfurt/M.: Campus.

Rosenthal, Gabriele. 2005. *Interpretative Sozialforschung: Eine Einführung. Grundlagentexte Soziologie*. Weinheim, München: Juventa Verlag.

Rosenthal, Gabriele. 2010. Die erlebte und erzählte Lebensgeschichte. Zur Wechselwirkung zwischen Erleben, Erinnern und Erzählen. In *Subjekt – Identität – Person? Reflexionen zur Biographieforschung*, Hrsg. Birgit Griese, 197-218. Wiesbaden: VS.

Rosenthal, Gabriele, Hrsg. 2015. *Etablierte und Außenseiter zugleich. Selbst- und Fremdbilder in den palästinensischen Communities im Westjordanland und in Israel*. Frankfurt/M.: Campus.

Schäfer, Hilmar, Hrsg. 2014. *Praxistheorie: Ein soziologisches Forschungsprogramm*. Bielefeld: transcript.

Schiebel, Martina. 2011. Diskursive und biografische Konstruktion politischer Staatsfeind/innen. Kommunistinnen und Kommunisten in der frühen Bundesrepublik Deutschland.

Forum Qualitative Sozialforschung / Forum: Qualitative Social Research 12 (2): Art. 27, http://nbn-resolving.de/urn:nbn:de:0114-fqs1102271. Zugegriffen: 8. Januar 2016.

Schindler, Larissa. 2011. *Kampffertigkeit: Eine Soziologie praktischen Wissens*. Stuttgart: Lucius & Lucius.

Schmidt, Robert. 2012. *Soziologie der Praktiken: Konzeptionelle Studien und empirische Analysen*. 1. Aufl. Bd. 2030. Suhrkamp Taschenbuch Wissenschaft. Berlin: Suhrkamp.

Schneider, Werner. 2015. „*Eine Sage ist keine Tue"* – *Anmerkungen zur Theorie und methodischen Praxis der Dispositivforschung*. Vortrag im Rahmen der Veranstaltung „Die Diskursive Konstruktion Von Wirklichkeit II. Interdisziplinäre Perspektiven einer wissenssoziologischen Diskursforschung" (27.03.2015), Augsburg.

Schütze, Fritz. 1976. Zur Hervorlockung und Analyse von Erzählungen thematisch relevanter Geschichten im Rahmen soziologischer Feldforschung – dargestellt an einem Projekt zur Erforschung von kommunalen Machtstrukturen. In *Kommunikative Sozialforschung. Alltagswissen und Alltagshandeln. Gemeindemachtforschung. Polizei. Politische Erwachsenenbildung*, Hrsg. Arbeitsgruppe Bielefelder Soziologen, 159-260. München: Fink.

Schütze, Fritz. 1984. Kognitive Figuren des autobiographischen Stegreiferzählens. In *Biographie und soziale Wirklichkeit. Neue Beiträge und Forschungsperspektiven*, Hrsg. Martin Kohli, 78-117. Stuttgart: Metzler.

Schwitalla, Johannes. 2006. Gespräche über Gespräche.: Nach- und Nebengespräche über ausgeblendete Aspekte einer Interaktion. *Gesprächsforschung – Online-Zeitschrift zur verbalen Interaktion*, 7, 229–247. http://www.gespraechsforschung-ozs.de/heft2006/ga-schwitalla.pdf. Zugegriffen: 14. Februar 2016.

Spradley, James P. 1979. *The ethnographic interview*. New York: Holt, Rinehart and Winston.

Völter, Bettina. 2001. „Bloß nicht Weinen. Judentum und Kommunismus." Interview in *der Freitag* vom 09.11.2001, verfasst von Andrea Rödig. http://www.freitag.de/autoren/derfreitag/bloss-nicht-weinen. Zugegriffen: 14. Februar 2016.

Winker, Gabriele, und Nina Degele. 2009. *Intersektionalität: Zur Analyse sozialer Ungleichheiten. Sozialtheorie*. Bielefeld: transcript.

Wundrak, Rixta. 2010. *Die chinesische Community in Bukarest: Eine rekonstruktive, diskursanalytische Fallstudie über Immigration und Transnationalismus*. Wiesbaden: Verlag für Sozialwissenschaften.

Wundrak, Rixta. 2012. Erzählungen aus Jaffa. Narrationstheorie und Triangulation in kulturvergleichenden Analysen. *Zeitschrift für qualitative Forschung* 13 (1-2): 151-172.

Wundrak, Rixta. 2013. Geschichten über versus Geschichten von?! Eine triangulierende Diskursanalyse am Beispiel der chinesischen Community in Bukarest. In *Methodologie und Praxis der wissenssoziologischen Diskursanalyse*, Hrsg. Reiner Keller und Inga Truschkat, 249-279. Wiesbaden: Verlag für Sozialwissenschaften.

Wundrak, Rixta. 2015a. Die Materialität des Erzählens. Wie Gegenstände, Körper und Text in biographischen Interviews verflochten sind. Ein Beispiel aus Jaffa. *Österreichische Zeitschrift für Soziologie* 40 (4): 355-371.

Wundrak, Rixta. 2015b. Palästinensisch Sein in Jaffa. Wir-Bilder und Zugehörigkeitskonstruktionen einer drusischen und einer beduinischen Israelin. In *Etablierte und Außenseiter zugleich: Selbst- und Fremdbilder in den palästinensischen Communities im Westjordanland und in Israel*, Hrsg. Gabriele Rosenthal, 243-270. Frankfurt/M.: Campus.

Leben, Flucht und Widerstand

Eine biografie- und diskursanalytische Perspektiventriangulation am Beispiel einer „deutsch-deutschen" Lebensgeschichte

Carsten Detka, Gerhard Riemann, Martina Schiebel, Bärbel Treichel und Anja Wildhagen[1]

Zusammenfassung

Der Artikel beschäftigt sich auf der Grundlage eines autobiografisch-narrativen Interviews mit der Lebensgeschichte einer Frau aus der früheren DDR, die am Ende der 1970er Jahre nach einem gescheiterten Fluchtversuch und ihrer Inhaftierung von der Bundesregierung „freigekauft" worden war und seitdem in Westdeutschland lebt. In der strukturellen Beschreibung bestimmter Interviewsequenzen, in denen zentrale biografische Entwicklungen und auch Evaluationen und Bilanzierungstheorien der Informantin zur Sprache kommen, wird zugleich Licht auf das Fehlen öffentlicher Diskurse in der DDR geworfen – und das Leiden unter der damit verbundenen Kommunikationsdeprivation. Deutlich wird die biografische Bedeutung informeller, riskanter und subversiver Gegendiskurse, die einen besonderen Vertrauensvorschuss erforderlich machten. Das Thema des „Flüchtlingsfreikaufs" wird im Artikel auch aus einer ganz anderen Perspektive beleuchtet – nämlich in Form der Analyse von einschlägigen westdeutschen Presseartikeln (vor und nach der „Wende"). Aus der Triangulation der in den unterschiedlichen Datenmaterialien enthaltenen Perspektiven entstehen weiterführende (Forschungs-)Fragen.

---

1 Neben den Autor/innen dieses Artikels war auch Fritz Schütze an dem intensiven Interpretationsprozess der verschiedenen Daten beteiligt, dem wir an dieser Stelle für seine inspirierenden Einsichten in das Material herzlich danken. Außerdem bedanken wir uns bei Ina Alber und Birgit Griese für ihre wertvollen Hinweise zu diesem Artikel.

1 Einleitung

Dass Biografien als soziale Konstrukte keine kognitiven Erfindungen von Einzelnen darstellen, sondern immer auch auf „gesellschaftliche Regeln, Diskurse und soziale Bedingungen verweisen" (Völter et al. 2005, S. 7), kann als empirisch fundierte biografietheoretische Grundannahme bezeichnet werden. Dennoch ist diese Feststellung keineswegs banal, stellt sie doch eine sowohl konzeptionelle als auch forschungsmethodische Herausforderung dar, der sich Forschende stellen und die sie – je nach Fragestellung – entsprechend umsetzen müssen. Es bedarf „eines Verfahrens, diese wechselseitigen Prozesse zwischen lebensgeschichtlichen Erlebnissen und Erfahrungen, gesellschaftlichen Regeln und öffentlichen Diskursen in der Rekonstruktion sichtbar zu machen" (Schiebel 2011, Abs. 18). Die seit einiger Zeit intensiv geführte Debatte um die Verknüpfung von biografie- mit diskursanalytischen Verfahren hat diesbezüglich einige Vorschläge entstehen lassen (vgl. Freitag 2005; Hanses 2010; Horvay 2011; Pohn-Weidinger 2014; Rosenthal 2011; Schäfer und Völter 2005; Schiebel 2011, 2017; Spies 2009; Truschkat 2008; Tuider 2007; Tuider und Spies 2017; Völter 2002). Diese zeichnen sich trotz ihres gemeinsamen Bezugs auf Biografien und Diskurse durch ihre methodische Heterogenität aus.[2]

Vor allem wenn biografische Selbstdarstellungen nicht nur dem Selbst- und Fremdverstehen (vgl. Kohli 1981) während des Erzählprozesses dienen, sondern entweder in mündlicher oder schriftlicher Form auch an ein öffentliches Publikum gerichtet sind, entfaltet sich die ethisch-politische Funktion dieser Narrationen, die „Gegebenes in etwas Begründbares" (Arnold 2012a, S. 18) transformiert und mit anderen Erzählungen um die „richtige Deutung" konkurriert. Ob solche Thematisierungen öffentliches Gehör, soziale Anerkennung und eine Verankerung der Deutungen im sozialen Gedächtnis erlangen, wie sie etwa die politisch Inhaftierten der frühen Bundesrepublik oder der SBZ/DDR mit ihren Erinnerungen anstreben – von denen letztere beispielhaft im vorliegenden Artikel anhand eines empirischen Fallbeispiels im Fokus stehen –, hängt nicht nur von deren Überzeugungskraft ab, sondern auch vom vorherrschenden „Öffentlichkeitsregime" (vgl. Arnold 2012b). So betont Markus Arnold in Auseinandersetzung mit verschiedenen theoretischen Ansätzen zur Öffentlichkeit, dass unterschiedliche Bereiche von Öffentlichkeit existieren, die jeweils anderen Regeln bzw. „Regimen" unterliegen und damit auch

---

2 Diese methodologische Auseinandersetzung fand auch ihren Ausdruck auf der Jahrestagung der „Sektion Biographieforschung der Deutschen Gesellschaft für Soziologie" (DGS) zum Thema „Biographie und Diskurs", die 2013 an der Universität Kassel durchgeführt wurde und auf der unser Vorschlag zum triangulierenden Vorgehen, wie wir ihn hier zur Diskussion stellen, vorgestellt wurde.

steuern, was wann wo und in welcher Form angesprochen werden kann (2012b, S. 336f.) – Überlegungen, die sich auch als Verbindung von diskurstheoretischen mit öffentlichkeitstheoretischen Debatten lesen lassen. Arnolds Argumentation ist somit nicht fern von Michel Foucaults (2010) Ausführungen zur ordnenden Funktion des Diskurses, bei der gesellschaftliches Wissen organisiert, gewichtet und ausgeschlossen wird. Diskursive Prozesse basieren auf internen Kontrollprozeduren und sind nach Foucault ohne Berücksichtigung von Machtfragen undenkbar. Es würde vor diesem Hintergrund allerdings zu kurz greifen, Öffentlichkeit mit der bürgerlichen Diskursöffentlichkeit bzw. dem politisch-deliberativen Öffentlichkeitsverständnis (vgl. Dewey 1988; Habermas 2013) gleichzusetzen, in der Argumente ausgetauscht und kommunikativ ausgehandelt werden, so dass sich das gemeinsame öffentliche Interesse als Ergebnis eines herrschaftsfreien Prozesses einstellt. Zwar bietet Öffentlichkeit auch eine bestimmte Form der Reflexivität, wie Arnold (2012b, S. 331) im Rekurs auf Mead hervorhebt, da das eigene Handeln aus der Perspektive des generalized other betrachtet und beurteilt werden kann. Doch wird Öffentlichkeit zugleich als politisches Steuerungsinstrument verstanden, um Menschen zu lenken oder zu kontrollieren (Arnold 2012b, S. 331) – und dies nicht nur in autoritären oder totalitären Regierungsformen.

Insofern wird am normativen Modell demokratischer Öffentlichkeit insbesondere deren aufklärerischer Impetus kritisiert (vgl. Ziemann 2012), der nicht nur bei Kant (1983) zum Ausdruck kommt, sondern sich in demokratietheoretischen Ansätzen widerspiegelt (etwa Habermas 2013).[3] Allerdings kann es für die empirische Analyse der öffentlichen Sphäre eher als heuristisches Ideal fungieren (stellvertretend Peters 2007) und bedarf etwa bezogen auf Transformationsgesellschaften der kritischen Reflexion und Ergänzung (vgl. Lauth und Merkel 1997).[4] Politische Öffentlichkeit ist nicht nur diskursive Öffentlichkeit[5] und auch letztere

---

3   Im Hinblick auf Zivilgesellschaft siehe beispielsweise auch Habermas (1992).
4   Auch die mit dem bürgerlichen Öffentlichkeitsverständnis oftmals verbundene strikte Trennung in „öffentlich" und „privat" wurde vielfach kritisiert, etwa aus Sicht der NSB-Forschung (vgl. Wiener 1992) oder aus feministischer Perspektive (vgl. Gal 2002).
5   Arnold (2012b, S. 346) nennt etwa politische Demonstrationen oder Streiks als politische Mittel einer nicht-deliberativen Öffentlichkeit. Darüber hinaus existieren zahlreiche weitere Grenzen diskursiver Politikgestaltung in demokratisch verfassten Öffentlichkeiten, während sie in autoritären oder totalitären Systemen gar nicht vorgesehen ist und einer medial präsentierten öffentlichen Meinung eher die Funktion der politischen Loyalitätsbekundung oder Herrschaftssicherung zukommt. Jedoch „bilden auch printmediale Berichterstattungen ab, was in welcher Form sagbar ist und was nicht, und spiegeln somit gesellschaftspolitische Machtwirkungen, Durchsetzungs-

ist nicht unbedingt macht- bzw. herrschaftsfrei (vgl. Foucault 2010). Dies wurde vor allem für Fragen der Öffentlichkeit in nicht-demokratischen Gesellschaften, wie der DDR oder anderen Gesellschaften sowjetischen Typs, betont (vgl. Rittersporn et al. 2003; Voronkow 2000).

Mit Peters (2007) lassen sich verschiedene Teilöffentlichkeiten identifizieren und mit Arnold (2012b) Öffentlichkeitsregime unterscheiden, in denen jeweils geregelt wird, wer legitimiert ist, sich in welcher Form zu äußern. Vor diesem Hintergrund, dass einerseits mehrere Öffentlichkeiten existieren, die miteinander konfligieren können, und dass andererseits öffentlich präsentierte Geschichten – seien es selbsterlebte Lebensgeschichten, literarische Erzählungen oder medial vermittelte Berichterstattungen – die Tendenz aufweisen, „eine gemeinsame Perspektive auf die Welt und ihre Ereignisse herzustellen" (Arnold 2012a, S. 42), vervielfältigen sich die zu untersuchenden Perspektiven. Diese Multiperspektivität der wechselseitig in Beziehung zu setzenden Prozesse zwischen biografischen Erlebnissen und Erinnerungen, gesellschaftlichen Regeln und historischen Veränderungen sowie den öffentlichen, insbesondere medialen Diskursen steht im Vordergrund der folgenden Ausführungen.

Es können mit diesem verbindenden Zugriff auf Biografie und Diskurs Prozesse der Wissensgenerierung durch Interpretationsleistungen sichtbar gemacht und auf ihre Strukturmerkmale hin betrachtet werden – und zwar durch die systematische Sequenzanalyse der Erzählung einer biografischen Entfaltung und ihrer sich verändernden, komplexen sozialen Situierung. Dazu gehören auch Diskurseinflüsse, die von den Individuen als für ihre Biografie relevant empfunden werden oder auch in unauffälliger – nicht bewusst registrierter – Weise wirksam werden. Wir greifen auf die analytischen Ressourcen des von Fritz Schütze (2008) entwickelten Instrumentariums der detaillierten Textanalyse von autobiografischen Stegreiferzählungen zurück, in der die formal-inhaltliche strukturelle Beschreibung von Erzählpassagen und die darauf aufbauende Herausarbeitung der biografischen Gesamtformung zentral sind.[6] Auf der Ebene der Analyse eines narrativen Interviews werden die selbsttheoretischen Passagen, die Systemstellen zum Aufspüren von Diskurseingängen sind, zu Schilderungen von eigenen Erfahrungen und von Ereignissen in Beziehung gesetzt. Ein solches systematisches Vergleichen geschieht

---

chancen und Durchsetzungsbegrenzungen ebenso wider wie etwaige ideologische Färbungen der Zeitungsredaktionen" (Schiebel 2011, Abs. 47).

6 In einigen Textanalysen, wie etwa in Kapitel 3.1, sind deutlich Einflüsse der ethnomethodologischen Konversationsanalyse (vgl. Deppermann 2001; ten Have 1999; Schegloff 2007; Sacks 1992) und der soziolinguistischen Text- und Diskursanalyse (Brown und Yule 1983; Ehlich 1996; Gumperz 1982; Schiffrin et al. 2001; Schütze 1987) erkennbar.

nicht nur auf der Ebene des autobiografisch-narrativen Interviews selbst. Es geschieht auch durch den Vergleich der mündlichen lebensgeschichtlichen Erzählung mit öffentlich abgebildeten Diskursen, z.b. in zentralen Medien, einschließlich ihrer Definitionsleistungen und Theoriebildungen. Der Vergleich ermöglicht, das Verhältnis von Erfahrungs- und Konstruktionsebene zu prüfen, um so den Bezug von Diskursen zur Lebenswirklichkeit zu überprüfen und ihre biografische und soziale Wirksamkeit ganz konkret auf die Lebensentfaltung bezogen einzuschätzen.

Im vorliegenden Artikel werden anhand der Auseinandersetzung mit einem empirischen Fallbeispiel Möglichkeiten der Perspektiventriangulation aufgezeigt. An einem Einzelfall, der diese Betrachtungsdimensionen zulässt, möchten wir den systematischen Zusammenhang von Diskurs und Biografie triangulierend entwickeln. Wir haben dazu das Fallbeispiel einer Frau – hier „Anke Wagner" genannt – ausgewählt, die in der DDR geboren und aufgewachsen ist, die sich zur Flucht in die Bundesrepublik entschied, in diesem Zusammenhang in der DDR inhaftiert und später durch die Bundesregierung freigekauft wurde. Thematisch ist der Fall in den unterschiedlichen Forschungspraxen und Arbeitsschwerpunkten der Autor/innen dieses Artikels verankert: Ein Schwerpunkt ist gewiss die forschende Auseinandersetzung mit der biografischen Bearbeitung von Erfahrungen mit Staatssozialismus, politischer Inhaftierung, (Republik-)Flucht und Freikauf (vgl. Garz et al. 2016; Lippmann und Schiebel 2007; Miethe und Schiebel 2008; Schiebel 2011, 2017). Anhand des biografischen Fallbeispiels einer „republikflüchtigen" ehemaligen DDR-Bürgerin[7] kann veranschaulicht werden, dass die Perspektiven mancher

---

7 Das politische Strafrecht der DDR wurde im Verlauf der 1950er Jahre entscheidend verändert. Enthielt die Verfassung der DDR noch das Recht auszuwandern (Artikel 10 der DDR-Verfassung von 1949), das freilich auch bei Personen, die beim Fluchtversuch festgenommen wurden, ausgehebelt werden konnte (vgl. Werkentin 1998, S.44), so drohte Fluchtwilligen ab 1957 explizit eine Haftstrafe. Das wurde zum einen durch eine Novellierung des Passgesetzes (1957) und zum anderen durch die Verabschiedung eines neuen Strafgesetzes, des so genannten Strafrechtsergänzungsgesetzes (StEG), im Februar 1958 markiert. Darin war der Tatbestand der Republikflucht enthalten, der später wieder gestrichen und 1968 durch den § 213: „Ungesetzlicher Grenzübertritt" ersetzt wurde. Demnach bestand die Möglichkeit, in „schweren Fällen" langjährige Freiheitsstrafen zu verhängen, weswegen es auch zu einem beträchtlichen Anstieg der Verhaftungszahlen kam. Die grundsätzliche Illegalität des Verlassens der DDR wurde im Laufe der 1980er Jahre teilweise relativiert, z.B. aus Gründen der Familienzusammenführung. Während des gesamten Zeitraums ihrer Existenz verließen auch Lehrkräfte die SBZ/DDR. Die Lehrer/innen-Flucht reichte von älteren, in der Weimarer Republik sozialisierten Lehrer/innen (vgl. Miethe und Schiebel 2008) über die in der DDR ausgebildeten Neulehrer/innen, bei denen eine „unumwundene Loyalität" (Hohmann 2000, S.17) vorausgesetzt wurde, bis hin zu Pädagog/innen aus so genannt-

Gruppierungen in der medialen Berichterstattung keine Berücksichtigung finden und ihre Sinnsetzungen und Deutungen auch wenig Chancen haben, Eingang in öffentliche Diskurse und/oder das soziale Gedächtnis einer Gesellschaft zu finden – es sei denn, sie tragen als „Diskursakteur/innen" selbst dazu bei, indem sie ihre autobiografischen Erlebnisse und Erfahrungen publik machen. Auch Frau Wagner kann zu diesen Akteur/innen gezählt werden, da sie ihre lebensgeschichtlichen Erlebnisse nicht nur verbal in einem Interview präsentierte, sondern auch verschriftlicht und publiziert hat. Darüber hinaus zeigt der Fall Anke Wagner die politische Abschottung derjenigen in der DDR lebenden Menschen, die aufgrund der staatlich zensierten Presse auf andere, informelle und geheime Kommunikationsformen angewiesen waren. Insofern lässt sich die soziale Wirklichkeit in der ehemaligen DDR auch als von einem politischen und staatlich kontrollierten Herrschaftsdiskurs dominiert beschreiben bzw. mit Arnold (2012b, S. 345) ließe sich von einem Öffentlichkeitsregime der „Machtdemonstration" sprechen, bei dem die Regeln des Regimes Diskussionen verbieten und Herrschaft und ihre Demonstration konstitutiv sind.

Die gemeinsame Interpretation des hier vorgestellten empirischen Falls und des fallrelevanten Diskursmaterials durch die beteiligten Autor/innen in einem an die Tradition der Forschungswerkstätten angelehnten Auswertungsprozess stellt insofern auch eine Form der Perspektiventriangulation von Forschenden dar, die Denzin (1970) vorgestellt hat (siehe auch die Einleitung zu diesem Band). Nicht alle Auswertungsergebnisse werden auch in diesen Artikel einbezogen: So haben wir etwa die verschriftlichten autobiografischen Ausführungen Frau Wagners aus forschungsethischen Gründen hier ausgeklammert,[8] in die Fallanalyse sind sie dennoch – den Fall kontextualisierend und als vergleichende Perspektive zu den narrativen Darstellungen der Interviewten – eingeflossen. Die sehr unterschiedlichen Präsentationsstile der einzelnen textanalytischen Unterkapitel des vorliegenden Artikels sind Ausdruck unserer Forscher/innen-Perspektiven-Triangulation und werden bewusst beibehalten, um den Leser/innen einen Einblick in die konkrete Auswertungspraxis unseres Teams zu gewähren und das durch vielfältige Triangulationsprozeduren entstandene kaleidoskopartige Bild auf das empirische

---

ten „Kaderschmieden", wie den Arbeiter- und-Bauern-Fakultäten (vgl. Lippmann und Schiebel 2007). Diese Personengruppen stellten in ökonomischer, schulorganisatorischer und vor allem politisch-ideologischer Hinsicht ein Problem für die DDR dar.

8   Es wurde darauf verzichtet, die schriftlichen autobiografischen Ausführungen Anke Wagners im Kontext dieses Artikels zu zitieren, da ansonsten die Anonymität der Biografin nicht hätte gewährleistet werden können (vgl. zu diesem forschungsethischen Dilemma, das sich auch bei online zugänglichen Quellen durchgängig zeigt, den Beitrag von Alber in diesem Band).

Fallbeispiel sichtbar zu machen (vgl. Köckeis-Stangl 1980). Neben der Personentriangulation werden Daten- und Methodentriangulationen miteinander verknüpft, so dass der Artikel ausgewählte Interviewsequenzen zum Fall Anke Wagner mit der Analyse des (bundesrepublikanischen) medialen Diskurses anhand von ausgewählten Zeitungsberichten (vor und nach der „Wende") zum Häftlingsfreikauf verbindet. Zum Verständnis des Falls und zur Bedeutung des Häftlingsfreikaufs für Frau Wagner ist eine detaillierte Auseinandersetzung mit dem Datenmaterial erforderlich. In der sequenziellen Analyse ihrer Erzählung ließen sich – insbesondere in der Beschäftigung mit ihren eingefügten bitteren gesellschaftskritischen Kommentaren zur DDR-Realität – zahlreiche Diskurspotenziale entdecken, die zugleich, um auf eine informelle Formulierung von Fritz Schütze (in der Diskussion des Interviews) zurückzugreifen, auf eine „extreme Kommunikationsdeprivation wegen der Unterdrückung öffentlicher Diskurse" in der DDR verweisen. Es geht in diesem Zusammenhang z. B. um solche öffentlich tabuisierten Themen wie die Wohnungsnot, die Bildungsbenachteiligung von Akademiker/innen-Kindern, die Dreifachbelastung der Mütter in der DDR, den Zwang zur Jugendweihe, die Erziehung zum Militarismus (durch vormilitärische Ausbildung in der Schule und im Wehrkundeunterricht, durch die „Gesellschaft für Sport und Technik" und den Aufbau von Betriebskampfgruppen), die Verfolgung von DDR-Dissident/innen durch Überwachung, Repression, Inhaftierung und um eine Vielzahl physisch und psychisch zersetzender Praktiken sowie schließlich das moralische Problem der Flucht, das sich insbesondere auf die Zurücklassung und Gefährdung von Angehörigen bezieht. Vor dem Hintergrund dieser komplexen Diskurspotenziale galt es, eine Auswahl zu treffen. Wir konzentrieren uns im Folgenden auf Sequenzen ihrer Erzählung, die für die Biografie Anke Wagners und ihre Eigentheoriebildung besonders relevant sind: (a) die als quasi militärisch erlebte Ausbildung zur Lehrerin, (b) ihren Fluchtversuch aus der DDR, einhergehend mit Inhaftierung und Häftlingsfreikauf und (c) die spannungsreiche globale Bilanzierung ihrer Lebensgeschichte aus heutiger Sicht (im abschließenden Kodakommentar).

Im Folgenden wird zunächst die biografische Gesamtformung Anke Wagners vorgestellt,[9] um daraufhin ausgewählte Interviewsequenzen strukturell zu beschreiben. Im Forschungsprozess war der Herausarbeitung der biografischen Gesamtformung die formal-inhaltliche strukturelle Beschreibung der Eingangserzählung und des Nachfrageteils des Interviews natürlich vorausgegangen. Parallel wird ein Licht auf den medialen Diskurs zum Freikauf politischer Häftlinge der

---

9 Das Interview wurde 2012 von Anja Wildhagen mit Anke Wagner geführt, als diese bereits über dreißig Jahre in Westdeutschland lebt. Ihre Fluchterfahrung und Inhaftierung beschreibt sie in ihrer zuvor erschienenen Autobiografie.

DDR in der Bundesrepublik geworfen. Anhand eines solchen vergleichenden Vorgehens – des Einbezugs unterschiedlicher Daten/Materialien und methodischer Zugänge – lässt sich mittels Perspektiventriangulation aufzeigen, an welche diskursiven Praktiken biografisch angeknüpft wird, ob und inwiefern medial vermittelte (Be-)Deutungen in lebensgeschichtlichen Sinn transformiert bzw. ob und wie sie ignoriert und unterlaufen werden. Zwei ausgewählte Artikel aus DER SPIEGEL werden text- und feinanalytisch ausgewertet.

2 Fallanalyse: Biografisches Portrait Anke Wagner

2.1 Primäre Sozialisation

Anke Wagner wird 1941 in einer ostdeutschen Stadt geboren. Sie wächst in der DDR auf dem Land in der Nähe zur Neiße auf. Ihr Vater stirbt im Zweiten Weltkrieg als Soldat in Stalingrad, ihre Mutter arbeitet in der Nachkriegszeit täglich in einer Molkerei, um ihre drei Töchter ernähren zu können. So ist es für das Aufwachsen von Anke Wagner ein kennzeichnendes Element, dass sie schon als kleines Mädchen mit ihren zwei Schwestern, einer jüngeren und einer drei Jahre älteren, den größten Teil des Tages ohne elterliche Aufsicht verbringt. In der Rekonstruktion ihrer frühen biografischen Erfahrungen wird deutlich, dass diese Sozialisationsbedingung des Unbeaufsichtigt-Seins für Anke Wagner einerseits einen Wandlungsrahmen darstellte („Wandlung" im Sinne eines kreativen Veränderungsprozesses, vgl. Schütze 2001), weil sie sich vielseitig erproben, ihre körperliche Vitalität spüren und spontanen Handlungsimpulsen ohne elterlicher Zensur nachgehen kann. Im Vergleich zu anderen Kindern aus der Nachbarschaft und während der Schulzeit ist es ihr wichtig, sportliche und wettkampfbezogene Herausforderungen anzunehmen und als Beste zu bestehen. Diese entwicklungsbezogen frühen und von lenkend eingreifenden Erwachsenen weitgehend ungestört wahrgenommenen Handlungsmöglichkeiten – einschließlich der mit der Handlungspraxis beförderten Wahrnehmung von Handlungsfähigkeiten – unterstützen bei Anke Wagner ein naturwüchsiges Selbstbewusstsein angesichts ihrer kindlich-jugendlichen Handlungsstärke. Mit diesem Selbstbewusstsein kann Anke Wagner auch in der Schule – darauf gehen wir gleich noch näher ein – zuversichtlich und mit eigener Erfolgserwartung neuen institutionellen Anforderungen problemlos nachkommen.

Freilich birgt diese sehr freiheitliche Sozialisationssituation auch Risiken, denn im Kindesalter kann Anke Wagner Situationen hinsichtlich ihrer Gefahrenpotenziale nicht realistisch einschätzen und ihr Handeln dementsprechend nicht immer situativ umsichtig ausrichten. Diese biografische Problematik zeigt sich etwa, als sie beim Spielen am Fluss mit anderen Kindern im Alter von fünf Jahren fast ertrinkt. Sie kann zu diesem frühen Entwicklungszeitpunkt die starke und gefährliche Flussströmung nicht richtig einschätzen und fällt in einen Fluss, als sie einen Reifen herausholen will. Gerettet wird sie von einem ehemaligen polnischen Zwangsarbeiter, der kurz nach Ende des Krieges noch auf einem benachbarten Gehöft arbeitet und die spielenden Kinder offenbar im Blick hatte. Die Begebenheit der Rettung durch einen Polen ist deshalb erwähnenswert, weil der zweite zentrale Aspekt des Aufwachsens von Anke Wagner, neben der Erfahrung von Freiheitlichkeit verbunden mit dem Risiko einer naiven Selbstüberschätzung, spezifische fremdkulturelle Erfahrungen in den Wirren der Nachkriegszeit sind. So rekonstruiert Anke Wagner sehr differenziert Erlebnisse; und zwar auf der einen Seite beängstigende, die sie nur mittelbar berührten, wie die Vergewaltigung ihrer Tante durch russische Soldaten. Zu diesen beängstigenden Erfahrungen gehörte auch, dass Anke Wagners Mutter trotz Denunziationsdrohungen von Nachbarn Flüchtlinge aus Schlesien, die von polnischen Grenzsoldaten verfolgt wurden, in ihrem Haus beherbergte. Auf der anderen Seite erlebte und erinnert Anke Wagner die eben erwähnte Lebensrettung durch den ehemaligen polnischen Zwangsarbeiter und dass sie und andere Kinder aus ihrer Nachbarschaft zum damaligen Zeitpunkt von russischen Soldaten öfter Brot erhielten.

So sind für das Aufwachsen von Anke Wagner unterschiedliche fremdkulturelle Begegnungen in der Neißeregion prägend. Ihre eigenen unmittelbaren Erfahrungen sind in diesen Interaktionen im Wesentlichen positiv und sie ermöglichen es ihr, sich gegenüber stereotypisierenden Sichtweisen zu wappnen. Zudem ist es ihr freiheitliches Aufwachsen, das die grundlegende Erfahrungsqualität ihrer Kindheit und frühen Jugend ausmacht. Und schließlich ist es die Hilfsbereitschaft ihrer Mutter, die für Anke Wagner eine signifikante Andere ist und deren Hilfehaltung und Zivilcourage in Zeiten des Krieges und xenophober Hysterie für sie orientierend werden. Pointiert formuliert: Menschlichkeit wie Inhumanität sind zentrale Erfahrungsdimensionen in der frühen Sozialisation Anke Wagners.

2.2   Schulzeit und Berufsentscheidung

Auch die Schule stellt für sie zunächst einen Wandlungsrahmen dar (da wir im weiteren Verlauf eine genaue Textanalyse vornehmen, halten wir es an dieser Stelle ganz kurz): Sie passt sich erst einmal den schulischen und insbesondere den sportlich-wettkampfbezogenen Anforderungen und Erwartungen in der Schule an. Sie weiß um ihre eigene vitale körperliche Konstitution und ihre Sportlichkeit.

Anke Wagner präsentiert deshalb auch selbstbewusst ihre Leistungsfähigkeit, ihr sportliches Können und ihr Wissen. Sie ist zu dieser Zeit tendenziell naiv-unkritisch gegenüber politischen Absichten und ideologischer Manipulation im Schulalltag und den Sozialisationsinstitutionen der Partei, wie der Pionierorganisation, an der sie aktiv teilnimmt. Als Gruppenratsvorsitzende nimmt Anke Wagner 1954 an einem organisierten Treffen mit westdeutschen Jugendlichen, dem Deutschlandtreffen (dazu im folgenden Unterkapitel mehr), teil – eine Begegnung, die bei ihr keine nachhaltigen kulturellen Eindrücke hinterlässt. Biografieanalytisch formuliert, dominiert in der Schulzeit bei Anke Wagner zumindest im Kontext der Schule eine noch weitgehend vertrauensvolle, der eigenen Profilierung dienliche Orientierung an den institutionellen Erwartungen und Abläufen. Verbunden mit kindlicher Naivität und sportlicher Wettkampforientierung ist während dieser Zeit bei Anke Wagner ein gewisses Maß an Verführbarkeit durch institutionell gewährte Privilegien gegeben.

Die Schule ist aber auch deshalb ein Rahmen von Wandlung für Anke Wagner, weil sie von einem Lehrer sehr gefördert wird. Dieser Lehrer legt ihr nahe, ein Lehramtsstudium zu beginnen. Anke Wagner übernimmt diese Karriereidee als biografischen Entwurf und beginnt, das Handlungsschema, Lehrerin zu werden, Schritt für Schritt umzusetzen.

2.3 Ausbildung und Familiengründung

Zur biografischen Prozessstruktur der Orientierung an institutionellen Ablaufmustern und an den gesellschaftlich normativ geprägten Erwartungen gehören im Leben von Frau Wagner auch ihre frühe Eheschließung und die Familiengründung zum Ende ihres Lehramtsstudiums. Während ihrer an die Schulzeit anschließenden Ausbildung in einem Internat für Lehrer/innen-Bildung, die sie bereits mit sechzehn Jahren beginnt, kommt es für sie zu ersten biografisch desorientierenden Erfahrungen. So wird der Alltag der jungen Lehramtsanwärter/innen in der Ausbildungsinstitution stark kontrolliert, es gibt kaum Möglichkeiten zur eigenen Freizeitgestaltung. Der Anpassungsdruck kulminiert, als die Lehramtsanwärter/innen zur Jugendweihe gezwungen werden und Anke Wagner erlebt, dass dadurch große Konflikte bei ihren Mitschüler/innen entstehen, die aus religiös orientierten Familien kommen. Auch Ausbildungsphasen durch die Gesellschaft für Sport und Technik (GST) mit militärischem Charakter sowie Erfahrungen von Drill und Gemeinschaftszwänge (bei Arbeitseinsätzen in der Landwirtschaft) erhöhen ihr Unbehagen. Der Wunsch, diesen Lebensabschnitt hinter sich zu lassen und ein unabhängigeres Leben zu führen, ist deshalb womöglich Grund dafür, dass Anke

Wagner von ihrem späteren Ehemann, den sie während der Ausbildung außerhalb des Instituts kennenlernt und der ein Ingenieurstudium absolviert, früh schwanger wird und heiratet. Ein Hinweis darauf, dass diese Entscheidung auf einer tiefen Zuneigung zu ihrem Mann beruht, findet sich nicht im Interview. Ihr Mann wird später auch unter Druck der Staatssicherheit informeller Mitarbeiter, der diese mit Informationen zu seiner – dann bereits geschiedenen und nach Westdeutschland geflohenen – Ehefrau versorgt.

Anke Wagner gelangt schon im Alter von neunzehn Jahren in das Korsett eines traditionell organisierten Ehe- und Familienlebens und bleibt gesellschaftlichen Erwartungshaltungen und institutionellen Ablaufmustern in der DDR für lange Zeit ausgesetzt (dazu gleich mehr).

2.4 Anpassungsverdrossenheit als Mutter, Lehrerin und Ehefrau

Mit Beendigung ihrer Ausbildung ist Anke Wagner verheiratet und Mutter eines Sohnes. Ihre Tätigkeit als Lehrerin erfährt sie in dieser Situation als zunehmend seelisch und körperlich belastend – vor allem auch deshalb, weil sich Probleme bei der Kinderbetreuung ergeben, die Anfang der sechziger Jahre von staatlicher Seite nur unzureichend angeboten wird. Ihr Sohn wird während dieser Zeit immer wieder krank und braucht viel Betreuung. Zudem findet die junge Familie keinen angemessenen Wohnraum und zieht deshalb zu den Schwiegereltern, um ihre Wohnsituation zu verbessern und eine Betreuung für den Sohn zu finden. Noch komplizierter wird die Alltagssituation für Anke Wagner, als sie drei Jahre später ihr zweites Kind auf die Welt bringt. Sie sieht sich gezwungen, ihren zweiten Sohn zu ihrer Schwester zu bringen und von dieser betreuen zu lassen. Frau Wagner fühlt sich über fünfzehn Jahre lang extrem belastet durch die Organisation von Arbeit, Familie und Haushalt. Dazu trägt bei, dass ihr Ehemann sie bei den alltäglichen Aufgaben nicht entlastet und ihre Schwiegermutter sie bei der Betreuung ihres ersten Sohnes nur widerwillig unterstützt, was Anke Wagner zu einem extremen Zeitmanagement zwingt und sie überbeansprucht. Die Erzählerin benennt diese Dreifachbelastung als Frau durch Haushalt, Kinder und Beruf, die es im offiziellen Diskurs der DDR nicht gab. Im Interview betont sie in diesem Zusammenhang, dass es nicht nur ein Recht auf Arbeit, sondern auch eine Pflicht zur Arbeit gegeben habe, wodurch diese Belastung systematisch mitaufgebaut worden sei.

2.5 Das Offenbar-Werden der inneren und äußeren Systemdistanz und Fluchtvorhaben

Ein Erzählsegment zeigt im Detail, unter welchen Bedingungen Frau Wagner eine Haltung der offenen Distanz gegenüber dem DDR-System entwickelt. Zu Beginn des Segments ist ein Markierer im Erzählgerüstsatz[10] formal auffällig. Frau Wagner erklärt:

„Tja, jetzt sind wir schon beim Lehrerberuf und damit kommen wir eigentlich/ zum Knackpunkt. Ich// es gab so Dinge, die sammelten sich eben an." (S. 9:30-31)[11]

Der Begriff „Knackpunkt" ist ein symbolisch verdichteter Markierer, der sowohl einen Wendepunkt als auch einen Verlaufskurvenprozess des Erleidens[12] anzeigt: etwas im Leben verändert sich dramatisch – mit negativer Tendenz. Formal fällt in diesem Satz auch eine Selbstunterbrechung auf, wenn Anke Wagner, nachdem sie den Markierer nennt, sagt: „Ich", um dann eine Schilderung des damaligen Geschehens aus ihrer Erlebnisperspektive abzubrechen und eine zusammenfassende, bereits vom Ereignisgeschehen abstrahierende Argumentation zu präsentieren, die sie zusammenfassend einleitet als „es gab so Dinge, die sammelten sich an". Die Handlungsorientierung an dieser Stelle in der Erzählung ist, ihren Bruch mit dem System der DDR plausibel machen. Diese Art der symbolisch verdichteten Einleitung zeigt, dass Anke Wagner diese zentrale Phase in ihrem Leben schon gedeutet und Argumente zur Plausibilisierung des Bruchs mit dem System der DDR entwickelt hat. Hier ist also die autobiografische Erzählung aus dem Steg-

---

10 Der Erzählgerüstsatz ist der einführende Satz eines neuen Erzählsegments, der äußere Veränderungen und oftmals schon eine qualitative Veränderung im inneren Erleben ausdrückt (vgl. zum formalen Aufbau von Stegreiferzählungen und den einzelnen Erzählsegmenten Schütze 2008, Teil 1, S.225-239).

11 Das autobiografisch-narrative Interview wurde nach den unten angegebenen Transkriptionsregeln (siehe Anhang) nach Kallmeyer und Schütze (1976) verschriftlicht. Zur besseren Lesbarkeit des Interviewtextes wurden Satzzeichen eingefügt, wo keine anderen Sprechauffälligkeiten markiert wurden. Auch wurde am Ende eines Satzes grundsätzlich ein Punkt eingefügt. Ansonsten wurde versucht, den Erzählduktus in der Transkription beizubehalten.

12 Die theoretische Kategorie der „Verlaufskurve des Erleidens" wurde in der Biografieforschung zur analytischen Beschreibung von biografischen Prozessen entwickelt, die von einem Modus des nur noch konditionellen Reagierens bestimmt sind. Verlaufskurvenbetroffene erleben sich aufgrund widriger (äußerer) sozialer und (innerer) biografischer Bedingungen getrieben und nicht mehr in der Lage, handlungsmächtig ihr Leben zu steuern (vgl. Schütze 1999).

reif gewissermaßen ausgesetzt. Anke Wagner präsentiert jetzt nacheinander ihre bereits rekapitulierten Erfahrungshintergründe, die sie zur Flucht aus der DDR motiviert haben.[13] Das komplexe Erzählsegment, das wir an dieser Stelle der biografischen Gesamtformung nur in knappen Auszügen hinsichtlich zentraler biografischer Entwicklungen präsentieren, zeigt verschiedene Dynamisierungsstufen der im Leben von Anke Wagner wirksam gewordenen Prozessstrukturen. Dies liest sich wie folgt:

> „Und in der neunten Klasse wurde die/ Wehrerziehung gerade eingeführt. Und da war ich massiv dagegen … Und, ja da hatte ich mich dann empört, sogar im/ pädagogischen Rat habe ich /eh/ es abgelehnt, dass/ mein Sohn…aber es war/ Pflichtfach. ((schlägt mit Hand auf den Tisch)) Ich//und ich wurde dann gleich natürlich/ angekreidet, also dass ich /eh/ solch eine Einstellung als Mutter jetzt auch hätte. Und…eh geschweige denn als Lehrer dann noch/ diese Einstellung rüberbringe. … ja, so kam eben eins zum anderen …
>
> Na ja, das/ hat mich schon ungemein gestört, dass ich sozusagen als Werkzeug für diese Partei benutzt wurde. Und das /eh/ stieß mir immer mehr auf, je mehr ich/ hinter die Kulissen schaute und/ je mehr auch ich /eh/ mich/ von der Familie so ein bisschen befreit hatte, weil die Kinder größer waren.
>
> Die Kinder aber wiederum auch in diese Mangel genommen wurden/ und /eh/ ich war noch ein Arbeiter- und Bauernkind und durfte noch studieren. Und meine Kinder wiederum /eh/ mein Mann hatte sich dann//hatte dann im…Studium noch einen Ingenieur gemacht und hatte /eh/ jetzt waren es/ plötzlich Kinder der Intelligenz und mussten /eh/ besonders gut sein, oder /eh/ besonders politisch /eh/ aktiv sein, um/ noch studieren zu können. …
>
> ((3s)) Ja. Und so/ ja, mit meiner Ehe ging das sowieso/ dann schief, ich war dann geschieden. ((räuspert sich))
>
> Und lernte dann eines Tages /eh/ meinen/ Fluchtgefährten, den/ späteren Fluchtgefährten kennen." (Segmentauszüge aus dem Interview Anke Wagner, S. 9-11)

Zunächst wird im Leben von Anke Wagner eine Verlaufskurve des Erleidens virulent, und zwar – das ist der bereits erwähnte eine Aspekt – durch das Brüchig-Werden einer zuvor noch halbwegs intakten Institutionen- und Systemorientierung. Anke Wagner verliert ihre professionelle Identifikationsgrundlage mit ihrem Beruf als Lehrerin in der DDR, als 1978 der Wehrunterricht eingeführt wird, wovon

---

13 Es ist im Interview auffällig, dass die gescheiterte Flucht und die daran anschließende Hafterfahrung nur sehr knapp beschrieben werden. Das liegt daran, dass genau diese Erfahrungen von Anke Wagner ausgiebig in einer (uns vorliegenden) schriftlichen autobiografischen Darstellung (auf ca. 100 Seiten) beschrieben werden.

ihr eigener Sohn betroffen ist. Anke Wagner gerät in ihrer kritischen Haltung in ideologische Distanz zum Schulsystem und seinen Repräsentanten. In der Folge erfährt sie sich zunehmend als marginalisiert und wird durch diese Abseitsstellung in ein Gegenmilieu gedrängt. Anke Wagners Akzeptanz des politischen Systems löst sich vollends auf, als ihre Kinder infolge ihrer Marginalisierung nicht mehr studieren dürfen.

Schließlich dynamisiert das Zerbrechen der Ehe von Anke Wagner eine Verlaufskurvenentwicklung des Erleidens. Anke Wagner wird geschieden und gerät in ein Orientierungsvakuum und in soziale Isolation. In dieser destabilisierten Lebenssituation resigniert sie jedoch nicht, sondern beginnt sich langsam gegenüber Andersdenkenden, systemferner stehenden Menschen zu öffnen und nach alternativen Handlungs- und Lebensentwürfen zu suchen.

Die Entwicklung einer neuen biografischen Orientierung wird in dieser Erleidens- und Umbruchssituation vorangetrieben, als Anke Wagner einen anderen Mann kennenlernt, der ihr späterer Fluchtgefährte wird und mit dem sie möglicherweise eine Liebesaffäre verbindet. Der neue Freund wird für Anke Wagner zu einem Wandlungshelfer: Er unterstützt sie in ihrer biografischen Arbeit, indem er sie über die menschenrechtsverletzende Bestrafungspraxis des DDR-Staats sowie die Widersprüchlichkeit der ökonomisch rentablen Praxis des Freikaufs von politischen Häftlingen durch die BRD aufklärt. In dieser Situation der zerfallenden biografischen Orientierungen, Handlungsbezüge und Identifikationsgrundlagen und des zugleich entstehenden Interesses an alternativen Sichtweisen und des Vertrauens auf ihren neuen Freund entwickelt Frau Wagner zusammen mit ihm das Handlungsschema der Flucht aus der DDR.

2.6 Das Scheitern der Flucht und Hafterfahrungen

Die Flucht scheitert, und Anke Wagner wird in Ungarn festgenommen. Wie bereits erwähnt (Anm. 13), schildert sie die für sie sehr schwierige Zeit der Flucht und ihrer Inhaftierung nur knapp im Interview. Gleichwohl markiert sie deutlich eine Verlaufskurvenentwicklung des Erleidens in der symbolisch verdichteten Evaluation: „das war das Härteste, was mir je passiert ist" (S. 12:30f.). Auch gibt sie einen Hinweis auf die bedrückende Heteronomieerfahrung in der ersten Haftzeit, den Zusammenbruch biografischer Gestaltungsmacht, mit den Worten: „Und nicht zu wissen was/ mit einem passiert" (S. 12:35). Weitere Erfahrungsbestandteile und Phänomene einer Verlaufskurvenentwicklung des Erleidens in dieser Zeit und danach sind: dass Frau Wagner unter Schuldgefühlen gegenüber der Familie leidet, weil sie ihre Mutter uninformiert lassen muss und weil diese dann stundenlang von der Staatssicherheit verhört wird (wie Anke Wagner später erfährt); dass Frau Wagner in Untersuchungshaft abmagert; dass sie ins Frauengefängnis verlegt wird und dort degradierende, die Intimität verletzende Untersuchungen durch die Staatssicherheit erleiden muss und dass Anke Wagner während ihrer Haftzeit willkürlich handelnden Wächterinnen ausgeliefert ist.

Dennoch zeigen die Schilderungen, dass auch in der Zeit der Inhaftierung Anke Wagners Handlungsfähigkeit nicht vollständig zusammenbricht, die Verlaufskurve des Erleidens also nicht vollständig dominant wird. Anke Wagner entwickelt eine beachtliche Resilienz gegenüber den Widrigkeiten ihres Haftschicksals. Ihre Kompetenzen, Sozial- und Interaktionsanalysen zu betreiben, sind biografische Ressourcen eines Wandlungsprozesses. Letzterer wird ebenso während der Inhaftierung wirksam und hält die zugleich ablaufende Verlaufskurvenentwicklung des Erleidens unter Kontrolle. Schließlich mündet diese biografische Situation der konkurrierenden Prozessstrukturen in die Entwicklung eines konturierten Handlungsschemas: den Plan, sich von der Bundesregierung freikaufen zu lassen und nie wieder in die DDR zurückzukehren.

2.7 Die Wiedererlangung der Freiheit

Das Handlungsschema, sich freikaufen zu lassen, setzt Frau Wagner auf der Grundlage ihrer sozialanalytischen Kompetenz um. Zum Beispiel verfasst sie während ihrer Haftzeit einen Aufsatz über die extreme Belastung der Frau in der DDR, den sie der Staatssicherheit übermittelt. Auf diese Weise macht sie ihre Distanz zum System und ihren potenziell negativen Einfluss auf andere Frauen sichtbar, um ihre Ausweisung aus der DDR zu befördern. Eine Woche später werden Frau Wagner und andere freigekaufte Frauen in einem Bus mit verdecktem Nummernschild über die Grenze gefahren.

2.8 Lebensgestaltung und Lebenssinn

1981, nach ihrer Ankunft in der BRD, setzt die inzwischen vierzigjährige Anke Wagner das Handlungsschema eines biografischen Neuanfangs beherzt in Hamburg um, dem Ort, zu dem ihr der frühere Fluchtgefährte geraten hatte. Frau Wagner erhält eine Sozialwohnung und genießt ihr Leben in Freiheit – trotz materieller Entbehrungen. Auch ihr jüngerer Sohn darf im Dezember 1981 nachkommen, der ältere Sohn allerdings nicht, weil er am Flughafen arbeitet und damit in der DDR als Geheimnisträger gilt. Obwohl ihre Qualifikation als Lehrerin in Westdeutschland nicht anerkannt wird, will sie in diesem Beruf weiterhin tätig sein. Auch an dieser Stelle in ihrem Leben kommt ihre biografische Disposition einer optimistischen Wettkampforientierung zum Tragen. Sie nimmt es auf sich, die zweite Staatsprüfung sowie Seminare und Prüfungen aus dem ersten Staatsexamen erneut zu absolvieren. Nach fünf Jahren in befristeten Arbeitsverhältnissen als Lehrerin wird Anke Wagner schließlich verbeamtet. Ihr jüngerer Sohn kann seinen Berufswunsch, Automechaniker zu werden (was ihm in der DDR verwehrt war), ebenfalls realisieren und anschließend noch studieren.

Schließlich löst sich das durch die Flucht und Trennung von ihrem ältesten Sohn aufgebaute Verlaufskurvenpotenzial auf, als dieser und seine schwangere Frau zwei Jahre später zu Anke Wagner nach Hamburg ziehen dürfen.

3 Strukturelle Beschreibungen ausgewählter Interviewsequenzen und ihre Triangulation mit medialer Berichterstattung

3.1. Narrative Darstellung des Erlebens der Ausbildung zur Lehrerin

Dieses Unterkapitel ist mit der detaillierten Analyse derjenigen Passagen im Interview befasst, welche sich mit der Aufnahme einer Lehramtsausbildung beschäftigen; alle in diesem Abschnitt zitierten Datenausschnitte stammen aus dem biografischen Interview mit Frau Wagner. Die Aufnahme der Lehramtsausbildung und die Hinführung der Informantin zur Ausbildung ist eine prominente Stelle im Lebenslauf, weil dort wichtige biografische Weichenstellungen vorgenommen werden. Hinsichtlich der Darstellung dazu steigt das Detaillierungsniveau an, es gibt Argumentationen und biografische Arbeit, aber auch vage Ausdrucksweisen und deiktische Ausdrücke der Distanzierung. Daneben findet sich aber auch eine Form des besonders engagierten Sprechens über eigenes Erleben in Form von zitierter Rede, das sind Formen der Redewiedergabe, wo Interaktionen mit sich selbst und mit anderen sehr unmittelbar präsentiert werden. Schließlich ist das Segment interessant, weil sich eine Suche nach Begriffen, mit denen die Informantin Erleben für sich selbst und für andere fassen möchte, dokumentarisch aufzeigen lässt. Diese Suche nach treffenden Begriffen für Erleben steht für ein Ringen um Haltungen dazu. Dass es der Informantin immer wieder gelingt, angesichts widrigster Umstände nützliche Interpretationsleistungen zu erbringen, die ihr alternative Deutungen und Handlungsentwürfe aufzeigen – wie etwa, als sie wegen der Wehrerziehung ihres Sohnes in Distanz zum DDR-Staat und seinen Institutionen gerät und damit in ihrer Eigenschaft als Lehrerin als Agentin dieses Systems fragwürdig wird – ist letztlich der Kern ihrer Resilienz und Handlungskraft.

Die Darstellung der Aufnahme einer Lehramtsausbildung ist beinahe eine Berufungsgeschichte. Anke Wagner wird von Lehrern aufgefordert und ermutigt, den Beruf zu ergreifen. Formal wird die Quasi-Berufung in die Ausbildung in zitierter Rede dargeboten.

„Na, du/ kannst zum//ans Institut für Lehrerbildung gehen. Und /eh/ wir würden das/ dem zustimmen." (S. 4:27-28)[14]

Es handelt sich hier um eine prominente biografische Weichenstellung, die durch die zitierte Rede auch formal als etwas Besonderes markiert wird.
Der Erzählfaden wird fortgeführt:

„Ja, und /eh/ ja, so kam dann mein Weg eigentlich /eh/, dass ich dann/ Lehrer werden wollte, ja. Doch, <u>wollte</u> auch. Aber mehr so/ dahin <u>dirigiert</u>, so von mir aus hätte ich es wahrscheinlich nicht gemacht. Ich hatte mir auch keine/ Gedanken da//damals gemacht, was/ so alles auf mich zukommt, dann." (S. 4:41-45)

In der Präsentation zeigt sich eine Opposition zwischen zwei Prädikationen, hier liegt ein doppeltes Argumentationspotenzial. Die Informantin wird ins Studium *dirigiert*, sie *wollte* dann auch Lehrerin werden, und beide Dimensionen zusammen machen schließlich ihren *Weg* aus. Die Ausbildungskarriere und alles, was sich später daraus entwickelt, wird mit einer Metapher als *Weg* charakterisiert – die Informantin wird eingespurt in ein staatsnahes durchstrukturiertes Ausbildungssystem. Das handelnde Subjekt tritt in der Formulierung zurück, der Weg ist Subjekt und Agens der Konstruktion. Ihre spätere Arbeit als Lehrerin und die Erwartungen, die der DDR-Staat an sie stellt, bilden schließlich die Grundlage für die sich später abzeichnende schwere innere und äußere Konfliktlage. Die Pfadmetapher taucht im Interview immer wieder auf, wenn Zwang und Leiden thematisch werden.

Angesichts der sich später dramatisierenden Ereignisse besteht für die Informantin hinsichtlich ihrer Auswahl für das Institut für Lehrer/innen-Bildung Erklärungsbedarf. Diesem wird im Anschluss in einer reflektierenden Sequenz entsprochen. Wir haben es hier mit einem Beispiel für biografische Arbeit, das heißt mit einer intensiven Selbstreflexion, zu tun.

---

14 Im Zitat wurde der in der DDR übliche Sprachgebrauch, nur die männliche Form zu verwenden, beibehalten; ansonsten wurden Begrifflichkeiten aus dem DDR-Kontext gegendert.

„Weil, ja, ich war eigentlich eh politisch, sagen wir mal, unauffällig, wie alle Kinder, aber ich war auch engagiert in dieser Pionierorganisation, also ich war dann irgendwann auch mal Gruppenratsvorsitzende und mit Meldung und all ((lacht)) so was, wie das eben so war. Hm ja. Hatte dann auch mal eine Reise in ein Pionierlager hier in bei Berlin, in die Wuhlheide und durfte dann auch zum Deutschlandtreffen, irgendwas war das, durfte ich auch mal als Pionier, als Kind, fahren." (S. 4:28-33)

Mit Verben des Sagens und Denkens thematisiert die Informantin in reflektierender Haltung ihre damalige – durch konformes Engagement demonstrierte – Systemloyalität, die ja die Voraussetzung für ihre Entsendung an das Institut für Lehrer/innen-Bildung gewesen ist. Es gibt an zentraler Stelle Markierer von Selbstverständlichkeit: *„wie das eben so war"* (S. 4:31).

Die verschiedenen Pionieraktivitäten, obgleich es sich um konkrete Ereignisse handelt, werden distanzierend und mit Vagheitsmarkierern angesprochen: Die Informantin spricht von *dieser Pionierorganisation*, sie wurde *irgendwohin gefahren*, war *irgendwann mal Gruppenratsvorsitzende*, und besuchte das *Deutschlandtreffen, irgendwas war das*.

Das Segment spiegelt in seiner Ausformulierung ein *Ringen um Haltungen* wider: „Schon Zeltlager und Geländespiele waren *ja so, alles so/ ein bisschen militärisch ausgerichtet schon*" (S. 4: 38-39). Mit Heckenausdrücken und einer frühen einschätzenden Charakterisierung, die noch recht vorsichtig daherkommt, werden die Pionieraktivitäten als quasi-militärisch eingeordnet.

Auch kommt schon in diesem einordnenden Account die Frage auf, ob man sie als *Pionier* oder als *Kind* hat teilnehmen lassen: *„durfte ich auch mal als* <u>Pionier, als Kind,</u> *fahren".*

Die Weichenstellungen für die Lehramtsausbildung waren ein Plan von vielen. Natürlich kennt Frau Wagner die Folgen dieser Lenkung in den Beruf, sie muss dieser Selektion für das Lehramt rückblickend kritisch begegnen. Jedoch zeigt sich schon in der Darstellung der Auswahlphase in einem reflektierenden Darstellungssegment, dass die Informantin bereits damals die Gleichschaltung der Jugend in Pionierorganisationen und entsprechenden Freizeitaktivitäten mit einer gewissen Ahnung, wenn nicht gar bewusst kritisch erlebt hat. Eingeleitet durch das neutrale Tempus-Adverb *unterdessen* kommt die Informantin auf ihre persönliche Familienbiografie zu sprechen, die sich parallel zur Ausbildungsbiografie entwickelte. Aus der gewählten Neutral-Perspektive lässt sich ableiten, dass die persönliche Familienbiografie in der erzählerischen Perspektivierung der Berufs- und Entwicklungsbiografie untergeordnet wird.

„Tja, unterdessen war natürlich/ auch die Zeit/, ja, jetzt komme ich schon/ in dieses /eh/ Jugendalter und erwachsen fast ((lacht)). Dass /eh/, ja, dass man sich einen Freund/ suchte, das war/ in der DDR besonders /eh/ sehr zeitig alles." (S. 4:48-5:1)

Es gab eine frühe Bindung an einen Partner und eine Schwangerschaft noch während der Ausbildung. Mit der Linearisierung der Erlebnisgehalte und der temporalen Perspektivierung wird eine Perspektivierung der Darstellungsgehalte erreicht: Es ist die Berufsbiografie, welche das Leben fortan bestimmt und welche schließlich auch für die Tragik des Lebenslaufs in der DDR verantwortlich ist. Dem entsprechenden Abschnitt aus der biografischen Gesamtformung lässt sich entnehmen, dass die frühe Heirat und Schwangerschaft noch während der Ausbildung als Reaktionen auf ihr Unwohlsein in der Lehrerausbildung gelten können. Gleichzeitig verkomplizieren frühe Ehe und Elternschaft ihr Leben schwerwiegend. Die ersten Irritationen in der Ausbildungssituation formen das Potenzial für eine Verlaufskurve des Erleidens, welche im Kontext der persönlichen familiären Umstände an Dynamik gewinnt.

Im anschließenden Segment liefert Frau Wagner eine Beschreibung des sozialen Rahmens in der Lehramtsausbildung. Es handelt sich dabei um eine Fachschulausbildung, die nach der zehnten Klasse POS (Polytechnische Oberschule) beginnt, also im sehr jungen Alter von fünfzehn bis sechzehn Jahren. Sie war an einem Institut für Lehrer/innen-Bildung, dort in einem Internat untergebracht. Ihre Ausbildung dort charakterisiert sie mit prädikativen Adjektiven als *richtig verschult*, *so zöglingshaft*, *derart streng* und *sehr streng*. Heckenausdrücke (*richtig, so, derart*) dienen der einordnenden Gewichtung.

Einige der genannten Maßnahmen zur Disziplinierung der jungen Lernenden im Internat waren eher militärisch, wie etwa das Schlafen in Schlafsälen und Doppelstockbetten und das Antreten zum Appell am frühen Morgen. Begrifflich wählt die Informantin die verschleiernde Kategorie *verschult* (in gesteigerter Form: *richtig verschult*). Diese betont mehr das strukturierend-erzieherische Element als das militärische.

In ihrer Fazitformulierung mit Kodacharakter zu Internat und Institut für Lehrer/innen-Bildung wird Anke Wagner schließlich sehr deutlich: Aspekte der Lehramtsausbildung im Internat und die damit verbundene Eingliederung in die Gruppe werden in der Darstellung mit der Eigenschaft *militärischen Charakters* versehen und entsprechend eingestuft.

"Also, das war...schon ja, eine sehr harte Zeit. Also ans Internat erinnere ich mich nicht gerne ((räuspert sich)), weil/ mich das zu sehr eingeengt hat. Und ich mochte das nicht, dieses/ ständige Bewegen in Gruppe und immer/ diese Disziplin einhalten, die so für mich schon militärischen Charakters war." (S. 6:4-7)

Diese Fazitformulierung beschließt vorläufig die Ausführungen zu Lehramtsausbildung und Internat. Nun hat Frau Wagner erstmals das militärische Element der Ausbildung ausdrücklich festgestellt. In einem Nachkodateil zu diesem Erzählabschnitt geht sie diesbezüglich ins Detail.

Sie führt bisher nicht genannte Aspekte der Lehramtsausbildung im Internat an, die über den Gruppenzwang hinausgehen und die die These von der weitestgehend militärischen Struktur ihrer Ausbildung, welche sie gerade entwickelt hat, stützen. So wurden etwa Gruppen von Studierenden geschlossen zur Jugendweihe beordert; denjenigen, die nicht gehen wollten, wurde mit Exmatrikulation gedroht. Diese weitere Detaillierung im Anschluss an eine getroffene Feststellung (*militärischen Charakters*) dient dem Beleg und der Selbstvergewisserung. Sie ist zusammen mit dem sichtbaren Prozess der Begriffsbildung der biografischen Arbeit zuzurechnen.

Die konkrete Linearisierung und Ausformulierung der Erzählgehalte zeigt auf zweifache Weise Reflexionsanstrengungen auf Seiten der Informantin an: Zum einen thematisiert sie in einer Argumentation ihre jugendlichen Pionieraktivitäten, die sie wohl für die Erwählung in die Lehramtsausbildung qualifiziert haben. Angesichts ihrer späteren staatskritischen Haltung erscheinen ihr diese Aktivitäten zum Erzählzeitpunkt eher fremd, zumal ihr auch die militärische Ausrichtung und die Gleichschaltung im Gruppenerlebnis schon damals aufgefallen waren. Distanz zu den Pionieraktivitäten zeigt sich sprachlich in vagen referentiellen Bezügen, rahmenden Heckenausdrücken und Verben des Sagens und Denkens, mit deren Hilfe gewählte Prädikate noch einmal distanzierend eingeordnet werden, wie etwa in: „Weil, *ja*, ich war *eigentlich* /eh/ politisch, *sagen wir mal*, unauffällig, wie alle Kinder" (S. 4:29).

Zwar war Anke Wagner schon zu Schulzeiten sehr leistungsfähig und gerade auch in erwünschten Disziplinen wie Sport und dem kompetitiven Leistungsvergleich in der Schule sehr gut. Nicht ausdrücklich zieht sie in Betracht, dass man sie mit der Eingliederung in die Lehramtsausbildung nicht bloß für ihre Leistungen honorieren und entsprechend ihrer Neigungen und Talente in die Berufsausbildung weitervermitteln wollte, sondern sie möglicherweise auch disziplinieren und zu einer sicheren Kandidatin für die Entwicklung der DDR-Gesellschaft machen wollte. Nur andeutend wird dieser zweite Erklärungszusammenhang in ihrer Erzählung thematisiert, und zwar an der Stelle, an der sie sich fragt, ob sie wohl „als Pionier" oder „als Kind" zum Deutschlandtreffen reisen durfte.

Zum anderen denkt Anke Wagner über eine treffende Charakterisierung der Lehramtsausbildung und der Internatserziehung nach. Je mehr Aspekte sie einbezieht, desto deutlicher tritt für sie die militärische Seite der Ausbildung als Ganzes in den Vordergrund. Nimmt sie den Zwang zur Jugendweihe der Student/innen und die GST-Ausbildung hinzu, kommt sie nicht umhin, alles als militärisch zu bezeichnen, nämlich als *die militärische Ausbildung in den Ferien* und *mit /eh/ so fast militärischer Kleidung.*

Das biografische Thema, welchem die Informantin ihre Lebensgeschichte unterordnet, wird im Abschnitt zur biografischen Gesamtformung sehr klar umrissen. Es gewinnt auch im Kodakommentar zur Gesamterzählung, dessen Analyse noch folgt, noch einmal an Kontur: Anke Wagner sieht sich heute als eine Stimme der Verfolgten und als eine durch das (in der Praxis des Häftlingsverkaufs als solches entlarvte) Betrugssystem des DDR-Staats biografisch und physisch Geschädigte. Jede Art der verharmlosenden Betrachtung des DDR-Staats bestrafe dessen Opfer ein weiteres Mal. Diese Haltung dokumentiert sich in der mit Distanz und Befremden präsentierten Darstellung zu Pionieraktivitäten und schulischem Erfolg in der Kindheit und frühen Jugend. Ostalgie jedenfalls empfindet die Informantin als verabscheuungswürdig. Damit sieht sie sich als eine Stimme abseits dominanter Diskurse in der derzeitigen Bundesrepublik, wie ebenfalls im Anschluss mit Bezug auf die Präkoda ausgeführt.

Schematisch zusammengefasst zeigt sich im biografischen Interview eine individuell-diskursive Struktur, welche durch ein Ringen um Haltungen gekennzeichnet ist. Dieses dokumentiert sich in einer Reihe von Bezeichnungskonkurrenzen, wie etwa:

- in der Frage, ob man sie zum Deutschlandtreffen als *Pionier* oder als *Kind* hat mitreisen lassen;
- in der Frage, ob die Ausbildung als verschult oder militärisch zu bezeichnen sei;
- in der Opposition zwischen Prädikationen: die Frage, ob es sich um ein „In die Lehramtsausbildung dirigiert werden" oder um ein „Lehrerin werden wollen" handelt; die Opposition zwischen Prädikationen ist potentiell argumentativ;
- in der Frage, ob der Staat Jugendfreizeit oder Gleichschaltung anbietet;
- in der Unterdrückung individueller Haltungen zu Natur und Sport.

Biografische Arbeit zeigt sich in Passagen der Reflexion und Auseinandersetzung mit sich selbst, formal gekennzeichnet durch

- Verben des Sagens und Denkens;

- die kontinuierliche Herausarbeitung des militärischen Elements, verbunden mit distanzierenden Darstellungselementen, wie Vagheitsmarkierern (*diese Pionierorganisation, irgendwohin gefahren, irgendwann mal Gruppenratsvorsitzende*); bei kollektiv-diskursiv relevanten Kategorien findet keine Integration in den Lebenslauf statt;
- Selbstverständlichkeitsmarkierer (*wie das eben so war*);
- Pfadmetaphern (im Sinne einer Kritik an der Gerichtetheit biografischer Verläufe, welche einengt)

Gleichzeitig lässt sich aus dem Abschnitt eine kollektiv-diskursive Struktur herauslösen, welche in Bezug auf einen kollektiven Ereignisrahmen besteht. Dieser ist symbolisch sehr stark und raumgreifend. Er umfasst: das „Deutschlandtreffen der Jungen Pioniere"; die „Gesellschaft für Sport und Technik"; den „Marsch der Bewährung" und Ernteeinsätze der Student/innen in der Landwirtschaft.

Insgesamt lässt sich sagen, dass sich in der Lebensgeschichte Anke Wagners Aspekte des kollektiven Diskurses der DDR niederschlagen. Es sind jedoch die lebensgeschichtlichen Sinnsetzungen der Biografin, die die biografische Bedeutung dieser Diskurspotenziale bestimmen und die sich strukturierend auf die Biografie auswirken. Zu den prägenden Erfahrungen – hier beziehen wir uns wieder auf Ausführungen zur biografischen Gesamtformung – zählen eine freiheitliche Orientierung in der frühen Kindheit, verbunden mit einem schwächer entwickelten Sinn für Gefahren, und ganz zentral die Zerrüttung der Orientierungsbezüge zum DDR-Staat, welche in der Internatsausbildung und speziell in dessen militärischen Zügen erstmals lokalisiert wird und dort noch tastend auf den Begriff gebracht werden muss. Später entwickeln sich erste Zweifel am DDR-Staat zu einer dynamischen Verlaufskurve und schließlich zum Handlungsschema der Flucht, als Anke Wagner die militärische Ausbildung, die ihren Söhnen in der Schule zuteil wird, nicht mehr akzeptieren kann. Zu jener Zeit nimmt sie sich selbst als Lehrerin verstärkt als Agentin des Systems wahr, gerät mit ihrem Beruf in Konflikt und äußert offen Kritik. Nicht mehr erträglich wird das Leben in der DDR für sie, als sie von der Praxis des DDR-Staats erfährt, zur Devisenbeschaffung Häftlinge an die BRD zu verkaufen. Das Wissen über die Praxis des Häftlingsfreikaufs ist ein Geheimwissen, welches ihr durch ihren späteren Fluchtgefährten vermittelt wird. Dieses Wissen lässt sie vollends mit dem DDR-Staat brechen. Sie fasst den Entschluss, einen Fluchtversuch zu unternehmen, und kalkuliert dessen Scheitern mit der Folge der Haft und des Häftlingsfreikaufs (vielleicht allzu leichtfertig) ein.

Werfen wir nun, bevor wir uns mit Anke Wagners Darstellung befassen, wie sie mit dem Thema des Häftlingsfreikaufs in Berührung gekommen war, zwischendurch einen Blick in die mediale und diskursive Aufbereitung des Häftlingsfreikaufs, wie er in der westdeutschen Presse der 1960er Jahr zu finden war.

3.2 Historischer Kontext und Mediendiskursanalyse zum Häftlingsfreikauf

Nachfolgend wird der mediale Diskurs zum Häftlingsfreikauf näher betrachtet. Zunächst wird der historische Kontext expliziert, um vor diesem Hintergrund die 1960er Jahre als Beginn des Häftlingsaustausches und dessen mediale und diskursive Aufbereitung in der westdeutschen Presse zu rekonstruieren. In der DDR durfte über diese Vorgänge nicht berichtet werden.

Für die Bundesrepublik Deutschland war der als provisorisch angenommene Teilstatus der beiden deutschen Staaten konstitutiv, der in entsprechenden Formulierungen im Grundgesetz seinen Ausdruck fand und in ein politisches Selbstverständnis mündete, das a) die Wiedervereinigung der beiden Staaten, b) einen Alleinvertretungsanspruch Bonns für alle Deutschen sowie eng damit zusammenhängend c) die Fürsorgeverpflichtung für die Deutschen in der DDR als wichtige bundespolitische Ziele definierte (vgl. Wölbern 2014, S. 41). Daraus leiteten die politischen Akteur/innen der Bundesrepublik Deutschland eine besondere „Obhutspflicht" (Wölbern 2014, S. 42) gegenüber politisch Verfolgten und Inhaftierten in der DDR ab, die zunächst in der akribischen und umfassenden Informationssammlung über politische Häftlinge bestand. Unter der Verantwortung des 1949 gegründeten Bundesministeriums für Gesamtdeutsche Fragen (BMG) wurde in einer im alltäglichen Sprachgebrauch „Rechtsschutzstelle" genannten Anwaltskanzlei eine Inhaftiertenkartei angelegt, die durch Presseberichte, anwaltliche Schriftwechsel, ehemalige Inhaftierte sowie durch weitere Hinweise des Suchdienstes des DRK, der Kampfgruppe gegen Unmenschlichkeit (KgU), des Untersuchungsausschusses Freiheitlicher Juristen (UFJ), von Angehörigen und Freund/innen vermutlich Inhaftierter sowie durch die Kontakte der Kirchen bzw. deren Wohlfahrtsorganisationen kontinuierlich aktualisiert wurde.

Während der Amtszeit des Bundeskanzlers Konrad Adenauer, mit Rainer Barzel als Bundesminister für gesamtdeutsche Fragen, wurden ab 1962/63 mit der DDR inoffizielle Regelungen getroffen, politische Häftlinge und Ausreisewillige gegen Warenlieferungen und Devisenzahlungen auszutauschen. Diese Praxis hielt bis zum Jahr 1989 an, doch war sie weder unumstritten noch als dauerhaftes offizielles Handelsabkommen konzipiert, sondern lässt sich eher als von kontroversen Diskussionen, potenziellen Abbrüchen und Geheimhaltungswünschen durchzogenes Aushandlungsergebnis bezeichnen, das maßgeblich durch die beteiligten

Rechtsanwälte Jürgen Stange und Wolfgang Vogel zustande gekommen war. Anfänglich – im Jahr 1962 – ging es um den Austausch von Agent/innen und vor allem jugendlichen Fluchthelfer/innen. Diese Praxis wurde allerdings kontrovers diskutiert: Während die Regelmäßigkeit dieses Vorgehens von der Bundesregierung abgelehnt wurde, befürwortete der Berliner Senat weitere Austauschverhandlungen (vgl. Wölbern 2014, S. 50f.). Handelte es sich also zunächst um Einzelfälle (vgl. Wölbern 2008, 2014), wurden die Häftlingsfreikäufe ab 1964 regelmäßig durchgeführt; im Zeitraum von 1964 bis 1989 wurden über 30 000 Häftlinge freigekauft (vgl. Wölbern 2008, S. 856) und Gegenleistungen im Wert von knapp 3,5 Mrd. DM erbracht (vgl. Wölbern 2008, S. 856; Judt 2007, S. 422; Rehlinger 1991, S. 247).[15] Aufgrund wirtschaftlicher Schwierigkeiten der DDR, Kreditverhandlungen der DDR mit der Bundesrepublik und des Engagements der Kirchen, insbesondere auf Initiative des Ratsvorsitzenden der EKD, etablierte sich allmählich eine regelmäßige Freikaufpraxis (vgl. Jenkis 2012; Wölbern 2008, 2014), die, um die Verhandlungen nicht zu behindern, öffentlich nicht thematisiert werden sollte. Wie sah nun vor diesem Hintergrund der mediale Diskurs aus?

In der DDR blieb es aufgrund der staatlich kontrollierten und zensierten Presseberichterstattung bei dieser strikten Geheimhaltung (vgl. Jenkis 2012, S. 57). Informationen über den Freikauf politisch Inhaftierter wurden in der DDR allenfalls über Westrundfunk und -presse, Privatkontakte, informelle Kommunikationsformen und Menschenrechtsorganisationen verbreitet. Diese „alternativen Verbreitungswege für Informationen über den Freikauf" (Wölbern 2014, S. 382) bekamen jedoch erst ab den 1970er Jahren Relevanz, so dass ausreise- oder fluchtwillige DDR-Bürger/innen eine Inhaftierung in Kauf nahmen, da sie einen Haftfreikauf antizipierten.[16]

Demgegenüber war die westdeutsche Presseberichterstattung, wenn auch spärlich, nicht gänzlich unterbunden. Aufgrund der Brisanz der Thematik stand die stillschweigende Übereinkunft der Bundesregierung und der Medien vor einer Herausforderung. Die Freikaufregelungen, die im offiziellen Sprachgebrauch der bundesdeutschen Regierung „besondere Bemühungen im humanitären Bereich" (Rehlinger 2011, S. 7) genannt wurden, bewegten sich im Spannungsfeld von humanitärer Hilfe, Familienzusammenführung und Menschenhandel.

---

15 Eine Aufschlüsselung der genauen Zahlen freigekaufter Häftlinge nach Jahren findet sich bei Jenkis (2012, S. 10f.), die durchschnittlichen Beträge pro Häftling/Jahr sind nachzulesen bei Judt (2007, S. 434f.).
16 Wölbern (2014, S. 406ff.) spricht in diesem Zusammenhang von Formen „kalkulierten Freikaufs".

So reichte auch der Tenor der Bewertung dieser Transaktionen in der zeitgenössischen printmedialen westdeutschen Berichtberichterstattung der 1960er Jahre[17] von der Frage ihrer juristischen Fragwürdigkeit[18] über die moralische Skepsis gegenüber einem als Menschenhandel zu klassifizierenden Austausch bis hin zur wohlwollenden und rechtfertigenden Begrüßung dieser Praxis als humanitäre Hilfe und Befreiung von Opfern eines totalitären Regimes.[19] Bei den Artikeln im SPIEGEL werden Mutmaßungen mit Fakten und einer moralischen Argumentation verknüpft. Vor allem der untadelige Leumund der ausgewählten Inhaftierten bzw. die besondere menschliche Härte der Fälle, wie z.b. bei den jugendlichen Fluchthelfer/innen, wird hervorgehoben. Diese Argumentation wird nachfolgend exemplarisch anhand des ausgewählten Artikels „Häftlings-Auslösung: Gegen Südfrüchte" (o.A. 1964a) etwas detaillierter betrachtet.

Der Artikel ist mit dem provokativen Titel *„Häftlings-Auslösung: Gegen Südfrüchte"* überschrieben, der das Unmoralische dieser Praxis fokussiert: Der Waren-Menschen-Tausch wird in den Vordergrund gerückt. Sodann werden die an dem Häftlingsfreikauf beteiligten Hauptakteure namentlich und mit ihren jeweiligen Positionen eingeführt; unterstützend enthält der Artikel drei Fotos, die deren Konterfeis abbilden. Auch in den jeweiligen Bildunterschriften werden diese Personen genannt, allerdings zusätzlich mit einem Kommentar zu ihren Verhandlungspositionen versehen. So heißt es etwa: *„Vizekanzler Mende – für 800 Häftlinge 32 Milliarden Mark"*, beim zweiten Foto *„CDU-Jurist Güde – für einen Grafen einen Verleger?"* und schließlich *„Zonen-Jurist Vogel – für einen Piloten einen Spion"* (o.A. 1964a, S. 31).

Der Artikel beginnt mit der Situationsbeschreibung eines Besuchs des Rechtsanwalts Wolfgang Vogel beim seinerzeit amtierenden Vizekanzler Erich Mende. Diesem Besuch wird die klare Absicht, *„über eine neue Tauschaktion zu reden"*, zugeschrieben, die auf vergangenen Aktionen zur *„Freilassung politischer Gefangener in der DDR gegen Warenlieferungen aus der Bundesrepublik"* (o.A. 1964a,

---

17 Eine empirische Grundlage bildet die Sichtung der printmedialen Berichterstattung, die im Kontext eines DFG-Forschungsprojekts zur politischen Inhaftierung durchgeführt wurde (vgl. Schiebel 2011, 2017). Insgesamt wird in den gesichteten Printmedien (FAZ, Zeit und SPIEGEL) im Jahr 1964 nur spärlich oder, wie bei der FAZ, gar nicht über diese Praxis berichtet.

18 Etwa in „Handel mit Verrätern?" in: SPIEGEL 37/1964, in dem es heißt: „Eine Justiz, die sich vor Urteilsfällung zu solchen Geschäften herbei ließe, deren Ziel an sich durchaus erwünscht sein mag, verlöre ihre Glaubwürdigkeit" (S.18).

19 „Vierzehn Jahre in Ulbrichts Kerkern", Fortsetzungsartikel in: Zeit 47/1964 und 48/1964. Es sei, so der Tenor dieses Berichts, dringend nötig, Möglichkeiten zu nutzen, die ‚Opfer von drüben' zu befreien.

S. 31) aufbauen solle. Nachfolgend wird im SPIEGEL-Artikel jene Praxis näher erläutert, und in diesem Zusammenhang werden weitere Akteure eingeführt: etwa der „*CDU-Bundestagsabgeordnete Güde*" und der „*SED-Anwalt Kaul*", die ihre Bekanntschaft gelegentlich für solche „*humanitären Zwecke*" nutzten (o.A. 1964a, S. 31). In der anschließenden Sequenz werden dann verschiedene Austauschvorgänge von Einzelpersonen skizziert: Es sei den bundesdeutschen Politikern um „*Gleichwertigkeit*" der auszutauschenden Personen gegangen und von Kaul vorgeschlagene Personen seien mitunter für einen Austausch nicht infrage gekommen (o.A. 1964a, S. 31). Anhand des Falls einer Person, die für ihre „*Tätigkeit für mehrere östliche Geheimdienste*" (o.A. 1964a, S. 31) bekannt war, wird diese ablehnende Haltung seitens der westdeutschen Akteure erläutert. Die anschließenden Absätze handeln von einem als „*Präzedenzfall*" bezeichneten Vorgang, den der seinerzeit amtierende Vorsitzende der „*CDU/CSU-Bundestagsfraktion Rainer Barzel*" zu verantworten hatte, bei dem „*Entlassungen aus der DDR*", wie es heißt, „*mit Geld honoriert wurden*" (o.A. 1964a, S. 31). Die Formulierung „Entlassungen aus der DDR" lässt offen, ob es sich um Häftlinge gehandelt hat oder ob die DDR insgesamt mit einem Gefängnis gleichgesetzt wird, aus dem die Personen entlassen wurden. Diese erstmaligen vergüteten Austauschhandlungen bildeten dann die Basis für umfassendere Häftlingsfreikäufe: der Artikel benennt die Zahl von 800 Fällen politischer Gefangener, „*die menschlich besonders hart erscheinen*" (o.A. 1964a, S. 31). Unter diese Härtefälle subsumiert die/der nicht namentlich genannte Autor/in des Zeitungsartikels anschließend Gefangene mit lebenslänglichen Zuchthausstrafen, in der unmittelbaren Nachkriegszeit von sowjetischen Militärtribunalen Verurteilte sowie jugendliche Fluchthelfer/innen. Hier wird offensichtlich ein diskursives Opfermotiv mit einem Legitimationsdiskurs der Häftlingsfreikaufpraxis verknüpft.

Im letzten Drittel des Textes stehen dann wieder die zu jener Zeit aktuellen Vereinbarungen im Vordergrund, die von den beteiligten Anwälten und der Bundesregierung getroffen wurden. Hervorgehoben wird, dass die Häftlinge grundsätzlich nach dem „*Mittelpunkt ihrer Lebensinteressen*" (o.A. 1964a, S. 33) entlassen werden sollten – eine Verortung in der DDR nach der Haftentlassung ist nicht ausgeschlossen. Die als „*Gegenleistung*" bezeichnete monetäre Vergütung werde, so die weitere Argumentation im SPIEGEL, von der DDR für den Einkauf „*hochwertiger Verbrauchsgüter und Genußmittel*" (o.A. 1964a, S. 33) eingesetzt.

Die/der Autor/in schließt den Artikel mit der Beschreibung des Transports der ersten 700 „*Freigelassenen*" mit Bussen über die Grenze und der Einschätzung, dass „*in Bonn*" nicht daran gezweifelt werde, dass auch die restlichen 100 „*Nachzügler*" kommen würden (o.A. 1964a, S. 33). Dennoch wird jene Häftlingsaustauschpraxis vom SPIEGEL insgesamt als gefährdet eingeschätzt, da „*in Ostberlin*" eine „*Verärgerung*" entstanden sei, da die Übersiedlungen von der westdeutschen Presse als „*Menschenhandel*" (o.A. 1964a, S. 33) charakterisiert worden seien. Vorherrschend ist im Artikel „Häftlings-Auslösung: Gegen Südfrüchte" – trotz aller kritischen Untertöne – ein humanitärer Hilfe- und Unterstützungsdiskurs, der sich in die Berichterstattung des Jahres 1964 einfügt.

Insgesamt kann die bundesdeutsche mediale Berichterstattung der 1960er Jahre als „gebremste Skandalisierung" bezeichnet werden, die von der Ambivalenz geprägt war, die Praxis des Häftlingsfreikaufs tendenziell moralisch zu verurteilen, diese Praxis jedoch gleichzeitig nicht zu gefährden.

3.3 Zur narrativen Darstellung über das Eingeweiht-Werden in die Praxis des Häftlingsfreikaufs

Hier soll analytisch auf das Erzählsegment im Interview eingegangen werden, das Aufschluss über die Art des Diskurses gibt, der Anke Wagner zur Flucht aus der DDR bewegt. Dazu werden (mit einigen Auslassungen in der Erzähldetaillierung) die verschiedenen Erzählelemente in ihrer sequenziellen Abfolge betrachtet.

„((räuspert sich)) Und lernte dann eines Tages /eh/ meinen/ Fluchtgefährten, den/ späteren Fluchtgefährten kennen. (S. 11:4-5) [...] Und /eh/ er erzählte mir dann/ eine Geschichte, die mir derart unter die Haut ging und die eben auch mein späteres Leben beeinflusste. (S. 11:8-10) Dass er/ schon drei Mal /eh/ verhaftet worden ist…von/ der Staatssicherheit und /eh/ wegen Republikflucht. Er wollte mit 18 Jahren schon/ fliehen und…ja, dann erzählte//ich wollte es gar nicht glauben und er sagte, er würde/ wieder versuchen, immer wieder versuchen die DDR zu verlassen/, weil das kann es einfach nicht sein, dass er da sein Leben/ in diesem/ Gefängnis verbringt, also es/ kann man ja so bezeichnen, weil ringsum die Mauer oder irgendwelche Grenzen stark/ gesichert waren. [...] Und /eh/ er erzählte dann, der einzige Weg eh//einzige sichere Weg führt dann…über das Gefängnis. Da werden/ DDR-Häftlinge werden verkauft. (S. 11:10-21) Und das war eigentlich für mich/, sage ich heute so, der i-Punkt. Dass ein Staat, für den ich tätig war, für den ich die sozialistischen Menschen zu erziehen hatte, dass der seine eigenen Menschen verkauft. (S. 11:21-24) Und das/ wollte ich/ nicht glauben und [...] aber er war so/ so wiederum so glaubwürdig und [...] er erzählte mir also alles, was ihm passiert ist und ich/ konnte mir das gar nicht vorstellen, dass es so etwas in der DDR gab/, diese Gefängnisse, in denen er/ auch drei Wochen in einer Kellerzelle eingesperrt war und/ alle drei Tage nur eine warme Suppe, aller drei Tage bekam er nur eine Matratze zum Schlafen, also zwei Nächte stehen und/ die dritte Nacht dann wieder schlafen dürfen. Aller drei Tage durfte er nur an die frische Luft. ((flüstert)) Mir ist das/ Gott sei Dank nicht passiert, aber ihm ist das so/ passiert. Und /eh/ das war für mich unvorstellbar, dass der Staat so etwas mit Menschen macht. Nicht? Ich habe alles später/ selbst erlebt. Ich war Gott sei

Dank nicht in so einer Arrestzelle [...], aber /eh/ ich weiß/, dass es eben gerade in den frühen Jahren damals, als dann die Mauer gebaut wurde, 1960/61 bis 70 rum eben ganz/ katastrophale Zustände waren/, in diesen Gefängnissen. Und/ dass das gang und gäbe war, da/ einfach in Kellerzellen/ Menschen einzusperren und wie gesagt, eben/ unter diesen Bedingungen." (S. 11:24-37)

Die Erzähleinheit beginnt mit einem Rahmenschaltsatz nach einer Reflexionspause von Anke Wagner, die sie parasprachlich mit einem Räuspern einleitet, sie also ein gewisses Zögern, mit dem Sprechen zu beginnen, anzeigt (S. 11:4-5). Aufgrund dessen kann die Rezipientin einen inhaltlich neuen und von Frau Wagner nicht leicht zu präsentierenden Aspekt in ihrer Erzählung erwarten, nämlich die neue Situation in ihrem Leben, einen Menschen kennenzulernen, der bereits in einen dramatischen Konflikt mit dem Staatsapparat der DDR geraten ist. Wir erfahren von ihr, dass es sich um die Begegnung mit ihrem späteren Fluchtgefährten handelt. Im Erzählgerüstsatz (S. 11:8-10) zeigt Anke Wagner eindringlich auf, dass sie die neuen Informationen, die sie durch diesen Freund erhält, verändern und zu einem neuen Blick auf den DDR-Staat zwingen. Schon an dieser Stelle im Erzählgerüstsatz findet sich eine – wenn auch vage – Markierung einer Prozessstruktur der biografischen Wandlung. In der anschließenden narrativen Detaillierung des Erzählsegments (S. 11:10-21) legt Anke Wagner dar, dass ihr Freund zu dem damaligen Zeitpunkt mehrfach wegen versuchter Republikflucht inhaftiert worden war. Erhellend ist für die Lehrerin vor allem die Sichtweise ihres Freundes auf den DDR-Staat, der das Unrecht der Mauer als einer nach innen gesicherten Grenze darin sieht, legitime Freiheitsrechte der Bevölkerung mit Füßen zu treten. Mit Blick auf die Diskurspraxis ist zentral, dass Anke Wagner erstmals von der Möglichkeit des Freikaufs von politischen Gefangenen durch die BRD erfährt.

Anke Wagners neues Wissen, das einem erfahrungsbasierten, individuell und mündlich vermittelten Diskurs von Systemgegnern entstammt, verändert ihr Leben. Eine Bedingung dafür, dass Anke Wagner in diesen Diskurs eingeweiht wird, ist der Prozess ihrer eigenen Marginalisierung (an ihrem Arbeitsplatz), die sich infolge ihrer kritischen Haltung zum ideologischen Schulunterricht entfaltet und die sie für alternative Sichtweisen empfänglich macht.

In der Ergebnissicherung (S. 11:21-24) stellt Anke Wagner dar, dass sie durch ihr neues Wissen eine veränderte Sichtweise auf den DDR-Staat entwickelte, von dem sie sich getäuscht und enttäuscht erfuhr und der als moralische Instanz desavouiert war. Sie formuliert eine moralisch begründete Grenze des Ertragens. Biografieanalytisch formuliert, verliert an dieser Stelle die Prozessstruktur einer Orientierung an institutionellen Ablaufmustern ihre Dominanz im Leben von Anke Wagner. Es wird eine Wandlungshaltung, eine Offenheit für Neues, markiert.

Der Ergebnissicherung schließt sich eine Evaluation der Ereignisse durch argumentative Kommentierung (S. 11:24-37) an. Der Kommentar zeigt, dass die Glaubwürdigkeit des Freundes von Anke Wagner und des durch ihn transportierten Diskurses mit der Person des Übermittlers und den von ihm angeführten empirischen Belegen zusammenhängen. Für Anke Wagner entsteht das Dilemma, dass sie mit ihrer Einweihung in den nicht-öffentlichen und thematisch punktuellen Diskurs über das Bestrafungssystem der DDR in einen tiefgehenden Konflikt gerät. Sie muss in ihrer existenziellen Verunsicherung den Worten ihres Freundes Glauben schenken. Denn sie kann dem DDR-Staat kein Vertrauen mehr entgegenbringen. Anke Wagner sieht sich aufgefordert, biografische Arbeit zu leisten, um die Täuschungs- und Enttäuschungserfahrung zu überwinden und Handlungsoptionen zu entwickeln.

Im anschließenden Segment (das hier nicht mehr abgedruckt ist) wird deutlich, dass der schmerzhaft gewonnene Erkenntnisgewinn konditionell relevant für Anke Wagners vollständige Distanzierung vom System und den Entwurf ihres Fluchthandlungsschemas wird.

3.4 Zum Koda-Kommentar und zu seiner Ja-aber-Struktur

Auffällig an der Haupterzählung von Anke Wagner ist ein komplexer und längerer Kommentar im Kontext der Erzählkoda – eine Darstellungsauffälligkeit, die sich häufig in narrativen Interviews entdecken lässt, wenn Erzähler/innen noch einmal darum bemüht sind, abschließend zu dem erzählten Geschehen und zu sich selbst Stellung zu nehmen und etwas Zentrales auf den Punkt zu bringen. Fritz Schütze (1987, S. 183ff., 2016a, S. 152ff.) analysiert solche Phänomene im Rahmen seiner Diskussion von „Globalevaluationen und Kommentartheorien" – einer Variante von evaluativen und theoretischen Aktivitäten, die in Stegreiferzählungen eigenen Erlebens besonders ausgeprägt sind.[20] Manchmal sind solche argumentativen Sequenzen auffällig komplex und verschachtelt, eine Erzählerin oder ein Erzähler kann in eine quälende oder strittige Auseinandersetzung mit sich selbst geraten und sich gewissermaßen „im Kreis drehen", weil es ihr oder ihm schwer fällt, zu einer abschließenden, moralisch eindeutigen Einschätzung der eigenen Lebensgeschichte, der eigenen Leistungen, bestimmter Beziehungen oder der eigenen Per-

---

20 Schütze (1987, S.183) erwähnt, dass „Globalevaluationen und Kommentartheorien" insbesondere an eindeutig lokalisierbaren Stellen in Erzählungen zu finden sind: „Sie werden am Ende von Erzählsegmenten oder größeren Detaillierungsexpansionen und Hintergrundserzählungen sowie in Vorkoda- oder Kodaposition am Ende einer Erzählung hervorgebracht."

son zu gelangen. Einen solchen Charakter hat der Koda-Kommentar von Anke Wagner nicht. Aber er verdient eine besondere Beachtung, weil die Erzählerin hier versucht, sowohl ihre Lebensgeschichte zu bilanzieren als auch etwas von ihren tiefsten Überzeugungen, Sinnquellen und Bindungen zu formulieren.

Im vorliegenden Fall findet sich ein zweigeteilter Kommentar auf S. 19:23 – S. 20:5 (der Kommentar wird noch etwas fortgesetzt, aber das ist auf der Aufnahme unverständlich) – ein Kommentar mit einer Ja-aber-Struktur, die (a) eine positive persönliche Lebensbilanz (S. 19:23-28) mit einer Kodaformulierung (S. 19:26, 28: *„Ja. So ist das Leben.*"; Pausen) enthält, bevor die Erzählerin (b) eine Brücke zum Schicksal derjenigen ihrer Wir-Gruppe (von in der DDR drangsalierten Menschen) schlägt, die – im Unterschied zu ihr – *„auf der Strecke geblieben"* sind. Beides gehört zur Bilanz ihres Lebens dazu: Zwar ist sie glücklich über das, was sie aus ihrem Leben gemacht hat und wie es ihrer Familie letztendlich ergangen ist, aber das ist nur die eine Seite. Die Bilanz des Lebens wäre in ihren Augen unvollständig, wenn sie nicht auch erwähnen würde, dass es andere – ohne ihr Verschulden – nicht so gut getroffen haben wie sie und dass die Fortdauer des (*„schön geredeten"*) kollektiven Unrechts beim Namen genannt werden muss. Vereinfacht gesprochen könnte man von der Aufgliederung des Kommentars in einen privaten und einen öffentlichen Teil sprechen; aber auch der Teil der öffentlichen Selbstpositionierung hat zugleich einen sehr persönlichen Charakter. Es entsteht der Eindruck einer Solidaritätsverpflichtung und der Bekräftigung ihrer Sinnquellen an dieser herausgehobenen Stelle, an der sie abschließend zu ihrem Leben Stellung nimmt. In Termini des Argumentationsschemas kann man hier von einem Zugzwang des „Berücksichtigens und Abwägens" (Schütze 1987, S. 79) sprechen: Die Erzählerin steht unter dem Eindruck, dass die Bilanzierung ihres Lebens nicht vollständig wäre, wenn sie nicht diese andere Seite erwähnen würde.

Zu (a): Zum Erzählkontext: Am Ende des Segments zur – trotz aller Hindernisse – schließlich erfolgreichen Familienzusammenführung mit ihrem älteren Sohn und seiner Freundin (*„Ja, und dann/eh/ kam .. die Geschichte mit meinem zweiten Sohn"* – ab S. 18:39) steht der zugleich biografie- wie erzähltheoretische Kommentar *„Ja, das // Vielleicht geht's mir auch heute deshalb so gut und ich bin bereit darüber zu reden, weil alles letzt' Endes/ einen sehr guten Ausgang nahm."* (S. 19:10,11). Erst nach einem weiteren kurzen Segment zum weiteren Leben des Sohnes, den sie mit einem ähnlichen Kommentar abschließt (*„Ja, und so/ ((erfreuter Laut)) ((+erfreut)) haben wir alle unser Leben gemeistert."* S. 19:16,17), kommt sie auf sich selbst zu sprechen und lässt ihr – sie befriedigendes – berufliches Leben nach ihrer Übersiedlung Revue passieren (S. 19:17-21). Sie bekräftigt hier ihre professionellen Sinnquellen als Lehrerin, die sich erst unter den neuen gesellschaftlichen Bedingungen (der Bundesrepublik) voll entfalten kann und so davor geschützt ist, sich moralisch zu verbiegen. Sie akzentuiert die Kontinuität ihrer Tätigkeit als Lehrerin (*„über 20 Jahre hier/ ((atmet tief ein)) in Eppendorf an einer Schule gewesen"*) und spart an dieser Stelle die jahrelangen Schwierigkeiten nach ihrer Abschiebung in die BRD aus, wieder beruflich als Lehrerin Fuß zu fassen. In ihrer Erzählung wird an keiner Stelle etwas von Bitterkeit über diese Hürden und die zeitweilige Entwertung ihrer Professionalität erkennbar.

Auffällig ist, dass die beiden gerade erwähnten Kommentare schon wie Elemente eines Koda-Kommentars klingen (so als sei eine große Last von ihr gefallen), bevor sie erst auf sich selbst und die Sinnerfüllung in ihrem Beruf als Lehrerin in einem Vor-Koda-Segment (ab S. 19:17) zu sprechen kommt – und das verweist auf die biografische Bedeutsamkeit der hier und auch schon vorher angesprochenen Themen der Familienzusammenführung mit ihren Söhnen und ihrer Selbstverwirklichung. Die Formulierung *„weil alles letzt' Endes/ einen sehr guten Ausgang nahm"* heißt m.a.W.: Die Familie ist zusammen, und die Söhne haben etwas aus ihrem Leben machen können – und das ist nicht selbstverständlich; die Entwicklung hätte auch ganz anders verlaufen können. Es gibt keine Hinweise im Text, dass die Beziehung zu nahen Angehörigen durch den Fluchtversuch der Erzählerin, ihre Inhaftierung und ihre Abschiebung in den Westen Schaden genommen hat, aber es wird im Verlauf der Erzählung deutlich, dass sie in den unterschiedlichen Phasen ein klares Bewusstsein für die in diesem Zusammenhang auftauchenden moralischen Probleme hat, für die Legitimationsbedürftigkeit ihrer heimlich vorbereiteten Flucht, die Risiken und die (möglichen) biografischen und sozialen Kosten – vor allem auch mit Blick auf Drangsalierungen durch die DDR-Behörden. Das kommt in unterschiedlichen Texterscheinungen zum Ausdruck, z. B. in einer Hintergrundkonstruktion (S. 11:37-12:7), in der deutlich wird, wie Frau Wagner bei der Fluchtvorbereitung sorgfältig abwägt, was sie ihren Kindern evtl. zumutet, und ihre Flucht gerade auch mit Blick auf die Interessen ihrer Söhne legitimiert; in dem Kommentar zu dem demütigenden Verhör ihrer Mutter nach ihrer Verhaftung (S. 13:11-19); und in dem narrativen Hinweis, dass die Familienzusammenführung mit dem älteren Sohn zeitweilig scheitert, weil er wegen einer Liebesbeziehung nicht mehr in den Westen will (S. 17:23-29). Die positive persönliche Bilanzierung in diesen beiden Kommentaren – metaphorisch gesprochen: ein tiefes Durchatmen – ist sicher auch vom Wissen geprägt, dass in vielen anderen Fällen die Beziehungen zu Angehörigen im Zusammenhang mit solchen Ereignissen scheitern oder von dauerhafter Entfremdung geprägt sind und dass die biografischen Kosten für die Beteiligten zu hoch gewesen sind.[21]

---

21 Einen Einblick in Inhaftierungsbedingungen gibt der ARD-Dokumentarfilm über das bekannteste Frauengefängnis der DDR: „Die Frauen von Hoheneck" (https://www.

Wenn die Erzählerin den Koda-Kommentar zur Jetzt-Zeit einleitet mit der zusammenfassenden – und anschließend weiter belegten – Äußerung *„Aber ich muss sagen, das Leben jetzt ((+erfreut)) ist auch sehr schön."* (S. 19:23), dann verweist das „Aber" (als adversative Konjunktion) darauf, dass sie trotz der zentralen biografischen Relevanz ihrer Berufstätigkeit als Lehrerin nach ihrer Pensionierung nicht „in ein Loch gefallen" ist: Sie kann auch der Zeit nach ihrer Berufstätigkeit etwas abgewinnen. Zugleich betont sie die Kontinuität ihrer positiven Bilanz. Die gesamte Darstellung der Übersiedlung in den Westen, der Zeit danach und der letzten drei Jahrzehnte überhaupt ist durch keinerlei negative Zwischenbewertungen geprägt, wenn man von der Bezugnahme auf die zermürbenden Schwierigkeiten mit der Übersiedlung des ältesten Sohnes absieht. Die Erzählerin betont immer wieder, wie sehr sie die neue Lebenssituation – trotz schwieriger materieller Verhältnisse – habe genießen und ihre Lebenslinie als Professionelle habe weiterverfolgen können (sie erzählt von den Schwierigkeiten mit der nur unvollständigen Anerkennung ihrer beruflichen Abschlüsse und von dem hohen Aufwand ihres Wiedereinstiegs in den Beruf als Lehrerin, aber sie verzichtet auf jegliche Kritik und spricht keine Erfahrungen einer persönlichen Kränkung oder Entwertung an).

<u>Zu (b):</u> Der zweite Teil des Kommentars steht in einem deutlichen Kontrast zu der positiven persönlichen Lebensbilanz, weil die Erzählerin eine Brücke schlägt zu ihrer Wir-Gruppe der DDR-Opfer im engeren Sinne: der DDR-Gefangenen (aber auch anderer Benachteiligter) – und vor allem zu denjenigen von „uns", die (im Unterschied zu ihr) *„auf der Strecke geblieben"* (S. 19:30) sind und miterleben müssen, wie es den Tätern – anders als ihren Opfern – materiell gut geht und sie die DDR *„schönreden"*. Sie positioniert sich in einer gesellschaftlichen Konfliktsituation und entwirft eine klare Beziehungslandschaft von „wir" vs. „die", von Opfern und Tätern. Daneben gibt es allenfalls indifferente oder beschwichtigende Zuschauer *„in den alten Bundesländern"*. Die Bilanz ihrer Lebensgeschichte ist – wie schon erwähnt – nicht vollständig, wenn sie nicht berücksichtigen würde, wie sehr andere, die in der DDR zu den Verlierer/innen zählten, auch unter den Bedingungen der neuen Bundesrepublik weiter benachteiligt bleiben, *„wieder die Verlierer"* (S. 19:41 f.) sind. Die Erzählerin setzt sich hier – moralisch dichotomisierend – mit den Tätern und ihren Relativierungen auseinander, während sie (auch mit Blick auf die Unhaltbarkeit einer moralischen Relativierung des NS-Regimes) die Position einer vollständigen Ablehnung der DDR-Diktatur einnimmt: *„Also Diktatur bleibt Diktatur und ist in jedem Falle/ verwerflich."* (S. 19:35,36). Die

---

youtube.com/watch?v=qFXrw71xiak. *Zugegriffen 14.2.2016).* Auch in der schriftlichen Autobiografie der Informantin ist davon die Rede, dass die Familie „familienzersetzenden" Maßnahmen ausgesetzt gewesen sei.

Dramatik der von ihr entwickelten Kontrastanordnung wird auch dadurch erreicht, dass sie verschiedentlich (an drei Stellen) eine räumliche Nähe von Opfern und den *„Peinigern von damals"* anspricht: Die Opfer, z. B. eine von ihr namentlich genannte Freundin, die mit siebzehn Jahren inhaftiert worden sei, teilten weiter die gleiche (ostdeutsche) Umgebung mit den Tätern und würden dadurch gedemütigt, dass sie es erleben müssten, wie die anderen – im Unterschied zu ihnen – materiell abgesichert seien. Die Bitterkeit ihrer Argumentation – auch mit Blick auf Westdeutsche, die in ihren Augen eine moralisch unhaltbare, indifferent-beschwichtigende Haltung einnehmen – verdeutlicht, dass sie unter dem Eindruck steht, dass die von ihr vertretene Position im öffentlichen Diskurs eher randständig bleibt und die hier relevanten Verlaufskurvenerfahrungen ignoriert werden.

Zu ihrer Typisierung von langfristigen Opfer- oder Verlierer/innenbiografien gehören auch diejenigen, die *„in diese Arbeitserziehung reingeraten"* sind. Hier bezieht sie sich auf Mitglieder einer Opferkategorie, die von ihr vorher schon an verschiedenen Stellen (S. 13:33, S. 15:23) im Kontext ihrer Inhaftierung erwähnt worden war und gegenüber der sie eine besondere Empathie entwickelt: Menschen, die – das wird hier nicht von ihr expliziert – in der DDR als „Asoziale", „Arbeitsscheue" oder „Prostituierte" nach § 249(1) StGB der DDR zur „Arbeitserziehung" verurteilt worden waren.[22] In ihrer Schilderung der Haftzeit – sowohl im Interview als auch im Buch – wird die Relevanz des Klassifikationssystems von Gefangenen (auch für ihre damalige aktuelle Orientierung) erkennbar.[23] Wenn sie sich im Koda-Kommentar auf die zur *„Arbeitserziehung"* Verurteilten bezieht, steht sie vermutlich unter dem Eindruck, dass die Betroffenen auch unter den gesellschaftlichen Bedingungen der neuen Bundesrepublik auf große Schwierigkeiten dabei stoßen, dass das ihnen angetane Unrecht als solches anerkannt wird. (In der schriftlichen Schilderung ihrer Erlebnisse wird noch etwas von ihrer Distanz gegenüber sog. *„Asozialen"* in ihrer damaligen Orientierung unter den Bedingungen der erzwungenen räumlichen Nähe in der Frauenhaftanstalt spürbar.)

In der Vehemenz dieses zweiten Teils des Kommentars kommen ihre Sinnquellen und ihre Zugehörigkeit zur sozialen Welt (Strauss 1978) der aktiven ehemaligen politischen Gefangenen der DDR (mit einer bestimmten Rhetorik und wiederkehrenden Themen) zum Ausdruck – ähnlich wie Verlaufskurven des Leidens und Erfahrungen einer gemeinsamen „Schicksalsbetroffenheit" generell zur Grundlage von Selbsthilfe- und politischen Aktivitäten werden können und

---

22 1975 waren die zur „Arbeitserziehung" Verurteilten mit 27 % die größte Gruppe der Häftlinge in der DDR (vgl. Korzilius 2005).

23 Das erinnert durchaus, ohne falsche Analogien herstellen zu wollen, an das, was Eugen Kogon im „SS-Staat" (Kogon 1974) beschreibt.

auch Karrieren einer Expertenschaft „von unten" – einer Expertenschaft aufgrund eigener persönlicher Erfahrungen (gewissermaßen: am eigenen Leib erlitten) – ermöglichen (vgl. die Ausführungen zur „expertenhaften Haltung zur eigenen Biografie" in Riemann 1987, S. 468ff.). In ihrem Fall geht es um eine Karriere als „Zeitzeugin", die – auch in der Veröffentlichung ihrer Erinnerungen – Zeugnis ablegt. Sie mischt sich in den öffentlichen Diskurs ein, indem sie mit großem Nachdruck Praktiken und schmerzhafte Erfahrungen zur Sprache bringen will, die in der DDR tabuisiert und einem öffentlichen Diskurs entzogen worden waren.

Nach Wölbern (2014, S. 361) war die westdeutsche Presseberichterstattung über die Freikaufpraxis bis Anfang der 1970er Jahre von Spekulationen geprägt und rückte mit dem Bundestagswahlkampf 1972 erneut ins öffentliche Rampenlicht (vgl. Wölbern 2014, S. 367). Unseren Recherchen zufolge rankte sich die printmediale Berichterstattung der 1970er und 1980er Jahre um politische Ereignisse wie den Grundlagenvertrag, die Mitgliedschaft der DDR im Weltsicherheitsrat, den bundesdeutschen Wahlkampf oder einen Gerichtsprozess gegen einen Minister, in deren Zusammenhang dann jeweils auch die Häftlingsfreikäufe thematisiert wurden. Im Fokus standen Fragen der Transparenz bzw. Intransparenz des Geldverbleibs, einer konspirativen, gleichwohl als gerechtfertigt gewerteten Praxis, und zunehmend auch die Kritik an einer „devisenhungrigen DDR".

Wie sich die Berichterstattung nach dem Zusammenbruch der DDR und der deutschen Einigung darstellte, wird im nächsten Abschnitt anhand der exemplarischen Auswertung eines SPIEGEL-Artikels aus dem Jahr 1991 erläutert.

3.5 Der mediale Aufarbeitungsdiskurs des Häftlingsfreikaufs nach 1989

3.5.1 Eine handlungsfokussierte Diskursanalyse zum SPIEGEL-Artikel „Stempel der Unmoral"

Der Artikel „Stempel der Unmoral" (Ausgabe 14/1991) gehört in den medialen Diskurs der Aufarbeitung des jahrzehntelangen Häftlingsfreikaufs zwischen der DDR und der Bundesrepublik Deutschland kurz nach der Wende in der DDR und der deutschen Wiedervereinigung Anfang der neunziger Jahre. Im Vergleich zu früheren Diskursen zum Thema konnte zu dieser Zeit auf weitaus umfangreicheres Quellenmaterial zurückgegriffen werden, etwa auf Akten von DDR-Institutionen, Aussagen in Gerichtsverfahren und (zum damaligen Zeitpunkt) aktuelle persönliche Stellungnahmen von früheren Akteur/innen in den Medien und in Buchveröffentlichungen. Der ausgewählte Artikel-Text repräsentiert eine kritische

Haltung gegenüber dem Häftlingsfreikauf, die beispielhaft für die mediale Auseinandersetzung mit dem Thema Anfang der 1990er Jahre steht und die sich von früheren Diskursperspektiven unterscheidet.

3.5.2 Methodische Vorbemerkung

Das hier genutzte Verfahren einer handlungsfokussierten Diskursanalyse wurde von Fritz Schütze u.a. Anfang der 1990er Jahre im Kontext eines Vergleichs der Berichterstattung von zwei überregionalen Tageszeitungen zur Studentenrevolte 1967/68 und zur Situation von Studierenden 1989/90 vorgestellt (vgl. Schütze et al. 1993).[24] Es gründet in den methodologischen Grundsätzen und praktischen Verfahren der Textanalyse des Ansatzes von Fritz Schütze insgesamt, wie sie in zahlreichen Arbeiten von ihm und anderen präsentiert bzw. genutzt worden sind (im Überblick Schütze 2016b). Das methodische Vorgehen und seine methodologischen Grundlagen können an dieser Stelle nur punktuell angedeutet werden:[25] Aus der Perspektive der soziolinguistischen Prozessanalyse von Schütze stellen journalistische Texte soziales und prozesshaftes *Handeln* dar. Journalistisches Schreiben geht über das – auf den ersten Blick erwartbare – Berichten über Geschehnisse und das Verständlichmachen von Zusammenhängen hinaus (Schütze et. al., S. 304f.). Analog zu alltagsweltlichen Kommunikationsprozessen nutzen Autor/innen kommunikative Handlungsschemata: Sie klagen an, sie entschuldigen und kritisieren etwas, sie distanzieren sich von etwas oder jemandem usw. (ebd., S. 304, zum Konzept und zur allgemeinen Struktur von Handlungsschemata Kallmeyer und Schütze 1976). Journalistische Handlungsabsichten – wie z.B. die moralische Anklage, die Verteidigung einer bestimmten Gruppe, die Warnung vor der Entstehung krisenhafter Konstellationen oder die Distanzierung von bislang mehrheitsfähigen Standpunkten – müssen nicht immer auf den ersten Blick (bzw. beim flüchtigen Lesen) erkennbar sein, trotzdem oder auch gerade deshalb kann das einem journalistischen Text zugrunde liegende Handlungsschema seine Wirkung beim Rezipienten erzielen (Schütze et al. 1993, S. 305). Interessanterweise – wenngleich auch nicht vollkommen überraschend – muss sich auch die/der Autor/in eines journalistischen Textes des zugrundeliegenden Handlungsschemas nicht unbedingt vollkommen bewusst sein (ebd., S. 306, 329f., 322).

---

24 Seither ist eine Reihe von akademischen Qualifikationsarbeiten entstanden, in denen diese Form der Diskursanalyse genutzt worden ist.

25 Ein Überblick über die Arbeitsschritte des Verfahrens und die Veranschaulichung einiger der Arbeitsschritte findet sich in dem genannten Artikel (Schütze et al. 1993, S. 316-399). Ein Wiederabdruck des Textes findet sich in Schütze 2016b, S. 181-218.

Die soziolinguistische Prozessanalyse arbeitet das einem journalistischen Text dominant zugrunde liegende Handlungsschema[26] systematisch heraus – als eine zentrale Teilaktivität der inhaltlichen Analyse von Diskurslinien bzw. -positionen. Als zentrales Analyseprinzip gilt, dass eine Aussage nicht dekontextualisiert und im ungebrochenen, scheinbaren Wortsinn interpretiert, sondern unter sequenzanalytischer Perspektive in ihrer Funktion im formal-strukturellen Darstellungsgang betrachtet wird (ebd., S. 301). In diesem Sinne kann eine bestimmte Formulierung als Bestandteil einer Begründungsaktivität im Rahmen einer Argumentation etwas anderes zum Ausdruck bringen als eine sehr ähnliche Formulierung als Ergebnissicherung eines Erzählsegments. Die Feinanalyse – also die strukturelle Beschreibung der empirischen Daten (ebd., S. 322ff.) auf der Grundlage einer Segmentierung des Gesamttextes (ebd.) – bezieht systematisch die formal-sprachliche und die strukturelle Ebene des Textes ein, indem zum Beispiel die sprachlichen Aufzeigemarkierer für Handlungsschemata (ebd., S. 323ff., 319) sowie die insgesamt von dem/der Autor/in genutzten kommunikativen Mittel und auch die Textstruktur – die Aufschichtung der einzelnen Darstellungseinheiten im sequenziellen Ablauf – einer genauen Analyse unterzogen werden.

Als letzter vorausgehender Aspekt sei noch hinzugefügt, dass die Entscheidung darüber, welche journalistischen Artikel für eine Feinanalyse ausgewählt werden, natürlich nicht dem Zufall überlassen wird, sondern von theoretischen Überlegungen im Sinne eines theoretical sampling (Glaser und Strauss 1998, S. 53ff.) geleitet ist. Ziel ist die Erfassung der Prozessalternativen im Untersuchungsfeld vor dem Hintergrund der theoretischen Gesamtvarianz der journalistischen Diskursanteile insgesamt zu einem Thema (oder eines spezifischen Teils des Diskurses, z.B. Artikel in überregionalen Tageszeitungen, vgl. Schütze et al. 1993, S. 300f., 317ff.). In diesem Sinne ist der folgende SPIEGEL-Artikel für eine Feinanalyse ausgewählt worden, weil er für eine grundlegende Orientierung im medialen Diskurs über den innerdeutschen Häftlingsfreikauf Anfang der neunziger Jahre steht und eine spezifische, mit Blick auf den Gesamtdatenkorpus[27] relevante journalistische Handlungsaktivität repräsentiert.

---

26   Es können auch zugleich mehrere, miteinander produktiv oder unglücklich verwobene Handlungsschemata vorliegen.

27   Für den vorliegenden Text und seine primäre Orientierung auf Potenziale von Methoden- und Perspektiventriangulation wurden lediglich Artikel der Wochenzeitschriften „Der Spiegel" sowie „Die Zeit" analysiert. Eine differenzierte Untersuchung der medialen Berichterstattung über das System des innerdeutschen Häftlingsfreikaufs müsste den Datenkorpus selbstverständlich weitaus gründlicher aufbauen.

3.5.3 Wesentliche Aspekte der strukturellen Beschreibung des Spiegel-Artikels und erste Ansätze einer analytischen Abstraktion

Der Artikel beginnt mit einer sehr knappen Informationsschlagzeile („Stempel der Unmoral") und einem Untertitel:[28]

> „Stempel der Unmoral
> Bonner Milliarden für den Häftlings-Freikauf hat die DDR keineswegs, wie behauptet, für humanitäre Zwecke verwendet. Die Stasi hat mitkassiert."

In der Informationsschlagzeile wird dem/der Leser/in der erste Einstieg in das Thema des Artikels eröffnet. Der Titel weist mit der Stempel-Metapher darauf hin, dass es um etwas klar Erkennbares und zugleich dauerhaft Identifizierbares gehen wird. Nicht etwas Diffuses oder Flüchtiges wird vermittelt, vielmehr wird etwas mit einem bleibenden Etikett versehen – abgestempelt. Darüber hinaus – das ist für den/die Leser/in an dieser Stelle des Artikels jedoch noch nicht erkennbar – greift der Titel auf eine interessante Weise ein Zitat auf, das im Artikel an späterer Stelle eine Rolle spielen wird. Inhalt des „Aufgestempelten" ist der Vorwurf unmoralischen Handelns, wobei allein aus der Titelzeile des Artikels noch nicht geschlossen werden kann, wem der Vorwurf des unmoralischen Handelns eigentlich gemacht werden soll. Der Untertitel spezifiziert die inhaltliche Dimension des Vorwurfs fehlender Moral. Es wird das Thema des Häftlingsfreikaufs zwischen der DDR und der Bundesrepublik eingeführt – mit dem spezifischen Fokus, dass das bundesdeutsche Geld nicht für humanitäre Zwecke genutzt, sondern dem Ministerium für Staatssicherheit zugegangen sei. Betont werden das große Ausmaß der finanziellen Transaktionen („Milliarden") und die bürokratische Komponente des bundesdeutschen Handelns – es geht um das Handeln von Regierungsakteur/innen („Bonner Milliarden"), nicht etwa um die Ebene bürgerschaftlichen Ost-West-Austausches. Im Untertitel wird die DDR als Akteur eingeführt, der arglistig getäuscht hat – der seinen westdeutschen Verhandlungspartner betrogen und belogen hat, indem er das Geld aus dem Häftlingsfreikauf nicht so verwendet hat, wie es behauptet worden ist („keineswegs, wie behauptet"), wobei der Grad der arglis-

---

28 Um die Analyse nachvollziehbar zu machen, werden etwas weniger als zwei Drittel des SPIEGEL-Artikels in den Text aufgenommen. Es handelt sich um den Textteil, für den exemplarisch wesentliche Aspekte der Feinanalyse präsentiert werden. Der Nachdruck des Artikels erfolgt mit freundlicher Genehmigung des SPIEGEL-Verlages Rudolf Augstein GmbH und Co. KG.

tigen Täuschung betont wird („keineswegs"). Zugleich wird die zentrale Rechtfertigungsstrategie für die Beteiligung auf bundesdeutscher Seite thematisiert – es sei um die Unterstützung von Menschen in Not gegangen („humanitäre Zwecke"). Mit dem Verweis auf die Stasi wird ein Akteur als Nutznießer des Häftlingsfreikaufs eingeführt, der allgemein als der schlimmste Teil des DDR-Unterdrückungssystems gilt. Auch wenn der zentrale Argumentationsgang des Artikels noch nicht eindeutig in der Titelsequenz zum Ausdruck kommt, wird dem/der Leser/in doch eine Verstehensanweisung für das Folgende an die Hand gegeben, es wird ein erstes Vorverständnis der zu behandelnden Problematik nahe gelegt: Im Zuge des Häftlingsfreikaufs habe der Westen nicht nur seine humanitären Ziele nicht erreicht, er habe vielmehr in relevantem Ausmaß faktisch das Unterdrückungssystem in der DDR unterstützt. Dabei scheint sich der Vorwurf fehlender Moral klar auf die DDR-Seite zu beziehen.[29]

Der eigentliche Artikeltext beginnt mit der Einführung eines zentralen Akteurs auf der DDR-Seite, des Staatschefs Erich Honecker:

> „Erich Honecker zögerte nur kurz. Nach wenigen Sekunden der Besinnung gab der frühere Staats- und Parteichef zu Protokoll, der ‚Bereich' sei ihm nie ‚unterstellt' gewesen – ‚in keiner meiner Funktionen'."

Mittels eines durchaus als für SPIEGEL-Artikel typischen Stilmittels wird der/die Leser/in dicht an das Thema herangezogen, indem eine konkrete Szene dargestellt wird: Honecker betont – in indirekter und direkter Rede wiedergegeben sowie mit dem Hinweis auf parasprachliches Handeln versehen („zögerte nur kurz") – seine Distanz zu einem spezifischen „Bereich". Sprachlich wird eine Gerichts- oder Vernehmungssituation nahe gelegt („gab ... zu Protokoll").

Um welchen „Bereich" es sich handelte, erfährt der/die Leser/in im zweiten und dritten Absatz des Artikels – um die Valuta-Behörde Kommerzielle Koordinierung (KoKo):

---

29 Es ist uns wichtig, darauf hinzuweisen, dass es bei der Analyse nicht darum geht, dem/r Autor/in des Artikels unlauteres Handeln zu unterstellen oder ihn vorzuführen. Vielmehr geht es – wie auch in der methodischen Vorbemerkung bereits dargestellt – um die Frage, wie der Autor handlungsschematisch in den medialen Diskurs zum Häftlingsfreikauf Anfang der neunziger Jahre eingreift. Abgesehen davon, dass man seine Handlungsabsichten und Orientierungen teilen kann oder auch nicht, ist der Artikel durchaus kunstvoll geschrieben und repräsentiert anschaulich ein Stück zeitgeschichtlichen Aufarbeitungsdiskurs.

„Der ‚Bereich', über den Honecker im August letzten Jahres im Justizverhör aussagte, war die ominöse Valuta-Behörde Kommerzielle Koordinierung (KoKo) an der Ost-Berliner Wallstraße, die Staatssekretär Alexander Schalck-Golodkowski, 58, bis zum Dezember 1989 geleitet hatte.

Wann immer Staat und Partei versuchten, ihre Fremdwährungskassen durch legale oder illegale Deals aufzufüllen – die KoKo war dabei."

Damit werden eine zentrale Institution der DDR und deren langjähriger Leiter thematisch eingeführt, Alexander Schalk-Golodkowski. Der/Die Leser/in erfährt darüber hinaus, dass die Aussage Honeckers im Rahmen eines Gerichtsverfahrens fiel („Justizverhör") und die betreffende Institution nicht zu den in der Öffentlichkeit agierenden Institutionen der DDR gehörte („ominöse"). Auch werden die Aufgaben der KoKo benannt: die regelmäßige und systematische Beschaffung von finanziellen Mitteln für das DDR-System („Staat und Partei") – sei es auf legalem oder illegalem Wege. Die Skrupellosigkeit dieser Institution wird besonders markiert („legale oder illegale Deals") und damit ein weiteres Mal die Unmoralität des DDR-Systems herausgestellt.

„Mehr als 50 Milliarden West-Mark schaufelte Schalck nach eigenem Bekunden innerhalb von gut 22 Jahren in DDR-Kassen; westliche Geheimdienste schätzen, es seien eher 100 Milliarden Mark gewesen. Daß Honecker den Vernehmern gegenüber seine enge Verbindung zur KoKo leugnete, hat besondere Gründe: Alexander Schalck-Golodkowski versorgte nicht nur SED-Funktionäre mit Luxusgütern, KoKo organisierte auch die wohl widerlichste Spielart des Handels, den der Osten mit dem Westen trieb – den Verkauf politischer Häftlinge."

Nach einem Hinweis auf die vermutete, in jedem Fall sehr erhebliche Gesamthöhe der Beschaffungstransaktionen der KoKo über zwei Jahrzehnte hinweg wird der zu Beginn des Artikels geöffnete Rahmen der Gerichtsverhandlung von Erich Honecker mit einer eigenen These des/r Autor/s/in geschlossen: Honecker habe deshalb im Gerichtsverfahren seine direkte Verbindung zur KoKo geleugnet, weil über die KoKo auch die Devisenbeschaffung im Zuge des Häftlingsfreikaufs organisiert worden sei. An dieser Stelle wird der Häftlingsfreikauf thematisch eingeführt und zugleich kategorisiert: Der/die Autor/in markiert den Häftlingsfreikauf als ganz eindeutig unmoralische Handlung („die wohl widerlichste Spielart des Handels, den der Osten mit dem Westen trieb – der Verkauf politischer Häftlinge"). Interessant sind an diesem ersten Segment des Artikels insbesondere folgende Aspekte:
Der eigentliche Anlass für den Artikel erschließt sich dem/der Leser/in bis hierher noch nicht, obwohl bereits vier Absätze vorgelegt worden sind. Das Gerichtsverfahren Honeckers, auf das Bezug genommen wird, hatte bereits weit mehr als

ein halbes Jahr vor dem Erscheinen des Artikels stattgefunden; diese Quelle war nicht neu. Die Aussagen Honeckers können also nicht zum Anlass für das Schreiben des Textes geworden sein.

Die These des Autors, Honecker habe seine Verbindung zur KoKo genau deshalb verschwiegen, weil die KoKo auch für die Abwicklung des Häftlingsfreikaufs zuständig gewesen sei, setzt entweder voraus, dass Honecker das Unmoralische am Häftlingsfreikauf – das der SPIEGEL-Autor konstatiert – ebenso einschätzt, sei es in selbstkritischer Weise oder im Wissen um die kritische Position des Gegenübers. Oder sie setzt voraus, dass Honecker aus der Verbindung mit den Aktionen der KoKo ein Nachteil im Gerichtsverfahren erwachsen könnte. Beides wird nicht ausgeführt, letztlich bleibt die These unbelegt im Raum stehen. Zurück bleibt der Eindruck eines Problems, das – so legt der Artikel nahe – lieber verschwiegen werden soll, wenn es nach den damaligen Akteur/innen ginge.

Eindeutig wird das Handeln der DDR-Akteur/innen als unmoralisches Handeln definiert. Die entsprechenden Passagen sind oben benannt worden. Die Bundesrepublik wird nicht direkt adressiert – sie wird aber auch nicht eindeutig vom Vorwurf unmoralischen Handelns ausgenommen, schließlich sei sie Teil des „Handels, den der Osten mit dem Westen trieb" gewesen, wenngleich nicht die treibende Kraft.

Im zweiten Segment, das die sich anschließenden zwei Absätze des Artikels umfasst, werden Informationen zum Häftlingsfreikauf, der am Ende des ersten Segments als das zentrale Thema des Artikels eingeführt worden ist, als Fakten bzw. Details präsentiert.

> „In den ersten Jahren wurde der Ertrag aus dem Menschenhandel ausgerechnet dem Budget des Ministeriums für Staatssicherheit (MfS) gutgeschrieben, das die DDR-Gefängnisse mit seinen Opfern gefüllt hatte. Später floß der Erlös in Honeckers persönlichen Verfügungsbereich – auf das sogenannte Generalsekretärskonto 0628 bei der Deutschen Handelsbank (DHB) in Ost-Berlin.

Fast 34 000 Häftlinge ließ die DDR von 1963 an über die Demarkationslinie ziehen. Bis 1977 zahlte die Bundesregierung für jeden Gefangenen pauschal 40 000 Mark, dann wurde die Summe mehr als verdoppelt – auf exakt 95 847 Mark. Insgesamt kassierte die DDR beim Häftlingshandel gut drei Milliarden Mark."

Es werden das Ministerium für Staatssicherheit als unmittelbarer Nutznießer der finanziellen Transaktionen in der ersten Phase des Häftlingsfreikaufs und Staatschef Honecker als Nutznießer der späteren Finanztransaktionen benannt. Dem/der Leser/in wird ein Blick auf die besondere Absurdität dieser Konstellation nahe gelegt: „Ausgerechnet" die Stasi, die als zentrales Instrument des Unterdrückungsstaates selbst für viele Verhaftungen verantwortlich gewesen sei („die DDR-Gefängnisse mit seinen Opfern gefüllt hatte"), habe vom Freikauf von DDR-Häftlingen finanziell profitiert. Ohne diese Perspektive an dieser Stelle explizit argumentativ zu entfalten, bereitet der Artikel damit den Boden für die Vorstellung, der Westen habe durch den Häftlingsfreikauf *faktisch* das Unterdrückungssystem der DDR sogar unterstützt (wie es auch im Untertitel des Artikels bereits angeklungen war). In die gleiche Richtung geht der Bezug auf den zweiten Nutznießer des Häftlingsfreikaufs: Später konnte ausgerechnet Staatschef Honecker, als Kopf des diktatorischen Systems, die Gelder aus Westdeutschland zur freien Verfügung nutzen („Honeckers persönlichen Verfügungsbereich"). In beiden Fällen kamen die Gelder – so die Botschaft des Textes – DDR-Institutionen zugute, die die Bundesrepublik sicher nicht aktiv unterstützen wollte und die moralisch als nicht integer galten.

Zudem wird die Größenordnung des Häftlingsfreikaufs benannt und damit die Relevanz des Problems – und damit auch die Relevanz des vorliegenden Artikels selbst – verdeutlicht: anhand der Zahl der insgesamt Freigekauften, der enormen Steigerung des finanziellen Einsatzes pro Häftling im Laufe der Jahre sowie der Gesamtsumme des Häftlingsfreikaufs. Besonders betont wird der Nutzen für die DDR („kassierte die DDR beim Häftlingshandel gut drei Milliarden Mark"). Insgesamt entsteht in diesem Segment ein Bild vom System des Häftlingsfreikaufs, in dem allein die DDR – und vor allem moralisch besonders fragwürdige DDR-Institutionen – von dieser Art des deutsch-deutschen Austausches profitieren konnten. Mögliche Motive der westdeutschen Akteur/innen oder auch die Perspektive der Freigekauften werden nicht fokussiert.

„Bis zuletzt erklärte Honeckers Unterhändler, der Ost-Berliner Rechtsanwalt Wolfgang Vogel, daß der Menschenhandel ausschließlich – bis auf den ersten Freikauf im Jahr 1963 – gegen Warengutscheine abgewickelt worden sei. Auf die Frage, was denn ‚Schalck für die Bonner Gutscheine einkaufte, Erdöl oder bestimmte Edelmetalle', antwortete Vogel noch im April 1990 in einem SPIEGEL-Interview: ‚Erdöl, Industriediamanten, Kupfer, auch Konsumgüter... Versorgungsengpässe der Bevölkerung wurden durch Freikäufe beseitigt, etwa zu Weihnachten. Die erste Gutschrift 1964 ist für Apfelsinen verwendet worden...Zuletzt, ganz kurz vor der Wende, ging es ebenfalls um Südfrüchte.'
In Wahrheit, soviel ist mittlerweile sicher, hat Schalck zwar offiziell jene Güter geordert, die Vogel im Interview aufzählte. Anschließend aber wurde die Ware häufig auf dem Weltmarkt versilbert – die DDR-Bürger hatten kaum etwas davon.
Weder ein Bonner Prozeß vor fünf Jahren, in dem die Freikaufpraktiken erörtert wurden, noch diverse Veröffentlichungen über den Advokaten Vogel und dessen West-Berliner Kollegen Jürgen Stange haben dieses wohlgehütete DDR-Geheimnis bislang lüften können."

Im sich anschließenden dritten Segment wird der Frage nach dem tatsächlichen Nutzen des Häftlingsfreikaufs für die DDR-Seite – und damit der Frage nach dessen moralischen Grundlagen – eine weitere Facette hinzugefügt: Einer der zentralen Akteure des Häftlingsfreikaufs auf der Seite der DDR, der Ost-Berliner Rechtsanwalt Jochen Vogel, wird als Zeuge für die offizielle Bewertung der Vorgänge in den Artikel eingeführt. Laut dieser offiziellen Perspektive wurden die finanziellen Mittel aus dem Freikauf zur Verbesserung der Versorgung der Bevölkerung genutzt, da der DDR kein Geld an sich, sondern Warengutscheine als Gegenwert für die Freigelassenen zur Verfügung gestellt wurden. Im Text wird darauf hingewiesen, dass Vogel diese Position auch noch nach (bzw. während) der Wende (in einem Interview von 1990) vertreten habe, und das wird unter anderem mit einem Interviewzitat belegt, in dem Vogel aufzählt, mit welchen Gütern die DDR-Bevölkerung durch den Häftlingsfreikauf versorgt werden konnte. Interessant ist, dass diese (zum Zeitpunkt des Erscheinens des Artikels etwa ein Jahr alte) Aussage Vogels erst dann in den Artikel eingeführt wird, nachdem zuvor bereits deutlich konstatiert worden ist, dass vor allem Institutionen des DDR-Unterdrückungsapparates vom Häftlingsfreikauf profitiert haben – und damit eben nicht die normale Bevölkerung. Selbst wenn man wohlwollend unterstellt, dass Vogel selbst gutgläubig war, wird auch hier die Verlogenheit der DDR-Institutionen betont. Die Aussagen Vogels werden in Kontrast gesetzt zu den Erkenntnissen, die in den ersten Segmenten des Artikels bereits als Fakten gesetzt worden sind. Dabei wird die Unglaubwürdigkeit Vogels mehrfach gesichert: Es wird einerseits eine objektive Sachlage in Anschlag gebracht („in Wahrheit", „mittlerweile gesichert"). Andererseits wird nachdrücklich auf das Verdeckte in der tatsächlichen Nutznießerschaft aus dem Häftlingsfreikauf verwiesen („dieses wohlgehütete DDR-Geheimnis"), das trotz einiger Anstrengungen (ein Prozess in Westdeutschland sowie Veröffentlichungen zu zentralen Akteur/innen) noch nicht habe gelüftet werden können. Welche Quellen es sind, die trotzdem die dargestellten Erkenntnisse ermöglichen, bleibt offen. Es wird auf ein Faktenwissen als Grundlage für die Darstellungen im Artikel verwiesen, das (an dieser Stelle) unbelegt bleibt, aber dennoch seine Wirkung für den Darstellungsgang entfaltet. Bemerkenswert ist darüber hinaus, dass auch die Aussagen Vogels aus dem Jahr 1990 ebenfalls nicht zum Anlass für den Artikel geworden sein können. Noch immer wird dem/der Leser/in nicht klar vor Augen geführt, was genau den Artikel veranlasst hat.

„Und auch Ludwig A. Rehlinger, 63, viele Jahre auf westlicher Seite der wichtigste Verhandlungspartner der DDR, verzichtet in einem soeben erschienenen Buch auf die Beschreibung dieser Hintergründe – aus welchen Gründen auch immer.[30]

Rehlinger berichtet, daß ‚der Gedanke, politischen Häftlingen in der DDR gegen materielle Leistungen zu helfen', vor knapp 30 Jahren in Bonn zunächst ‚auf brüske Ablehnung' stieß. Vor allem Franz Thedieck, Staatssekretär im damaligen Ministerium für Gesamtdeutsche Fragen, hielt ‚ein Geschäft mit dem Unrechtssystem' für nicht akzeptabel. Rehlinger: ‚Menschen gegen Geld, das trug den Stempel des Unmoralischen, das tat man nicht.'

Er selbst war von Beginn an anderer Meinung gewesen als Thedieck. ‚Wer verstieß denn gegen die Moral?' fragt der Autor: ‚Der, der Menschen gegen Geld freiläßt, oder der, der bezahlt, um politisch Verfolgten zu helfen?'

Eingefädelt wurde die bezahlte Gefangenenbefreiung schließlich durch den Großverleger Axel Springer, der von Berliner Anwälten angesprochen worden war und 1963 den damaligen gesamtdeutschen Minister Rainer Barzel für den Deal mit Ost-Berlin gewann.

‚Durch all die Jahre hindurch', schreibt Rehlinger, habe es für ihn ‚keinen Zweifel' gegeben, auf diese Weise helfen zu müssen. Ihn habe dabei der Gedanke beruhigt, die ‚Gegenleistung' bestehe ‚nur in schnödem Mammon'."

Das sich anschließende Segment, das die nächsten fünf Absätze des SPIEGEL-Artikels umfasst und der einzige (auf den Gesamttext bezogen sehr kurze) Textteil ist, der die bundesdeutsche Seite des Häftlingsfreikaufs direkt fokussiert, führt das Argument, die genauen Hintergründe des Häftlingsfreikaufs – und im Kern eben die Frage, wem die bundesdeutschen Zahlungen faktisch genutzt haben – würden geheim zu halten versucht, noch ein Stück weiter, indem auf einen zentralen langjährigen Verhandlungspartner im Häftlingsfreikauf auf bundesdeutscher Seite Bezug genommen wird, Ludwig A. Rehlinger. Interessanterweise scheint der Artikel an dieser Stelle auf seinen eigentlichen Entstehungsanlass hinzuführen: Rehlinger hat kurz vor dem Erscheinen des Artikels ein Buch veröffentlicht, in dem er seine Sicht auf den Häftlingsfreikauf präsentiert. Damit wird zum ersten Mal eine (zum damaligen Zeitpunkt) sehr aktuelle Quelle in den Artikel eingeführt, auf die in anderen Veröffentlichungen zuvor noch kein Bezug genommen werden konnte. Der Artikel präsentiert Aspekte der Haltung Rehlingers, wie sie der Buchver-

---

30 Originalfußnote: Ludwig A. Rehlinger: „Freikauf". Ullstein Verlag, Berlin; 251 Seiten; 34 Mark.

öffentlichung entnommen werden. Als Verstehensrahmen für den/die Leser/in wird zunächst darauf hingewiesen, dass auch Rehlinger Teil der Kulisse zur Verheimlichung der genauen Hintergründe des Freikaufsystems sei („verzichtet ... auf die Beschreibung dieser Hintergründe"). Damit wird die Vertrauenswürdigkeit des Buchautors bereits in Zweifel gezogen, bevor überhaupt die ersten Aspekte seiner Haltung zur Sprache gebracht werden. Im Artikel wird explizit zum Ausdruck gebracht, dass Rehlinger die offizielle Legende zum Häftlingsfreikauf – wie sie im Artikel konstatiert wird –, nach der mit dem Geld aus dem Häftlingsfreikauf die DDR-Bevölkerung unterstützt worden sei, entlarven könne, wenn er denn wollte („verzichtet ... auf die Beschreibung dieser Hintergründe"). Dass er das nicht macht, wird im Artikel als Unaufrichtigkeit gewertet – oder als Naivität. Das jedenfalls wird dem/der Leser/in durch die Art nahegelegt, wie auf Aussagen aus dem Buch Rehlingers Bezug genommen wird: Rehlinger weist in seinem Buch auf erhebliche Bedenken auf westdeutscher Seite zu Beginn des Häftlingsfreikaufs hin („brüske Ablehnung") und führt zwei Argumente der damaligen Kritiker an:

1. Die DDR sei als Unrechtssystem kein akzeptabler Partner für die Bundesrepublik („ein Geschäft mit dem Unrechtssystem"). Implizit beinhaltet dieses Argument die Sorge, auch dem Geschäftspartner etwas Gutes zukommen zulassen.
2. Und es wurden bereits damals moralische Bedenken gegen den Häftlingsfreikauf vorgebracht („Menschen gegen Geld, das trug den Stempel des Unmoralischen, das tat man nicht"). Bemerkenswerterweise werden so – ohne das explizit zu machen – exakt solche Bedenken präsentiert, die sich aus Sicht des/der Artikelautor/s/in dann faktisch auch bewahrheitet haben.

Rehlingers Sicht der Dinge, damals wie zum Zeitpunkt des Erscheinens des SPIEGEL-Artikels, hatte sich demgegenüber im System des Häftlingskaufes – trotz der damaligen Bedenken – faktisch durchgesetzt: Rehlinger wies damals und weist in der Jetzt-Zeit des SPIEGEL-Artikels den Vorwurf des unmoralischen Handelns für die bundesdeutsche Seite – so stellt es der/die Artikelautor/in dar – zurück: Er verweist in seinem Buch auf das Ziel der bundesdeutschen Seite, „politischen Häftlingen in der DDR ... zu helfen". Der Artikel zeigt auch auf, dass Rehlinger durchaus über Fragen der Moral im Zusammenhang mit dem Häftlingsfreikauf nachgedacht hat – und seinerseits der DDR den Vorwurf des unmoralischen Handelns macht, die bundesdeutsche Seite jedoch von diesem Vorwurf freispricht. Aus seiner Sicht stellte die Entscheidung für den Häftlingsfreikauf anscheinend eine Art Abwägungsprozess dar, bei dem er selbst bis zum Zeitpunkt des SPIEGEL-Artikels zu einer positiven Bilanz kommt. Interessant ist, dass die eingebettete Darstellung Rehlingers im Artikel nicht offen und wortreich kritisiert wird. Vielmehr wird scheinbar seine Perspektive als Deutungsmöglichkeit zugelassen. Die Gesamtanalyse des Textes zeigt jedoch, dass der Artikel keineswegs Rehlingers Einschätzung zum Häftlingsfreikauf zur gleichberechtigten Geltung kommen lässt. Auf Basis der vorangegangen Analysen lässt sich nun die Frage beantworten, welche Funktion die Darstellungseinheiten vor dem Bezug auf das Rehlinger-Buch in der Gesamtarchitektur des Darstellungsgangs des Artikels haben – warum also der eigentliche, aktuelle Anlass für den Artikel erst in der Mitte des Textes überhaupt zur Sprache kommt. Der/die Verfasser/in überlässt nichts dem Zufall: An der Stelle, an der die im Buch Rehlingers dargestellte Haltung in den Artikel-Text einbezogen wird, ist der Verständnisrahmen für den/die Leser/in bereits klar definiert und eng gezogen. Vor dem Hintergrund dieser Verstehensanweisung hat die Haltung Rehlingers kaum eine Chance, für sich selbst gewichtet und ernst genommen zu werden. Rehlingers Haltung wird gewissermaßen bereits ad absurdum geführt, bevor sie überhaupt dargestellt wird. Wäre der Bezug auf das Rehlinger-Buch im Artikel bereits ganz am Anfang hergestellt worden, hätte der/die Leser/in – so offenbar die (mehr oder weniger reflektierte) Einschätzung des/der Autor/s/in des Artikels – möglicherweise der Haltung Rehlingers ein Stück weit folgen können. So aber ist die Einschätzung Rehlingers an später Stelle eingebaut in einen Argumentationsgang, der viel Mühe darauf verwendet, eine Perspektive auf den Häftlingsfreikauf zu entwerfen, in der Rehlingers Sicht wie ein Fremdkörper wirken muss. Mit anderen Worten: Der/die Spiegel-Autor/in nutzt das Primat des Verfassers, dem/der Leser/in eine Verstehensanweisung an die Hand zu geben, bevor die Rehlinger-Quelle referiert wird. Vor diesem etablierten Verstehenshintergrund erscheinen die Äußerungen Rehlingers im Rahmen einer Kontrastanordnung dann als fragwürdig, unaufrichtig und naiv – als realitätsfern. Und dabei scheint es – so legt der Darstellungsgang des Artikels mit dem vergleichsweise kurzen Bezug auf Rehlinger nahe – auch nicht persönlich um Rehlinger zu gehen. Vielmehr steht Rehlinger symbolisch für die bundesdeutsche Seite im System des Häftlingsfreikaufs.

Auch wenn bis zu diesem Punkt erst knapp zwei Drittel des Artikels betrachtet worden sind, kann nun das zentrale Handlungsschema des Artikels benannt und in seinen relevanten Bausteinen ausdifferenziert werden:[31] Der Kern des Handlungsschemas im SPIEGEL-Artikel ist ein Vorwurf. Oberflächlich betrachtet ein

---

31 Das Handlungsschema ändert sich im weiteren Fortgang des Artikels weder in seiner Ausrichtung noch in seiner Grundstruktur, es werden dann noch bereits eingeführte Argumente durch die Hinzufügung von Details verdichtet und neue Argumente im Sinne des etablierten Darstellungsgangs hinzugefügt.

Vorwurf an das unmoralische Handeln im DDR-System, handelt es sich im Kern um den Vorwurf an die bundesdeutschen Akteur/innen, sich im System des Häftlingsfreikaufs selbst in unmoralisches Handeln verstrickt und dabei Schuld auf sich geladen zu haben. Folgende Elemente bilden das argumentative Gerüst dieses Handlungsschemas der moralischen Verurteilung: Bis heute (zum Zeitpunkt des Artikels) werde vom Westen an der Legende festgehalten, der Häftlingsfreikauf habe humanitären Zwecken, vor allem der Verbesserung der Lebensbedingungen der DDR-Bevölkerung gedient. Hintergrund ist die – vom Artikelautor bzw. der Autorin so konstatierte – offizielle Legende auf bundesdeutscher Seite, der Westen habe humanitär – und damit moralisch integer – gehandelt. Im Artikel soll diese Legende unter Zuhilfenahme vieler Details (vor allem auch im letzten Drittel des Textes) entlarvt werden. Dieser Legende wird die im Artikel herausgearbeitete Realitätskonstruktion entgegengestellt:

- Der Häftlingsfreikauf habe Wirkungen gehabt, die von den Akteur/innen der westdeutschen Seite nicht intendiert worden sind – die aber trotzdem weitreichend waren. Letztlich sei kaum ein Nutzen für die DDR-Bevölkerung entstanden, dafür aber ein enormer Nutzen für Institutionen des Unterdrückungssystems.
- Die Akteur/innen der Bundesrepublik haben sich von DDR-Institutionen täuschen und sich naiv in einen unmoralischen Handel hineinziehen lassen.
- Der Westen habe also – auf naive Art und Weise – im Rahmen eines unmoralischen Deals das Unterdrückungssystem der DDR faktisch unterstützt und stabilisiert.
- Dass sie faktisch ebenfalls unmoralisch gehandelt haben, wollen sich die Akteur/innen auf der bundesdeutschen Seite jedoch nicht eingestehen (wie man etwa am Buch Rehlingers sehen könne) – so die Sicht im SPIEGEL-Artikel.

Der/die Autor/in des SPIEGEL-Artikels bedient sich u.a. folgender Darstellungsinstrumente – Handlungselemente im Rahmen des kommunikativen Handlungsschemas –, um seiner Realitätskonstruktion zur Geltung zu verhelfen:

- *Begrenzung der Perspektiventriangulation*: Die Perspektive einer ganz zentral beteiligten Gruppe – die der Freigekauften – bleibt unterbelichtet. Und das ist ein besonders interessanter Aspekt mit Blick auf die Triangulation der Analysen des Artikels und des biografischen Interviews mit Anke Wagner: Erfahrungen, wie sie z. B. Anke Wagner im Rahmen ihrer Inhaftierung und des Freikaufs gemacht hat, werden im Artikel stark vernachlässigt. Den Betroffenen wird keine eigene Stimme im Darstellungsgang gegeben. Der/die Artikelautor/

in selbst greift diese Frage überhaupt nicht auf. Sie kommt lediglich kurz über die – allerdings schon im Vorfeld diskreditierte – Darstellung Rehlingers im Buch zur Sprache. Der Frage, ob ein moralisches Handeln allein aus der Tatsache abgeleitet werden könnte, dass eine Vielzahl von politischen Häftlingen aus der Haft befreit werden konnte, stellt sich der/die Autor/in nicht. Allerdings – und das ist ein weiterer zentraler Baustein des Vorwurfs unmoralischen Handelns an die bundesdeutsche Seite im Text – wird dem/der Leser/in in einem Absatz im letzten Drittel des Artikels der Verdacht nahegelegt, es seien zahlreiche Menschen überhaupt erst in Haft gekommen, weil die DDR Devisen aus dem Häftlingsfreikauf beschaffen wollte. Durch diesen Aspekt wird dem Vorwurf unmoralischen Handelns an die bundesdeutsche Seite natürlich noch ein außerordentlich bedeutsamer Aspekt hinzugefügt. Wirklich belegen kann der Artikel diesen Vorwurf nicht. Er wird als Rückschluss aus den enormen Einnahmen der DDR aus dem Häftlingsfreikauf abgeleitet.

- *Einklammerung von Perspektiven, die nicht zur eigenen Realitätskonstruktion gehören, durch vorangehende kontrastive Einbettung.* Sowohl Vogels als auch Rehlingers Sicht auf den Häftlingsfreikauf werden erst zur Darstellung gebracht, nachdem auf der Grundlage älterer Quellen eine bestimmte Perspektive auf das Phänomen des Häftlingsfreikaufs etabliert worden ist, vor deren Hintergrund die Perspektiven Vogels und Rehlingers unangemessen, naiv oder auch unaufrichtig erscheinen.
- *Inkongruenz von Argument und Gegenargument.* Als Teil des Vorwurfs unmoralischen Handelns an die bundesdeutsche Seite wird auf die – so präsentierte – Legende hingewiesen, die Erlöse aus dem Häftlingsfreikauf seien der DDR-Bevölkerung zugutegekommen. Rehlinger rekurriert aber in seinem Buch, soweit es der Artikel referiert, nicht auf dieses Argument, sondern betont den humanitären Nutzen für die Freigekauften.

Als methodische Nachbemerkung: Mit den bisherigen Ausführungen ist natürlich das analytische Potenzial der Feinanalyse des ausgewählten SPIEGEL-Artikels nicht ausgeschöpft. Zur Veranschaulichung der Perspektive und des methodischen Vorgehens sollen die Analysen an dieser Stelle jedoch genügen.

Im Gesamtarbeitsbogen einer handlungsfokussierten Diskursanalyse (siehe Schütze et al. 1993, S. 316) würden nach der exhaustiven Feinanalyse des Artikels dann auf der Grundlage einer fortgesetzten theoretischen Auswahl (theoretical sampling), welche die Ergebnisse der ersten Feinanalyse einbezieht, weitere Materialien aus dem (bereits weitgehend vorliegenden oder noch systematisch zu erhebenden) Datenkorpus einer Feinanalyse unterzogen. In der Strategie des minimalen kontrastiven Vergleichs (Glaser und Strauss 1998, S. 62ff.; Schütze et al. 1993, S. 336f.) könnten weitere Artikel analysiert werden, die handlungsschematisch eine moralische Verurteilung darstellen, um das Handlungsschema der moralischen Verurteilung (speziell der bundesdeutschen Seite im System des innerdeutschen Häftlingsfreikaufs oder auch generell) fallübergreifend in seinen rhetorisch-argumentativen Kernaktivitäten und seiner sequenziellen Ablauflogik (ebd., S. 330ff.) erschöpfend zu rekonstruieren. In der Strategie des maximalen Vergleichs (Glaser und Strauss 1998, S. 62ff.; Schütze et al. 1993, S. 337f.) könnten sodann Artikel analysiert und mit den bisher untersuchten Fällen kontrastiert werden, die im Diskurs zum Häftlingsfreikauf handlungsschematisch anders ausgerichtet sind, um letztendlich ein gesättigtes theoretisches Modell (Glaser und Strauss1998, S. 68ff., 117ff.) zur (print-)medialen Berichterstattung über den innerdeutschen Häftlingsfreikauf auszudifferenzieren (vgl. zur Veranschaulichung Schütze et al. 1993, S. 337ff.). Eine zentrale Kontrastierungsdimension für die Auswahl von Artikeln, die sich aus der im vorliegenden Text vorgenommenen Triangulation mit der autobiografischen Erzählung von Anke Wagner ergibt, läge nun natürlich in der Analyse von Artikeln, die gezielt die Erfahrungen von in der DDR Inhaftierten und freigekauften Häftlingen in den Mittelpunkt stellen, um auch diese Perspektive im printmedialen Diskurs systematisch rekonstruieren zu können.

4 Fazit

Die triangulierende Betrachtung einer biografischen Narration (der Erzählerin und aus der früheren DDR freigekaufen Anke Wagner) anhand von mehreren strukturellen Beschreibungen mit medialen Berichterstattungen zum deutsch-deutschen Häftlingsdiskurs aus zwei verschiedenen Zeitpunkten, d.h. einerseits der 1960er Jahre und andererseits rückblickend aus der Transformationsphase, zeigt – als wichtige Diskursperspektive/n – die Vielschichtigkeit der darin Eingang findenden Perspektiven. So existieren beispielsweise parallel zur medial vermittelten Öffentlichkeit informelle und lebensgeschichtlich erlebte Gegenöffentlichkeiten, die für die Biografin Frau Wagner handlungsrelevant wurden.

In der Auseinandersetzung mit dem autobiografisch-narrativen Interview mit Anke Wagner, einer in der früheren DDR lebenden Frau, die politisch inhaftiert und dann von bundesdeutscher Seite freigekauft worden war, konnten unterschiedliche Diskursformen rekonstruiert werden. So lässt sich das „Öffentlichkeitsregime" (Arnold 2012b) der DDR als herrschaftspolitisch durch die SED strukturiert bezeichnen, weswegen lediglich die Informationen Eingang in den offiziellen Legitimationsdiskurs der DDR fanden, die dieser parteipolitischen Linie entsprachen; mithin kann von einem Herrschaftsdiskurs gesprochen werden. Aufgrund der staatlich kontrollierten Medienberichterstattung wurden die Häftlingsfreikäufe nicht zum Gegenstand der DDR-Presse. Dass Anke Wagner dennoch von dieser Praxis erfuhr, basiert auf der Existenz eines als subversiver Diskurs zu bezeichnenden Phänomens, d.h. der informellen Kommunikationspraxis einer parallel organisierten Gegenöffentlichkeit innerhalb der gesellschaftlichen Wirklichkeit der DDR. So zeigt die Fallrekonstruktion deutlich, inwiefern die Bevölkerung der DDR auf solche Formen der Gerüchte- und Geheimniskommunikation (Shibutani 1966) angewiesen war; informelle Kommunikationspraxen, die auf Vertrauen und Eingeweihtwerden basierten und die eine Art Offenbarungsprozess – an Stellen biografischer Arbeit – bei Anke Wagner in Gang setzten. Der von Frau Wagner im Interview rückblickend verbalisierte damalige Schock, als sie von der – den eigenen Bürgern und Bürgerinnen gegenüber verheimlichten – Häftlingsfreikaufpraxis erfuhr, zeigt auch etwas von den damaligen Isolationserfahrungen von DDR-Bürger/innen (auch mit Blick auf für sie relevante Sachverhalte, die in Westdeutschland publik gemacht worden waren), von ihrem Angewiesensein auf informelle Informationskanäle und der Relevanz von Formen eines Widerstandsdiskurses, den man mit Foucault (1977, S. 123) als Gegen-Diskurs bezeichnen könnte.[32] Jener speiste sich in der DDR zum einen aus Kontakten zu Geflüchteten, die in der Bundesrepublik lebten, deren Erlebniserzählungen sowie deren Zugang zur westdeutschen Zeitungsberichterstattung, oder aus der sporadischen Kenntnis von Publikationen von Opferverbänden oder Organisationen, wie der „Kampfgruppe gegen Unmenschlichkeit" (KgU), dem „Untersuchungsausschuss Freiheitlicher Juristen" (UFJ) usw.

Das Interview zeigt eine Reihe von Problemen auf, die von Anke Wagner autobiografisch-diskursiv aufgegriffen werden könnten; was jedoch aufgrund ihrer biografischen Relevanzsetzungen selektiv geschieht. Das Leben in der DDR – das ist vielleicht die zentrale Botschaft des Wagner-Interviews – zeichnete sich durch eine extreme Kommunikationsdeprivation wegen der Unterdrückung bzw. politischen Kontrolle öffentlicher Diskurse aus, in der es sehr schwierig war, sich biografisch zu orientieren und zu entscheiden, zumal wenn einem die herrschenden Verhältnisse immer fremder geworden waren und sich eine ablehnende Haltung zunehmend verfestigte. Erst sehr viel später gelingt es Anke Wagner (z. B. durch ihre Publikation), das, was ihr in der DDR massiv gegen den Strich gegangen und

---

32 Allerdings macht Foucault (1977, S. 123) zugleich auf die diskursiven Verschränkungen von Macht und Widerstandspotenzialen aufmerksam, so dass „es [...] sich um ein komplexes und wechselhaftes Spiel [handelt], in dem der Diskurs gleichzeitig Machtinstrument und -effekt sein kann, aber auch Hindernis, Gegenlager, Widerstandspunkt und Ausgangspunkt für eine entgegengesetzte Strategie".

sie zutiefst belastet hatte, nachträglich öffentlich zur Sprache zu bringen und als Teilnehmerin eines öffentlichen Diskurses Partei zu ergreifen – auch wenn sie in diesem Zusammenhang immer wieder die bedrückende Erfahrung macht, dass ihre und „unsere" Stimme (d. h. die Stimme derer, die in der DDR auch marginalisiert und inhaftiert worden waren) schwach bleibt.

Neben der Ausdifferenzierung dieser verschiedenen Diskursöffentlichkeiten und -arenen lässt sich empirisch eine Gemeinsamkeit zwischen medialen Berichterstattungen und den Bewertungen der Biografin hinsichtlich des Häftlingsfreikaufs als verbindendes Element rekonstruieren: die retrospektiv anklagende und moralische Empörung angesichts des Wissens über den Freikauf und entsprechender flankierender politischer und ökonomischer Regelungen dieser Praxis. Und dennoch kann auch eine Ambivalenz konstatiert werden, denn Anke Wagner nutzte ihr informell und in subversiven Gesprächen gewonnenes Wissen über Freikäufe von ostdeutschen Inhaftierten durch die Bundesrepublik Deutschland auch im Sinne eines strategischen Kalküls, das ihre Fluchtpläne rahmte. Die biografischen Erfahrungen der betroffenen politischen Häftlinge selbst sind eine Blindstelle in einem wichtigen Teil des öffentlichen Diskurs, wie er in den (hier auszugsweise diskutierten) bundesrepublikanischen Medien in unterschiedlichen Zeiten – vor und nach der „Wende" – geführt wurde und in der die moralische Auseinandersetzung mit der Legitimierbarkeit bzw. den Legitimationsdefiziten des Handelns ost- und westdeutscher Politiker/innen und Funktionsträger/innen im Vordergrund stand.

Die detaillierte biografieanalytische Rekonstruktion zeigt, wie Diskurse interpretiert, aufgenommen, abgelehnt und lebensgeschichtlich gestaltet werden, da sich an Stellen biografischer Arbeit Diskurseingänge entdecken lassen. Darüber hinaus können Widersprüche zwischen lebensgeschichtlichen Erfahrungen und verfügbaren Wissensvorräten Diskurse gewissermaßen auf die Probe stellen und sie zu Sollbruchstellen für ihre Plausibilität und Relevanz werden lassen. Dieses Orientierungsvakuum füllen andere Diskurse als die öffentlich legitimierten, nämlich geheime, informelle und subversive Diskurse. Solche Wissens- und Deutungslücken bergen sinnstiftendes Potenzial. Jene geheimen Diskurse der Systemgegner/innen in der DDR waren erfahrungsbasiert, wurden mündlich übermittelt und fanden Eingang in biografische Erinnerungen, so dass diese Wissensformen nur mit einer biografieanalytischen Betrachtungsweise aufzuspüren sind. Erst eine solche triangulierende Betrachtungsweise von printmedialen Diskursen und historischen Entwicklungen des Kalten Krieges im deutsch-deutschen Verhältnis einerseits und biografischen Erfahrungen und Erinnerungen von betroffenen Menschen – ehemals politisch Inhaftierten – andererseits vermag ein facettenreiches Bild der Freikaufpraxis und ihrer (Be-)Deutungen zu zeichnen. Der Fokus auf die Biografie zeigt, dass Diskurse nicht erschöpfend unter dem Gesichtspunkt von Machtstrukturen zu betrachten sind, sondern dass es ein zentraler Aspekt von Diskursen ist, ob und wie sie historische Situationen zu klären und zu deuten helfen und welche Leerstellen sie enthalten, die erst biografisch mit Sinn gefüllt werden können oder sogar müssen, um orientierungswirksam und erklärungskräftig zu sein (vgl. dazu empirisch Schiebel 2011, 2017).

Anhand der vorgestellten Fallrekonstruktion konnte einerseits die Bedeutung von Diskursen für die biografische Entfaltung aufgezeigt, andererseits sichtbar gemacht werden, dass Diskurse auf biografischer Ebene aufgenommen, hingenommen, abgelehnt, modifiziert oder auch neu kreiert werden. Allerdings können diskursive Prozesse durchaus machtvoll wirken und sich in ihrer jeweiligen modifizierenden Interpretation auf biografischer und interaktiver Ebene entfalten. Dieser Vorgang geht über die reine „Aneignung" hinaus. Es konnte gezeigt werden, dass Diskurse, die im Sinne Foucaults von legitimierter Stelle aus institutionell und öffentlich entwickelt und gesetzt werden – im öffentlichen Diskurs etwa in Leitartikeln anerkannter Zeitungen und Nachrichtenmagazine –, der biografischen Interpretation bedürfen und dass ihnen mitunter eine konträre Erlebensperspektive entgegengesetzt wird. Zwar sind öffentliche Diskurse machtvoll und wirksam und prägen die Lebenslage und historische Situation der von ihnen betroffenen Menschen mit. Zugleich ist es Menschen jedoch möglich, sich zu distanzieren. Sie können zu Protagonist/innen eines Gegendiskurses werden bzw. historische Situationen alternativ deuten. Wobei die biografische Bedeutung von Diskursen selbst als prozesshaft und wandelbar zu begreifen ist.

Somit sind biografische Deutungen von diskursiven Prozessen nicht nur als das Einnehmen einer bestimmten „Subjektposition" zu begreifen, die diskursiv vermittelt wird, sondern die biografisch-interaktive Umsetzung bzw. Abgrenzung von Diskursen birgt ein Moment der Emergenz. Die Analyse von biografischen Erzählungen zeigt vor allem die Widersprüche von lebensgeschichtlichen Erfahrungen und verfügbaren Wissensvorräten sowie jeweils mit diesen transportierten Deutungsangeboten – sie könnten zu Sollbruchstellen der Diskurse werden. Die auf der biografischen und interaktiven Ebene entstehenden Diskursbeiträge sind von kollektiver Bedeutung, auch wenn sie nicht sogleich auf institutionalisierter Ebene Geltung erlangen. Sie müssen oftmals mühsam und auch notwendigerweise auf fallbezogener Grundlage also zunächst als fallübergreifendes Wissen entwickelt und vermittelt werden. Ein Beispiel dafür ist das fallbezogene Wissen der Republikflüchtlinge von der Verfahrenspraxis des DDR-Strafsystems.

Anhang: Transkriptionszeichen

E:	Erzählende/r
I:	Interviewer/in
„hm"	Rezeptionssignal
/	kurze Pause (Atempause)
..	2 Sek. Pause
...	3 Sek. Pause
(x Sek.)	x Sek. Pause
(.....)	unverständlicher Wortlaut
(abc)	Wortlaut nicht sicher – Satz- bzw. Wortabbruch, Selbstkorrektur
fett	betontes Sprechen
((flüsternd))	Änderung der Sprechweise, auffällige Intonationsweise
+...+	Markierung der Spracheinheit mit anderer Sprech- und Intonationsweise, z.b. von Lachen begleitetes Sprechen
(((verlässt Raum)))	parasprachliche Aktivitäten
#...#	Überlappung von Sprecheraktivitäten

Literatur

Arnold, Markus. 2012a. Erzählen. Die ethisch-politische Funktion narrativer Diskurse. In *Erzählungen im Öffentlichen. Über die Wirkung narrativer Diskurse*, Hrsg. Markus Arnold, Gert Dressel und Willy Viehöver, 17-63. Wiesbaden: Springer VS.

Arnold, Markus. 2012b. Öffentlichkeitsregime. Über Macht, Wissen und narrative Diskurse. In *Erzählungen im Öffentlichen. Über die Wirkung narrativer Diskurse*, Hrsg. Markus Arnold, Gert Dressel und Willy Viehöver, 331-392. Wiesbaden: Springer VS.

Brown, Gillian, und George Yule. 1983. *Discourse analysis.* Cambridge: Cambridge University Press.

Denzin, Norman K. 1970. *The research act. A theoretical introduction to sociological methods.* Chicago, Ill.: Aldine Publishing Company.

Deppermann, Arnulf. 2001. *Gespräche analysieren. Eine Einführung.* Opladen: Leske + Budrich.

Dewey, John. 1988 [1927]. *The public and its problems.* Athens, Ohio: Ohio University Press.

Ehlich, Konrad. 1996 [1986]. Funktional-pragmatische Kommunikationsanalyse: Ziele und Verfahren. In *Sprachwissenschaft. Ein Reader*, Hrsg. Ludger Hoffmann, 183-201. Berlin: de Gruyter.

Foucault, Michel. 1977. *Der Wille zum Wissen. Sexualität und Wahrheit, Band 1.* Frankfurt/M.: Suhrkamp.

Foucault, Michel. 2010 [1974]. *Die Ordnung des Diskurses.* Frankfurt/M.: Fischer Taschenbuch Verlag.
Freitag, Walburga. 2005. *Contergan. Eine genealogische Studie des Zusammenhangs wissenschaftlicher Diskurse und biographischer Erfahrungen.* Münster: Waxmann.
Gal, Susan. 2002. A semiotics of the public/private distinction. *Differences: A Journal of Feminist Cultural Studies* 15 (1): 77–95.
Garz, Detlef, Ulrike Nagel, und Anja Wildhagen, Hrsg. 2016. *Biografische Erfahrungen im Sozialismus. Analysen des Lebens im „so anderen Land" der DDR.* Opladen, Berlin, Toronto: Verlag Barbara Budrich.
Glaser, Barney G., und Anselm L. Strauss. 1998 [1967]. *Grounded theory. Strategien qualitativer Forschung.* Bern [u.a.]: Verlag Hans Huber
Gumperz, John, Hrsg. 1982. *Language and social identity.* Cambridge: Cambridge University Press.
Habermas, Jürgen. 1992. *Faktizität und Geltung. Beiträge zur Diskurstheorie des Rechts und des demokratischen Rechtsstaats.* Frankfurt/M.: Suhrkamp.
Habermas, Jürgen. 2013 [1990]. *Strukturwandel der Öffentlichkeit. Untersuchungen zu einer Kategorie der bürgerlichen Gesellschaft, mit einem Vorwort zur Neuauflage 1990.* Frankfurt/M.: Suhrkamp.
Hanses, Andreas. 2010. Biographisches Wissen: heuristische Optionen im Spannungsfeld diskursiver und lokaler Wissensarten. In *Subjekt – Identität – Person? Reflexionen zur Biographieforschung,* Hrsg. Birgit Griese, 251-269. Wiesbaden: Verlag für Sozialwissenschaften.
Have, Paul ten. 1999. *Doing conversation analysis. A practical guide.* London: Sage.
Hohmann, Joachim S., Hrsg. 2000. *Lehrerflucht aus SBZ und DDR 1945-1961.* Frankfurt/M.: Lang.
Horvay, Rita. 2011. Politische Gefangenschaft in der DDR. Wechselwirkungen zwischen dem öffentlichen Umgang und den biografischen Erinnerungen [59 Absätze]. *Forum Qualitative Sozialforschung / Forum: Qualitative Social Research* 12 (2): Art. 22. http://nbnresolving.de/urn:nbn:de:0114-fqs110218. Zugegriffen: 28. Februar 2016.
Jenkis, Helmut. 2012. Der Freikauf von DDR-Häftlingen. Der deutsch-deutsche Menschenhandel. Reihe *Zeitgeschichtliche Forschungen, Bd. 45.* Berlin: Duncker und Humblot.
Judt, Matthias. 2007. Häftlinge für Bananen? Der Freikauf politischer Gefangener aus der DDR und das „Honecker-Konto". *Vierteljahresschrift für Sozial- und Wirtschaftsgeschichte* 94 (3): 417-439.
Kallmeyer, Werner, und Fritz Schütze. 1976. Konversationsanalyse. *Studium Linguistik* 1 (1): 1-28.
Kant, Immanuel. 1983 [1784]. Beantwortung der Frage: Was ist Aufklärung? In *Werke in zehn Bänden, Band 9,* 51-61. Darmstadt: Wissenschaftliche Buchgesellschaft.
Köckeis-Stangl, Eva. 1980. Methoden der Sozialisationsforschung. In *Handbuch der Sozialisationsforschung,* Hrsg. Klaus Hurrelmann und Dieter Ulich, 321–370. Weinheim, Basel: Beltz.
Kogon, Eugen. 1974 [1946]. *Der SS-Staat.* München: Kindler.
Kohli, Martin. 1981. Zur Theorie der biographischen Selbst- und Fremdthematisierung. In *Lebenswelt und soziale Probleme. Verhandlungen des 20. Deutschen Soziologentages,* Hrsg. Joachim Matthes, 502-520. Frankfurt/M.: Campus.

Korzilius, Sven. 2005. *„Asoziale" und „Parasiten" im Recht der SBZ/DDR. Randgruppen im Sozialismus zwischen Repression und Ausgrenzung*. Köln, Weimar, Wien: Böhlau.

Lauth, Hans-Joachim, und Wolfgang Merkel. 1997. Zivilgesellschaft und Transformation. Ein Diskussionsbeitrag in revisionistischer Absicht. *Forschungsjournal NSB* 10 (1): 12-34.

Lippmann, Enrico, und Martina Schiebel. 2007. Westmigration von ABF-Lehrkräften: „... wenn die Schmiede selbst dann schon republikflüchtig sind". *BIOS Zeitschrift für Biographieforschung, Oral History und Lebensverlaufsanalysen* 20 (1): 77-102.

Miethe, Ingrid, und Martina Schiebel. 2008. *Biografie, Bildung und Institution. Die Arbeiter-und-Bauern-Fakultäten in der DDR*. Frankfurt/M.: Campus.

Peters, Bernhard. 2007. *Der Sinn von Öffentlichkeit* (hrsg. von Hartmut Weßler, mit einem Vorwort von Jürgen Habermas). Frankfurt/M.: Suhrkamp.

Pohn-Weidinger, Maria. 2014. *Heroisierte Opfer: Bearbeitungs- und Handlungsstrukturen von „Trümmerfrauen" in Wien*. Wiesbaden: Springer VS.

Rehlinger, Ludwig A. (1991). Freikauf. Die Geschäfte der DDR mit politisch Verfolgten 1961-1989. Berlin, Frankfurt/M.: Ullstein.

Rehlinger, Ludwig A. (2011). Freikauf. Die Geschäfte der DDR mit politisch Verfolgten 1963-1989. Halle/S.: Mitteldeutscher Verlag.

Riemann, Gerhard. 1987. *Das Fremdwerden der eigenen Biographie. Narrative Interviews mit psychiatrischen Patienten*. München: Fink.

Rittersporn, Gábor Tamás, Malte Rolf, und Jan C. Behrends. 2003. *Sphären von Öffentlichkeit in Gesellschaften sowjetischen Typs: zwischen parteistaatlicher Selbstinszenierung und kirchlichen Gegenwelten*. Frankfurt/M.: Lang.

Rosenthal, Gabriele. 2011. *Interpretative Sozialforschung: eine Einführung*. Weinheim: Juventa.

Sacks, Harvey. 1992. *Lectures on Conversation (Vols. I & II)*. Oxford: Blackwell.

Schäfer, Thomas, und Bettina Völter. 2005. Subjekt-Positionen. Michel Foucault und die Biographieforschung. In *Biographieforschung im Diskurs*, Hrsg. Bettina Völter, Bettina Dausien, Helma Lutz und Gabriele Rosenthal, 161-188. Wiesbaden: Verlag für Sozialwissenschaften.

Schegloff, Emanuel. 2007. *Sequence organization in interaction. A primer in conversation analysis (Vol. 1)*. Cambridge University Press.

Schiebel, Martina. 2011. Diskursive und biografische Konstruktion politischer Staatsfeind/innen. Kommunistinnen und Kommunisten in der frühen Bundesrepublik Deutschland [98 Absätze]. *Forum Qualitative Sozialforschung / Forum: Qualitative Social Research* 12 (2): Art. 27. http://nbnresolving.de/urn:nbn:de:0114-fqs1102271. Zugegriffen: 28. Februar 2016.

Schiebel, Martina. 2017 (i.D.). Politische Inhaftierung während der Zeit des Kalten Krieges. Biographische und mediale Perspektiven aus Ost- und Westdeutschland. In *Erinnerungen an Unrecht. Deutsch-arabische Perspektiven*, Hrsg. Sarhan Dhouib, Ina Khiari-Loch und Moez Maataoui. Weilerswist: Velbrück Wissenschaft.

Schiffrin, Deborah, Deborah Tannen, und Heidi Hamilton, Hrsg. 2001. *The Handbook of Discourse Analysis*. Malden, MA: Blackwell.

Schütze, Fritz. 1978. Strategische Interaktion im Verwaltungsgericht – eine soziolinguistische Analyse zum Kommunikationsverlauf im Verfahren zur Anerkennung als Wehrdienstverweigerer. In *Interaktion vor Gericht. Bd. 2 der Schriften der Vereinigung für*

Rechtssoziologie, Hrsg. Winfried Hassemer, Wolfgang Hoffmann-Riem und Martin Weiss, 19-100. Baden-Baden: Nomos.

Schütze, Fritz. 1987. Das narrative Interview in Interaktionsfeldstudien. *Erzähltheoretische Grundlagen*. Teil 1: Merkmale von Alltagserzählungen und was wir mit ihrer Hilfe erkennen können. Hagen: Fernuniversität Gesamthochschule Hagen.

Schütze, Fritz. 1999. Verlaufskurven des Erleidens als Gegenstand der interpretativen Soziologie. In *Handbuch erziehungswissenschaftliche Biographieforschung*, Hrsg. Heinz-Hermann Krüger und Winfried Marotzki, 191-224. Opladen: Leske + Budrich.

Schütze, Fritz. 2001. Ein biographieanalytischer Beitrag zum Verständnis von kreativen Veränderungsprozessen. Die Kategorie der Wandlung. In *Materialität des Geistes. Zur Sache Kultur – im Diskurs mit Ulrich Oevermann*, Hrsg. Roland Burkholz, Christel Gärtner und Ferdinand Zehentreiter, 137-162. Weilerswist: Velbrück Wissenschaft.

Schütze, Fritz. 2008. Biography analysis on the empirical base of autobiographical narratives: How to analyze autobiographical narrative interviews – Part one and two. *European Studies on Inequalities and Social Cohesion* 1/2: 153-242 und 3/4: 5-77.

Schütze, Fritz. 2016a. Biographische Prozesse und biographische Arbeit als Ressourcen der Diagnose und Behandlung? In *Qualitative Gesundheitsforschung. Beispiele aus der interdisziplinären Forschungspraxis*, Hrsg. Carsten Detka, 125-164. Opladen: Verlag Barbara Budrich.

Schütze, Fritz. 2016b. *Sozialwissenschaftliche Prozessanalyse: Grundlagen der qualitativen Sozialforschung* (hrsg. von Heinz-Hermann Krüger und Werner Fiedler). Opladen: Budrich.

Schütze, Fritz, Claudia Lützen, und Ulrike Schulmeyer-Herbold. 1993. Unterschiede in der Berichterstattung der FR und der FAZ zu studentischen Anliegen 1967/68 und 1989/90. Eine qualitative Auswertung. In *Phantasie und Realität in der Spätadoleszenz. Gesellschaftliche Veränderungen und Entwicklungsprozesse bei Studierenden*, Hrsg. Marianne Leuzinger-Bohleber und Eugen Mahler, 300-341. Opladen: Westdeutscher Verlag.

Shibutani, Tamotsu. 1966. *Improvised news: A sociological study of rumor*. Indianapolis: Bobbs Merrill.

Spies, Tina. 2009. Diskurs, Subjekt und Handlungsmacht. Zur Verknüpfung von Diskurs- und Biografieforschung mithilfe des Konzepts der Artikulation. *Forum Qualitative Sozialforschung /Forum: Qualitative Social Research* 10 (2): Art. 36. http://nbn-resolving.de/urn:nbn:de:0114-fqs0902369. Zugegriffen: 28. Februar 2016.

Strauss, Anselm. 1978. A social world perspective. In *Studies in symbolic interaction, Vol. 1*, Hrsg. Norman K. Denzin, 119-128. Greenwich, Conn.: JAI Press.

Truschkat, Inga. 2008. *Kompetenzdiskurs und Bewerbungsgespräche. Eine Dispositivanalyse (neuer) Rationalitäten sozialer Differenzierung*. Wiesbaden: Verlag für Sozialwissenschaften.

Tuider, Elisabeth. 2007. Diskursanalyse und Biographieforschung. Zum Wie und Warum von Subjektpositionierungen. *Forum Qualitative Sozialforschung / Forum: Qualitative Social Research* 8 (2): Art. 6. http://nbn-resolving.de/urn:nbn:de:0114-fqs070268. Zugegriffen: 28. Februar 2016.

Tuider, Elisabeth, und Tina Spies, Hrsg. 2017. *Biographie und Diskurs. Methodologische Verbindungen und empirisches Vorgehen*. Wiesbaden: Springer VS.

Völter, Bettina. 2002. *Judentum und Kommunismus. Deutsche Familiengeschichten in drei Generationen*. Opladen: Leske + Budrich.

Völter, Bettina, Bettina Dausien, Helma Lutz, und Gabriele Rosenthal, Hrsg. 2005. *Biographieforschung im Diskurs*. Wiesbaden: Verlag für Sozialwissenschaften.
Voronkow, Victor. 2000. Politische Biografien im privaten und öffentlichen Diskurs. In *Politische Biografien und sozialer Wandel*, Hrsg. Ingrid Miethe und Silke Roth, 150-162. Gießen: Psychosozial-Verlag.
Werkentin, Falco. 1998. *Recht und Justiz im SED-Staat*. Bonn: Bundeszentrale für politische Bildung.
Wiener, Antje. 1992. Wider den theoretischen „Kessel". Ideen zur Sprengung der binären Logik in der NSB-Forschung. *Forschungsjournal NSB* 2: 34-43.
Wölbern, Jan Philipp. 2008. Die Entstehung des „Häftlingsfreikaufs" aus der DDR, 1962-1964, *Deutschland Archiv* 41 (5): 856-867.
Wölbern, Jan Philipp. 2014. *Der Häftlingsfreikauf aus der DDR 1962/63 -1989. Zwischen Menschenhandel und humanitären Aktionen*. Göttingen: Vandenhoeck und Ruprecht.
Ziemann, Andreas. 2012. *Soziologie der Medien*. Bielefeld: transcript Verlag.

Quellen

„Häftlings-Auslösung: Gegen Südfrüchte" (o.A. 1964a), in: SPIEGEL, 18. Jahrgang, Nr. 42/1964
„Handel mit Verrätern?" (o.A. 1964b), in: Spiegel 37/1964, S. 18
„Vierzehn Jahre in Ulbrichts Kerkern" (o.A. 1964c), Fortsetzungsartikel in: Zeit 47/1964 und 48/1964.
„Stempel der Unmoral" (o.A. 1991), in: SPIEGEL, Nr. 14/1991

Forschungsethische Überlegungen zur biografischen Webpräsenz bei der Triangulation von Biografie- und Diskursanalyse

Ina Alber

Zusammenfassung

Triangulation als biografieanalytische Forschungspraxis produziert nicht nur Herausforderungen im Kontext Methodologie und methodische Umsetzung, sondern auch forschungsethische Fragen. Dies wird anhand des sozialen Phänomens wachsender biografischer Selbstpräsentation im World Wide Web, anhand der Möglichkeiten und Grenzen der Zugänglichkeit von Daten und anhand der damit verbundenen Abwägung zwischen intersubjektiver Nachvollziehbarkeit und Anonymisierung zum Daten- und Personenschutz diskutiert. Die in einer Studie zu Zivilgesellschaftsaktivist/innen in Polen gewonnenen Erfahrungen, in der eine Triangulation biografischer Fallrekonstruktionen und wissenssoziologischer Diskursanalysen fallnaher Materialien, wie beispielsweise Diskursbeiträge von Interviewees im Internet, realisiert wurde, bilden den Diskussionshintergrund. Die forschungsethischen Fragen werden zunächst anhand der Emergenz im Forschungsprozess erläutert, bevor die Herausforderungen bei der Triangulation von Datenmaterialien, Investigator/innen und Methoden diskutiert werden.

1 Einleitung

„All dies sind Erfahrungen, die den gleichen Strukturgesetzen unterliegen, wie alle meine anderen Erfahrungen, wie die Erfahrungen meiner Mitmenschen; es sind typische Erfahrungen dieser oder jener Art, aber sie haben eine einzigartige biographische Artikulierung und dadurch einen besonderen Sinn, weil sie sich an einer besonderen Stelle in den Ablauf unserer Dauer einfügten." (Schütz und Luckmann 2003, S. 97)

Was Alfred Schütz und Thomas Luckmann protosoziologisch für die biografische Artikulierung formulieren, um die einzigartige autobiografische Sedimentierung gesellschaftlich geteilter Typisierungen zu verdeutlichen, ist Grundlage für die sozialkonstruktivistische Biografieforschung. Biografien werden als soziale Konstrukte verstanden, die individuelle Erfahrungen im dialektischen Verhältnis mit intersubjektiv geteilten Wissensbeständen in eine soziale Ordnungskategorie integrieren (Dausien et al. 2005, S. 7f.; Fischer-Rosenthal und Rosenthal 1997, S. 406; Schiebel 2011). Biografische Artikulierungen werden in Form von empirischen Daten erhoben und das Wechselverhältnis der kollektiven Typisierungen und ihrer Sedimentierung wird am individuellen Lebenslauf untersucht.

Darüber hinaus ist festzustellen, dass seit den 2000er Jahren medial vermittelte (auto-)biografische Darstellungsformen zunehmen (vgl. Bublitz 2010; Heinze und Hornung 2013; Miller 2015; Roberts 2015, S. 14ff.). Die biografische Artikulierung in einer durch das World Wide Web geprägten sozialen Wirklichkeit findet aktuell verstärkt auch digital statt. Auf Vereinswebsites, auf Firmenseiten oder in sozialen Medien sind wir als soziale Akteur/innen präsent. In Blogs und auf der Timeline unseres Facebook- oder Twitter-Accounts werden ausgewählte Interaktionen, Gefühlslagen und persönliche Einschätzungen für ein imaginiertes Publikum präsentiert oder in Anlehnung an ein memorierendes Tagebuch dokumentiert. Diese Medien spiegeln biografische Ereignisse im Leben sozialer Akteur/innen auf spezifische Art und Weise. Die biografische Artikulation ist durch die datumsbasierten Darstellungen häufig nur chronologisch möglich und reproduziert aufgrund dessen die Konstruktion Biografie als ein „sozialweltliches Orientierungsmuster" (Fischer und Kohli 1987, S. 26).

Für Biografieforschende bietet sich hier eine Fülle an öffentlich zugänglichen Daten, die häufig mit einer einfachen Suchanfrage verfügbar sind. Gerade bei Blogs oder Twitter-Accounts sind die Präsentierenden an öffentlicher Aufmerksamkeit und Sichtbarkeit interessiert, und ihre Beiträge liefern für Sozialforscher/innen spannendes empirisches Material. Generell aber stellt sich die forschungsethische Frage, ob alles, was öffentlich zugänglich ist, auch für die Forschung genutzt werden kann, darf und soll. Oder: Wie privat sind auch öffentliche Daten, wenn es darum geht, sie für Forschungszwecke zu nutzen? Während in der auf Datenerhebung basierenden Biografieforschung in der Regel die Forschenden die Verantwortung für einen sensiblen und schützenden Umgang mit persönlichen Informationen der Forschungspartner/innen tragen und dies meist in Form von Einverständniserklärungen (informed consent) festhalten, gilt für die Selbstveröffentlichung von autobiografischen Daten und die biografische Webpräsenz, dass grundsätzlich die Publizierenden selbst für diese (im Internet) öffentlich zugänglichen Daten verantwortlich sind.[1] Jedoch gibt es auch bei online verfügbaren Daten noch qualitative Unterschiede, ob ein Blog beispielsweise für alle Internet-User zugänglich ist, oder ob man in einem System wie Facebook, Instagram oder LinkedIn angemeldet sein muss (auch als Forscher/in), um auf die biografischen Daten der untersuchten Personen zugreifen zu können. Inwiefern ich als Forschende durch meine Analyse dieser Beiträge und das Zusammentragen von an unterschiedlichen „Orten" befindlichen Informationen Persönlichkeitsrechte verletze oder gegen forschungsethische Prämissen verstoße, bleibt eine stets zu diskutierende Frage, die je nach Thema, Zielgruppe und Ergebnispräsentation neu beantwortet werden muss (vgl. Alber 2015; von Unger 2014; von Unger et al. 2014).

Bei der Frage nach der Nutzung von im Web präsentem biografischem Datenmaterial tritt – so meine These – vor allem bei der Triangulation von Daten, Methoden und Forschenden (vgl. Denzin 1970; Ecarius und Miethe 2011; Flick 2004) eine weitere Schwierigkeit auf. Dies möchte ich am Beispiel der Triangulation von Biografie- und Diskursanalyse verdeutlichen. Denn wenn ich nicht nur Diskursbeiträge im Internet analysiere, sondern im Sinne einer Triangulation auch biografisches Datenmaterial mit der Methode biografisch-narrativer Interviews erhebe, kommt es bei der Ergebnispräsentation zu einem Dilemma zwischen Nachvollziehbarkeit und Anonymisierung. Wie lässt sich also in der biografieanalytischen Forschungspraxis produktiv mit Triangulation von Interview- und Internetmaterial, von biografischen Daten und Diskursmaterial (oder auch ethnografischem Datenmaterial) umgehen?

Um dieses Thema zu erörtern, werden zunächst in Abschnitt 2 die zur Debatte stehenden Gütekriterien und forschungsethischen Prämissen qualitativer Sozialforschung erläutert. Im Fokus der Ausführungen stehen intersubjektive Nachvollziehbarkeit und Anonymisierung. Der Abschnitt 3 ist auf ein konkretes Forschungsprojekt zum zivilgesellschaftlichen Engagement in Polen bezogen, in

---

1   Verschiedene technische Einstellungen und soziale Praktiken ermöglichen den Akteur/innen, ihre Sichtbarkeit zu regulieren, vgl. dazu aus kultursoziologischer und theologischer Perspektive (Ernst 2015).

dessen Zusammenhang forschungsethische Fragen bezüglich der Triangulation von Biografie- und Diskursanalyse in Erscheinung traten. Das Wechselverhältnis zwischen Nachvollziehbarkeit und Anonymisierung wird in Abschnitt 4 anhand des Forschungsprozesses nachgezeichnet. Im Fazit (Abschnitt 5) wird generalisiert diskutiert, was sich aus den Forschungserfahrungen für forschungsethische Diskussionen folgern lässt.

2 Gütekriterien und forschungsethische Prämissen qualitativer Sozialforschung

In der Sozialforschung ist einer der Grundsätze guter wissenschaftlicher Praxis, dass die Forschungsergebnisse für die Öffentlichkeit zur Verfügung gestellt – in der Regel also publiziert – werden.[2] Die Kriterien, was eine gute Forschung auszeichnet, aber unterscheiden sich in der qualitativen und quantitativen Sozialforschung in einigen Punkten. Das komplexe, heterogene Feld der qualitativen Sozialforschung bestimmen Gütekriterien wie intersubjektive Nachvollziehbarkeit oder Gegenstandsangemessenheit (Steinke 2000a). Die Güte der Forschung wird von Vertreter/innen qualitativer (und quantitativer) Sozialforschung auf der Ebene forschungsethischer Fragen ferner durch das Ziel bestimmt, die Forschungspartner/innen nicht zu schädigen (vgl. DGS 2014). Hier steht qualitative Sozialforschung vor anderen Herausforderungen – beispielsweise in puncto Anonymisierung: quantitative Umfragen sind an den Einzelfällen und ihren Kontexten nicht interessiert, die Erhebung persönlicher, gar biografischer Daten ist irrelevant (vgl. Hopf 2000, S. 591; von Unger 2014). Qualitativ Sozialforschende begeben sich stärker in den Kontakt mit ihren Forschungspartner/innen, nehmen soziale Kontexte in die Datenkonservierung und Analyse auf und damit gestaltet sich auch Anonymisierung schwieriger.

---

2 Seit längerem wird von Förderorganisationen und wissenschaftspolitischen Organen Datenarchivierung gefordert. Hier stellt sich die Frage nach der Anonymisierbarkeit und Nachvollziehbarkeit noch stärker (vgl. Allianz der deutschen Wissenschaftsorganisationen 2010; Gebel et al. 2015; Sektionen Biographieforschung & Methoden der qualitativen Sozialforschung 2014).

2.1 Intersubjektive Nachvollziehbarkeit

Für die hier behandelten Fragen ist vor allem das Kriterium der intersubjektiven Nachvollziehbarkeit von Interesse (Soeffner 2004, S. 31; Steinke 2000a, 2000b). Intersubjektive Nachvollziehbarkeit bedeutet, den gesamten Forschungsprozess zu dokumentieren, die Auswahl des Materials, die Erhebungs- und Auswertungsprinzipien und die Darstellung der Ergebnisse für die Mitglieder der Scientific Community plausibel darzustellen. Hierzu gehört auch, Informationsquellen zu nennen oder in Interpretationsgruppen gemeinsam Hypothesen zu entwickeln und Auswertungen vorzunehmen (Steinke 2000b, S. 324ff.). So hat sich im interpretativen Paradigma die Praxis etabliert, das eigene Vorgehen darzustellen und zu reflektieren, das Sample zu beschreiben und bearbeitetes Datenmaterial oder Forschungskontexte zu erläutern. Ferner werden Textbelege, wie Interviewzitate oder Auszüge aus Medienerzeugnissen, in der Ergebnispräsentation aufgeführt, ihre Quelle genannt und die daran entwickelten Hypothesen dadurch belegt. Für Diskursanalysen werden dafür häufig bereits vorhandene Daten, wie massenmediale Publikationserzeugnisse, Gesetzestexte, Gutachten oder Protokolle, genutzt, teilweise aber auch weitere Daten erhoben (vgl. Keller 2011). Diese werden unter Angabe der Quelle zitiert, um es Rezipient/innen zu ermöglichen, die Analyse nachzuvollziehen sowie ggf. die Primärquellen selbst weiter zu untersuchen.

Der Umgang mit biografischem Datenmaterial unterscheidet sich in einigen Punkten von diesem Vorgehen. In der Regel werden Interviewzitate zum Belegen von Hypothesen aufgeführt. Biografisches Datenmaterial kann aber von Forschenden erhoben werden und/oder bereits in Form ethnografischer Dokumente oder schriftlichen Datenmaterials zur Verfügung stehen (vgl. Fuchs-Heinritz 2005; Heinze und Schiebel 2013; Köttig 2005; Miethe und Schiebel 2008; Müller-Botsch 2009). Mit den sozio-historischen Kontexten wandeln sich diese Formate. Im häufig als Ursprungswerk der soziologischen Biografieforschung bezeichneten „The Polish Peasant in Europe and America" (Thomas und Znaniecki 1996) wurden neben Tagebüchern, Briefen und Verwaltungsdokumenten auch in einem Wettbewerb gesammelte Memoiren und Autobiografien als Grundlage für die biografische Analyse gewählt. In der späteren Chicago School of Sociology spielten schriftliche autobiografische Dokumente eine Rolle (Denzin 1970, S. 226ff.). In der deutschsprachigen Soziologie wurden vor allem ab den 1970er Jahren biografische Daten bzw. Thematisierungen über narrative Interviews erhoben (Fischer-Rosenthal und Rosenthal 1997; Loch und Rosenthal 2002; Schütze 1983). Beim Zitieren aus den transkribierten Texten sind aber aufgrund der Anonymisierung meistens keine Rückschlüsse auf die Primärquelle (die Person, mit der das Interview geführt wurde) möglich. Die Dokumentation reicht hier bis zu den Forschenden und müsste von dort weiter nachvollzogen werden. Heute steht den Biografieforschenden neben diesen analogen Formaten ein breites Spektrum an digital verfügbaren biografischen Daten zur Verfügung. Werden beispielsweise Blogeinträge, Twitter- oder Facebook-Postings zur Analyse herangezogen, kann hier eine relativ chronologische Dokumentation persönlicher Ereignisse und damit biografischer Daten von der Forscherin beobachtet werden. Diese Art „Live-Ticker des Lebens" könnte in den Auswertungsprozess einfließen. Beim Zitieren aus diesen digitalen Quellen zwecks Nachvollziehbarkeit stellen sich aber spezifische forschungsethische Herausforderungen: Die Prämissen intersubjektiver Nachvollziehbarkeit beziehen sich auf ein Deutungsmuster innerhalb der Scientific Community, das gute qualitative Forschung und gute wissenschaftliche Ergebnisse gewährleisten soll. Doch auch gegenüber den Forschungspartner/innen gelten Gütekriterien, die stärker noch auf die Beziehung zwischen Wissenschaft und Alltagswelt fokussieren.

2.2 Das Prinzip der Anonymisierung

Die Beziehung zwischen Forschenden und Forschungspartner/innen wird nach Regeln gestaltet und bewertet, die aus dem diskursiven Umfeld von Schadensvermeidung und des Schutzes von Persönlichkeitsrechten der untersuchten Menschen stammen.[3] Forschungsethische Überlegungen gehen oft über juristische Datenschutzbelange hinaus. Berücksichtigt werden muss das Verhältnis zwischen Untersuchenden und Untersuchten, inklusive der Machtverteilung sowie der Verantwortung von Wissenschaftler/innen (Hopf 2000; Roth 2004; von Unger et al. 2014, S. 2; Wiles 2013). Generell ist zu konstatieren, „dass Forschungsethik nichts ist, das uns irgendwie von außen zukommt, durch eine Art ‚unbefleckte Empfängnis' objektiver Ideale, sondern dass sie auf fundamentale Weise mit Macht, Wissen, Handlungsfähigkeit, (individueller, kollektiver) Identität und Kontrolle zusammenhängt" (Roth 2004, Abs. 10). In der konkreten Handlungspraxis bedeutet dies, dass neben der Freiwilligkeit und einer Einverständniserklärung hinsichtlich der Teilnahme an einem Forschungsprojekt vor allem die persönlichen Daten der

---

3   Andere Richtungen der qualitativen Sozialforschung orientieren sich forschungsethisch daran, den Erkenntnisgewinn für die Allgemeinheit über den Schutz persönlicher Rechte Einzelner zu stellen. Hier gelten als Beispiele Laud Humphreys Undercover-Studie zu Homosexuellen in den USA oder das Milgram-Experiment (vgl. ausführlicher Wiles 2013).

Interviewten/Beobachteten zu anonymisieren sind (vgl. Clark 2006; DGS 2014; Hopf 2000, S. 589ff.). In der Regel sind die Forschungspartner/innen in Publikationen und wissenschaftlichen Vorträgen nicht (mehr) zu identifizieren. So werden auch Rückschlüsse auf ihre jeweiligen Verwandten, Bekannten und Kolleg/innen verhindert – Personen, über die wir in der Datenerhebung Informationen erhalten, die aber selbst niemals der Veröffentlichung ihrer Daten zugestimmt haben. Diese Forschungspraxen finden beispielsweise in Ethikkodizes von Berufsverbänden ihre diskursive Verfestigung und werden von Forschungsethikkommissionen[4] sanktioniert (vgl. ASA 2015; BSA 2002; DGS 2014; ISA 2001; Lamnek 1992; Roth 2004; Saunders et al. 2014). Die Anonymisierung und Pseudonymisierung orientiert sich dabei in Deutschland an den Datenschutzbestimmungen. Dort werden die Begriffe in §3 Bundesdatenschutzgesetz (BDSG) folgendermaßen definiert:

> „(6) Anonymisieren ist das Verändern personenbezogener Daten derart, dass die Einzelangaben über persönliche oder sachliche Verhältnisse nicht mehr oder nur mit einem unverhältnismäßig großen Aufwand an Zeit, Kosten und Arbeitskraft einer bestimmten oder bestimmbaren natürlichen Person zugeordnet werden können.
> (6a) Pseudonymisieren ist das Ersetzen des Namens und anderer Identifikationsmerkmale durch ein Kennzeichen zu dem Zweck, die Bestimmung des Betroffenen auszuschließen oder wesentlich zu erschweren.
> (7) Verantwortliche Stelle ist jede Person oder Stelle, die personenbezogene Daten für sich selbst erhebt, verarbeitet oder nutzt oder dies durch andere im Auftrag vornehmen lässt."

Im Ethikkodex selbst werden keine Definitionen fixiert. Es zeigt sich aber, dass das Prinzip der Anonymisierung bei qualitativen Forschungsdesigns auf verschiedenen Ebenen anzusiedeln ist und je nach Forschungspraxis unterschiedlicher Herangehensweisen bedarf. So sollte zwischen der öffentlichen Publikation in Fachjournalen, Sammelbänden oder in Tagungsbeiträgen und der Veröffentlichung im Kontext von Arbeits- und Interpretationsgruppen, Forschungswerkstätten oder in größeren Verbundforschungsprojekten unterschieden werden. Saunders et al. (2014, S. 2) weisen in ihrer Definition von Anonymität (in Abgrenzung zu Vertraulichkeit/confidentiality) darauf hin, dass die jeweiligen Forschungspartner/innen den Forschenden, die direkten Kontakt hatten, auf jeden Fall bekannt sind und

---

4 Die Praxis unterscheidet sich im deutschsprachigen Raum teils gravierend von britischen oder US-amerikanischen Forschungslandschaften. Ein Beispiel ist, dass in der amerikanischen Soziologie bereits seit den 1960er Jahren ein „Codes of Ethics" besteht, der erst Anfang der 1990er Jahre Pate für eine deutsche Version stand (vgl. Hopf 2000, S. 590; Lamnek 1992; von Unger 2014, S. 32ff.).

dass sich daher Anonymität nur auf den Kontext beziehen könne. Eine Pseudonymisierung, also Veränderung des Namens, als erster Schritt kann aber ein gewisses Maß an Anonymisierung schaffen. Bei der Veränderung weiterer Kontextdaten, häufig auch als Maskierung von Daten bezeichnet, wird es jedoch schwieriger. Für qualitative Forschungsdesigns, die besonders an der Rekonstruktion von Deutungs- und Handlungszusammenhängen interessiert sind, ist Kontextwissen ein essenzieller Bestandteil guter Analyse. So müssen innerhalb einer Forschungsgruppe bei der Auswertung von qualitativen Daten gerade auch die Details, wie der Beruf von Expert/innen oder das Herkunftsland der interviewten Migrant/innen, berücksichtigt werden (vgl. Clark 2006, S. 10ff.). Dies könnte Rückschlüsse auf die konkreten Personen ermöglichen, doch innerhalb von Forschungsgruppen gilt in der Regel ein besonders Maß an Vertraulichkeit und Sensibilität – eine Art informierte Einwilligung zwischen hauptverantwortlich Forschenden und Interpretationskollegium. Zu diesem Thema wird jedoch in der qualitativen Sozialforschung wenig publiziert, vielmehr ist dies eine Form von „tacit knowledge", die bei der Sozialisation in diese Art von Forschungskontexten oder -werkstätten als typisiertes Wissen tradiert wird. Um Rückschlüsse auf die konkreten Personen zu verhindern, sollte aber bei der späteren Veröffentlichung und Ergebnispräsentation ggf. auf manche persönlichen Daten verzichtet werden. Gerade wenn über das Schneeballprinzip in sozialen Netzwerken – egal ob on- oder offline – Interviewpartner/innen rekrutiert wurden, sollten diese sich untereinander nicht erkennen können, was ein viel höheres Maß an Verfremdung erfordert als gegenüber Feldfremden (vgl. Tolich 2004). Durch die digitale Präsenz von persönlichen Daten im World Wide Web und die (häufig) online zugängliche Publikation von Forschungsergebnissen entwickeln sich im Kontext Anonymisierung neue Dynamiken. Denn Vieles kann durch eine Suchmaschinenanfrage – heute auch, ohne den Namen zu kennen – kombiniert und zu einem Profil zusammengefasst werden. So würde eine Zitation aus dem Blog einer Forschungspartnerin beispielsweise zwar Nachvollziehbarkeit garantieren, gleichzeitig aber auch dazu führen, dass sich private Details mit öffentlich zugänglichen Informationen zum Nachteil der Forschungspartner/innen verbinden (vgl. Alber 2015).

Bei den hier angerissenen Fragen zeigt sich bereits, dass Anonymisierung von Daten in qualitativen Forschungsdesigns immer der Abwägung bedarf, inwiefern Kontextdaten für die Analyse von Bedeutung sind und wo aus Gründen des Schutzes von Persönlichkeitsrechten auf Details verzichtet werden sollte, ohne die Sinnhaftigkeit von Aussagen zu zerstören oder die intersubjektive Nachvollziehbarkeit zu verhindern. Da dieses Tarieren nur gegenstandsangemessen und bezogen auf den konkreten Forschungskontext vonstattengehen kann, möchte ich im folgenden Abschnitt den Projektzusammenhang schildern, in dem diese Herausforderungen aufgetaucht sind.

3 Forschungskontext: Triangulation von Biografie- und Diskursforschung am Beispiel polnischer Zivilgesellschaftsaktivist/innen

Im Projekt, in dem die skizzierten forschungsethischen Fragen relevant wurden, wurde das Ziel verfolgt, das soziale Phänomen Zivilgesellschaft und das damit verknüpfte Engagement durch die Triangulation von Diskurs- und Biografieforschung[5] zu erforschen (vgl. Alber 2016). Zivilgesellschaft[6] ist deshalb für die sozialkonstruktivistische Forschung so interessant, weil sich die diskursive Konstruktion von Wirklichkeit in diesem uneindeutigen und wirkmächtigen Phänomen beispielhaft zeigt. Mit dem Diskurs der Zivilgesellschaft ist die soziale Handlungsform des Engagements verbunden, das ebenfalls von Zuschreibungen durchdrungen ist und eine biografische Genese aufweist. Im Rahmen meines Dissertationsprojekts, das in der phänomenologisch orientierten Wissenssoziologie verortet ist, folgte ich der Frage, wie zivilgesellschaftliches Engagement im Wechselverhältnis von Diskursen, Deutungsmustern und Aktivist/innen immer wieder hergestellt wird. Zur Beantwortung dieser Frage war bereits aufgrund von epistemologischen und methodologischen Überlegungen eine Triangulation vorgesehen: die Kombination des methodischen Vorgehens der biografischen Fallrekonstruktion (Rosenthal 1995) mit der wissenssoziologischen Diskursanalyse (Keller 2008). Diese methodischen Zugänge wurden gegenstandsangemessen auf die Besonderheiten eines mehrsprachigen Forschungsdesigns im Kontext der gesellschaftlichen Transformationen Polens nach 1989 zugeschnitten. Die Triangulation wurde in der Forschungspraxis weiter vertieft und expliziert (vgl. Alber 2016).

In Anlehnung an die wissenssoziologische Diskursanalyse verstehe ich Diskurse als „institutionell-organisatorisch regulierte Praktiken des Zeichengebrauchs.

---

5   Die Triangulation von Biografie- und Diskursforschung kann in unterschiedlichen Forschungskontexten genutzt werden, mal interessieren stärker Fragen der Subjektkonstitution (Tuider 2007) oder Artikulation (Spies 2009), mal der diskursiven und biografischen Konstruktion sozialer Phänomene wie „politischer Staatsfeindinnen und -feinde" (Schiebel 2011), „Trümmerfrauen" (Pohn-Weidinger 2014), „Transnationalismus" (Wundrak 2010) oder „Rassismus" (Ransiek 2013); vgl. auch Detka et al. in diesem Band.

6   In Anlehnung an Jürgen Kockas (2004, S. 32ff.) Analysedimensionen verstehe ich Zivilgesellschaft als diskursive Konstruktion, welche Handlungsformen – wie gewaltfreies kompromissorientiertes, selbstorganisiert oder freiwilliges Handeln – mit einer bereichslogischen Vorstellung einer Sphäre an der Schnittstelle von Staat, Markt und Privatheit integriert und stets eine utopische Vision enthält. Für eine ausführliche Darstellung der politischen und ideengeschichtlichen Entwicklung des Diskurses der Zivilgesellschaft im Sinne einer Begriffsgeschichte vgl. Klein (2001).

In und vermittels von Diskursen wird von gesellschaftlichen Akteuren im Sprach- bzw. Symbolgebrauch die soziokulturelle Bedeutung und Faktizität physikalischer und sozialer Realitäten konstituiert" (Keller 2008, S. 12). Untersucht wurden neben den Interviewtexten vor allem fallnahe Diskursmaterialen, wie die Homepages der Organisationen, in denen die Aktivist/innen engagiert sind, allgemeine staatliche und nicht-staatliche Informationsbroschüren, rechtliche Dokumente und wissenschaftliche Sekundärliteratur.

Außerdem setzte die Forschung mit der Biografieanalyse bei den Akteur/innen an. Biografische Daten wurden von mir selbst in Form von biografisch-narrativen Interviews (n=13) mit Zivilgesellschaftsaktivist/innen erhoben. Die polnischen Interviews wurden von Muttersprachler/innen transkribiert und anschließend nach dem fallrekonstruktiven Vorgehen von Gabriele Rosenthal (1995) mit den Prinzipien des rekonstruktiven, sequentiellen und abduktiven Vorgehens und unter Einbezug weiterer Sekundärquellen ausgewertet. Eine diskursanalytische Perspektive war Bestandteil dieses Vorgehens, da Diskurse einerseits die Positionierungen der Biograf/innen vorgeben und ihnen andererseits als Angebote verschiedener Deutungs- und Handlungsmuster entgegentreten. Methodologische Überlegungen zur Triangulation lauteten, dass die Biograf/innen durch ihr Handeln und ihren Bezug auf bestimmte Diskurse selbige stets reproduzieren, ohne jedoch eine völlige Macht über deren Gestaltung zu haben. Dabei ist eine prozesshafte und auf die Genese fokussierende Perspektive nötig, um rekonstruieren zu können, welche Diskursregeln zu bestimmten historischen Zeitpunkten in der Biografie wirkmächtig waren und wie sie sich auf die heutige Präsentation im Interview auswirken (vgl. Radenbach und Rosenthal 2012). Konkret wurde gefragt: Was bedeutete Zivilgesellschaft während der Zeit der Solidarność in Polen, was nach 1989 bei externen Demokratieförderern und wie nutzen die Aktivist/innen diese Deutungs- und Handlungsmuster?

Im Laufe des an den Prinzipien der Grounded-Theory-Methodologie (Glaser und Strauss 2008) orientierten Forschungsprozesses ließen sich immer stärker Deutungs- und Handlungsmuster als Dimension ausmachen, die die Ergebnisse der Biografie- und Diskursanalysen verschränkte. Deutungsmuster in Anlehnung an eine der frühen Definitionen von Oevermann (1973, S. 3) „sind funktional immer auf eine Systematik von objektiven Handlungsproblemen bezogen, die deutungsbedürftig sind." Diese Handlungsprobleme werden biografisch relevant und entsprechend gedeutet. Deutungsmuster sind mit Handlungsmustern eng verknüpft; sie repräsentieren und generieren sich wechselseitig (Soeffner 2004, S. 23f.). Im Zivilgesellschaftsdiskurs werden verschiedene Deutungs- und Handlungsmuster zur „Lösung" von Handlungsproblemen auf spezifische Art und Weise verknüpft und als Wissensvorräte bereitgestellt. Diese Muster zivilgesellschaftlichen Engagements wandeln sich in Polen: vom Freiheitskampf der Gesellschaft gegen den als totalitär interpretierten Staat in den 1980er Jahren hin zu demokratischer Teilhabe, Qualifikations- und Ermächtigungsdiskursen. Dabei verschwinden Muster keineswegs vollständig, sondern existieren parallel, transformieren sich oder werden als „Importware" von externen Demokratiefördernden im polnischen Diskurs adaptiert. Welche Deutungs- und Handlungsmuster von den Akteur/innen jeweils aktualisiert werden, hängt wiederum von deren Sozialisation ab. Um die Interdependenzen zwischen biografisch etablierten Deutungs- und Handlungsmustern und Diskursen zu untersuchen, bot sich die Triangulation an, um den Forschungsgegenstand zivilgesellschaftlichen Engagements in seiner Komplexität zu analysieren (vgl. Alber und Schiebel 2017; Denzin 1970; Flick 2004). Gerade die Diskursbeiträge von Aktivist/innen in Form von Informationsbroschüren, Organisationswebseiten oder offenen Briefen[7] boten in diesem spezifischen sozialen Bereich der Zivilgesellschaft, der auf Sichtbarkeit und Herstellung von Öffentlichkeit ausgerichtet ist (vgl. Habermas 1990), eine fruchtbare Materialauswahl. Die Bedeutung, die digitale Selbstpräsentationen haben würden, war mir zu Beginn der Forschung nicht bewusst. Erst im Laufe des Forschungsprozesses wurden mir bei meinen Recherchen und durch meine Interviewpartner/innen Zugänge zu Webblogs, Facebook-Gruppen und Foren eröffnet, in denen kommentierte biografische Ereignisse, öffentliche Redebeiträge und Formen von Engagement dokumentiert waren. Neben der Fülle von Datenmaterial, das es für die Analyse sinnvoll einzugrenzen galt, stellte sich aber immer stärker das Problem, dass ich dieses Material aus dem Internet kaum oder gar nicht anonymisieren konnte. Dies möchte ich anhand eines fiktiven Beispiels verdeutlichen.

Würde ich in den Satz: „Wir brauchen kein ACTA-Gesetz[8] in Łódź, denn hier genießen wir die Freiheit des Wortes" zitieren, könnte dies bei einer entsprechenden Internetsuchanfrage zu Marek Małkowskis Blog „Verhindert ACTA" führen. Hier würde ich einiges über Marek erfahren. Diese Informationen hätte er aber selbst eingestellt – so die Vermutung –, um damit für ein bestimmtes Interesse zu werben. Schwierig würde es nur, wenn ich dieses Zitat in der biografischen Fallrekonstruktion eines von mir als Piotr Podolski maskierten ACTA-Aktivisten nutzen würde, der mit einer einfachen Suchmaschinenanfrage des Zitats und der

---

7   Vgl. zur Bedeutung offener Briefe und dem ostmitteleuropäischen Deutungs- und Handlungsmuster Samizdat als Publikationsform vgl. auch Stegmann (2016).
8   Das Anti-Counterfeiting Trade Agreement (ACTA) als geplantes Abkommen zur Regulierung von Produktpiraterie und Copyrightfragen wurde in Polen 2011/2012 mit heftigen zivilgesellschaftlichen Protesten abgelehnt, da eine Einschränkung von Meinungs- und Redefreiheit befürchtet wurde.

Weiterleitung auf seinen Blog demaskiert wäre. Denn in meiner biografischen Falldarstellung hätte ich nicht nur auf Daten verwiesen, die öffentlich im Internet zugänglich waren, sondern auch Persönliches aus dem biografisch-narrativen Interview eingebracht. So würde das Publikum meiner Ergebnispräsentation auch erfahren, dass Marek alias Piotr lange Zeit an Depression gelitten hat, sein Vater wegen Trunkenheit am Steuer verhaftet wurde und sein Chef bei der Arbeit die Mitarbeiter/innen überwacht. All diese Details hat Marek aber niemals ins Internet gestellt und sie gehören nicht zu seiner öffentlich präsenten Rolle als Anti-ACTA-Aktivist. Für die wissenschaftliche Untersuchung seines Falles als Zivilgesellschaftsaktivist wären sie von Bedeutung, jedoch nur in maskierter und anonymisierter Form – oder durch einen Verzicht, der dann zu einer geringeren intersubjektiven Nachvollziehbarkeit geführt hätte. Wäre dieses fiktive Beispiel real, hätte ich aus forschungsethischer Sicht auf Zitate aus seinen Webauftritten verzichtet. Damit wären meine aus diesem Material gewonnenen Hypothesen zwar nicht in der Tiefe intersubjektiv nachvollziehbar gewesen, das Prinzip der Anonymisierung zum Schutz vor Schädigung aber wäre nach bestem Wissen und Gewissen befolgt worden (vgl. auch Alber 2015). Den forschungspragmatischen Umgang mit forschungsethischen Herausforderungen, die auf die Triangulation zurückzuführen sind, möchte ich im Folgenden in der Sequenzialität des Projektverlaufs nachzeichnen.

4 Anonymisierung und Nachvollziehbarkeit im Forschungsprozess

Anonymisierung und Nachvollziehbarkeit als Prinzipien waren bereits bei der Forschungskonzeption aus den oben erläuterten Gründen als Teil der Gütekriterien und Regeln guter wissenschaftlicher Arbeit eingeplant. Doch Prinzipien und Praxis veränderten sich im Laufe des Forschungsprozesses.

4.1 Feldzugang und Datenmanagement

Der Feldzugang erfolgte über die Personen, die ich im Umfeld von Menschenrechts- und Demokratieorganisationen in Polen in Anlehnung an das theoretische Sampling der Grounded-Theory-Methodologie rekrutiert hatte (vgl. Glaser und Strauss 2008; Rosenthal 2011). Die Kontaktaufnahme, auch das Weiterleiten über verschiedene Netzwerke oder Mailinglisten und die Vorgespräche wurden von mir in Memos festgehalten. Um während meiner Feldaufenthalte in Polen den Überblick zu behalten, legte ich diese zunächst auch mit den Klarnamen der Personen und Kontaktdetails an. Nach dem ersten Treffen und dem oft mehrstündigen biografischen Interview verfasste ich dann ein pseudonymisiertes Memo, das zwar noch die Orte, die Organisationen, die Details der Kontaktaufnahme und die ethnografischen Feldnotizen enthielt, jedoch einen anderen Namen. Dies ermöglichte mir als Forscherin auch eine analytische Distanz zu den Personen aufzubauen, um mich den soziologischen Fällen zuwenden zu können.

Eine informierte Einwilligung stellte ich mit den Biograf/innen nur mündlich her. Ich verwies bereits in der ersten Kontaktaufnahme und dann noch einmal vor dem Start des digitalen Aufnahmegeräts (Audiodatei) auf die Anonymisierung der Daten und den ausschließlichen Verwendungszweck im Rahmen der wissenschaftlichen Arbeit. Obwohl für postsozialistische Länder eine Skepsis gegenüber Tonaufnahmen und Interviews aufgrund der Geheimpolizeierfahrungen prognostiziert wird, stellte sich dies in meinem Sample nicht als Problem dar. Dies hängt vermutlich auch mit ihrer Selbsteinschätzung als Expert/innen (für Demokratie und Menschenrechte) zusammen, die natürlich bei einem „so wichtigen Interview" aufgezeichnet werden müssen. Wie die Analyse von Interkationen zu Interviewbeginn in einigen Fällen zeigte, waren die Interviews von dieser Dynamik zwischen mir als junger, deutscher Forscherin und den meist deutlich älteren, polnischen Zivilgesellschaftsaktivist/innen geprägt. Bei einigen Interviews führte diese Selbstdarstellung dazu, dass die Interviewpartner/innen drängten, ich möge sie doch mit ihrem echten Namen in der Doktorarbeit nennen – sie hätten nichts zu verbergen und seien stolz auf diese Aktivitäten. Eine Analyse dieser Aussagen muss an dieser Stelle ausbleiben, aber dies illustriert, dass Bedenken von Seiten der Interviewpartner/innen nicht vorhanden waren.[9]

Vielmehr war mir daran gelegen, dass die Interviewten nicht erkannt werden können, um ihre Persönlichkeitsrechte zu schützen, aber auch im Sinne einer Fürsorgepflicht als Forscherin zu verhindern, dass ggf. Details über die Menschen, über welche die Interviewten sprachen, mit denen ich aber nie in Kontakt getreten war und von denen ich folglich auch keine mündliche informierte Einwilligung hatte, bekannt würden. Hinzu kam außerdem, dass im Sinne einer interpretativen Sozialforschung nicht einfach die Zitate wiedergegeben, sondern im Gesamtzusammenhang der biografischen Fallstruktur analysiert werden. Oder anders for-

---

9 Ein weiterer Grund könnte darin liegen, dass in Polen mit dem Archiwum Historii Mówionej (Archiv für Oral History) auch eine – so unterstelle ich – in den Kreisen der Zivilgesellschaftsaktivist/innen größerer Städte bekannte Sammlung mit biografischem Charakter besteht, welche die Bedeutung von Oral History und Zeitzeugenschaft für die Forschung und als Bewahrung kulturellen Erbes verdeutlicht (vgl. Audiohistoria 2014).

muliert: viele würden nicht lesen wollen, was aus ihrer Geschichte gemacht wurde. Hier war die von mir ausgefüllte Rolle als Sozialforscherin durchaus von einem paternalistischen Handlungsmuster geprägt, aber auch an den ethischen Richtlinien der DGS oder ISA orientiert.

4.2 Auswertung und Präsentation in verschiedenen Kontexten

Bei der Recherche zu den biografischen Daten, die ich im Sinne objektiver Daten (vgl. Rosenthal 2011, S. 188ff.) auswertete, suchte ich ebenfalls unter den echten Namen, teilweise fragte ich auch in Archiven und Datenbanken an. Als wahre „Fundgrube" erwiesen sich das Internet und hier insbesondere unterschiedliche Formen sozialer Medien. Die Anonymisierungsfrage erhält hier eine weitere Dimension: Als Forscherin verzichtete ich darauf, mir in allen digitalen Netzwerken selbst Profile anzulegen, um mich mit meinen Interviewpartner/innen „befreunden" zu können. Dies hätte mir zwar erlaubt, noch mehr Informationen über sie zu erhalten. Doch hätte ich darauf vertrauen müssen, dass die Personen sensible Daten, die sie nicht teilen möchten, durch entsprechende Privacy-Settings beschränken oder sich bewusst sind, dass ihre Daten auch für andere Zwecke genutzt werden könnten. Ich wollte im Umkehrschluss aber auch nicht, dass meine Interviewpartner/innen mehr über mich bei Facebook erfahren. Meine professionelle Neugierde hinderte mich jedoch nicht daran, Material zu nutzen, das beispielsweise bei Facebook für angemeldete Nutzer/innen online und zugreifbar ist, ohne mit der Person „befreundet" zu sein.[10] Dies war im Fall meines Samples eine Menge an Datenmaterial. Eine Hypothese dazu wäre, dass die Personen die Privacy-Settings nicht kannten oder nutzten, eine andere, dass sie dem Grundsatz des „Ich-habenichts-zu-verbergen" folgten und ihre Webpräsenz auch nutzten, um für ihre Interessen und Ziele im Bereich des Demokratie- und Menschenrechtsaktivismus ein- und aufzutreten. Diese Lesart wird dadurch verstärkt, dass viele Zivilgesellschaftsaktivist/innen – nicht nur die von mir interviewten – bloggen oder twittern, um für ihre Anliegen, ihre Organisationen und Initiativen zu werben.[11]

---

10 Da die meisten Forschungspartner/innen mich auf ihre Webpräsenz aufmerksam gemacht hatten, fragte ich nicht noch einmal nach, ob ich das Material nutzen durfte. In anderen Studien wird dies im Sinne eines hohen forschungsethischen Standards allerdings als zur Absicherung gemacht (vgl. Goodings 2011).

11 Vgl. dazu die Beiträge der Tagung „Politisches Handeln in digitalen Öffentlichkeiten" (November 2014, Göttingen). Verfügbar unter: http://podcast-kombinat.de/2014/11/ [Zugegriffen: 07. Januar 2017].

Das Datenmaterial von einer Webseite oder aus einer Facebook-Gruppe war für die Triangulation von Biografie- und Diskursanalyse äußerst aufschlussreich. Ich interpretierte jedoch nicht nur allein, sondern auch häufig in kleineren Interpretationsgruppen oder im Rahmen von Workshops in Deutschland und Polen. Bei der Analyse in einer Interpretationsgruppe wurden zwar die Namen der Biograf/innen und ihrer Familienmitglieder oder engen Kolleg/innen pseudonymisiert, jedoch zeigte ich auch Screenshots von Homepages oder fotografische Selbstdarstellungen der Aktivist/innen im Internet, um unter Einbezug möglichst vieler Kontextdetails eine sequenzielle Feinanalyse des Materials vorzunehmen. In diesen Arbeitskontexten spielte das Vertrauen in den Schutz der persönlichen Daten und die „informierte Einwilligung" zwischen den beteiligten Forschenden eine wichtige Rolle.

Bei der Präsentation der Daten und vorläufigen Ergebnissen in größeren Interpretationskontexten, wie Forschungswerkstätten oder Doktorandenkolloquien, habe ich aber bereits die Namen der Organisationen und Städte verändert, um bei einer größeren Gruppe die Anonymität zu sichern. Denn hätte ich beispielsweise von Homepages oder Infobroschüren der Organisationen zitiert, in denen die von mir interviewten Biograf/innen aktiv sind, wäre es mit einer einfachen Internet-Suche möglich gewesen, das Zitat ebenso wie die dort tätigen Menschen zu finden und zu identifizieren. Bei sehr großen Organisationen, wie Amnesty International, wäre vermutlich kein direkter Rückschluss auf die Person möglich gewesen. Bei kleineren Organisationen, die oft nur aus zwei bis drei Aktiven bestehen, welche auch namentlich im Impressum aufgeführt werden, allerdings schon. In diesen Fällen war mir – zur Verhinderung möglicher Schädigungen der Interviewpartner/innen und ihrer Netzwerke – eine Anonymisierung besonders wichtig. Denn diese von mir gesammelten Informationen können auch in Publikationen auftauchen, die beispielsweise über Open-Access-Kanäle für polnisch Lesende ebenfalls zugänglich sind. Wenn diese sich für den Bereich Zivilgesellschaft interessieren, weil sie dort selbst aktiv sind, könnten sie relativ leicht die konkreten Personen, die hinter den soziologischen Fällen stecken, recherchieren – vielleicht aus Neugierde, zur Selbstdemaskierung oder für die eigene Publicity (vgl. Saunders et al. 2014, S. 14), vielleicht aber auch, um einem potenziellen politischen Gegner zu schaden (vgl. Alber 2015). Um diese Szenarien möglichst zu verhindern, war vor allem ein Verzicht auf Material meine Lösung.

Dieses Vorgehen führte aber auch dazu, dass die fallnahen Diskursmaterialen, wie die Internetbeiträge, selten in größeren Forschungskontexten gemeinsam mit dem biografischen Datenmaterial analysiert wurden. Für die Triangulationsebene bedeutete dies, dass hier eine intersubjektive Nachvollziehbarkeit durch die Interpretation in Gruppen oder die direkten Zitate als Textbelege, nicht in der Form gewährleistet werden konnte, wie dies bei der „einfachen Anwendung" einer „reinen Diskursanalyse" oder „offline Biografieanalyse" möglich gewesen wäre. Bei der endgültigen Ergebnispräsentation in Form von Publikationen müssen die Leser/innen dementsprechend weitgehend auf direkte Zitate oder spezifische Details aus dem Internet verzichten. Denn auch wenn einige Merkmale der Personen zur Anonymisierung verändert werden, können in Zeiten wachsender Webpräsenz der Biograf/innen digitale Informationen zu leicht nachvollzogen werden und unter Umständen zu einer Schädigung der Personen führen (vgl. Alber 2015). Was lässt sich anhand dieses Beispiels aber für die forschungsethische Diskussion im Zusammenhang mit Triangulation folgern?

5 Fazit

Die intersubjektive Nachvollziehbarkeit ist ein wesentliches Gütekriterium qualitativer Sozialforschung. Diesem Prinzip wollte ich bei der Ergebnispräsentation einer Triangulation von Diskurs- und Biografieanalyse zur Erklärung von zivilgesellschaftlichem Engagement in Polen folgen. Jedoch kam es bei der Anwendung des Prinzips zu Problemen mit dem Prinzip der Anonymisierung. Der Hintergrund ist, dass gerade im Bereich der Zivilgesellschaft die Herstellung von Öffentlichkeit zu einem zentralen Merkmal des Engagements gehört (vgl. Alber 2016). Das heißt, dass die Akteur/innen selbst in den Interviews auf ihre Blogs und Homepages aufmerksam machten. Dieses Material war für die diskursanalytische Untersuchung der fallnahen Daten auf der Ebene der Datentriangulation sehr fruchtbar. Bei der biografischen Datenanalyse konnten aus den Online-Auftritten der Aktivist/innen viele der im Interview erwähnten Ereignisse um eine weitere Perspektive ergänzt werden. Außerdem wurde die Selbstpräsentation im Internet mit derjenigen im biografisch-narrativen Interview kontrastiert und Kohärenz sowie Abweichungen herausgearbeitet. Jedoch musste die Ergebnispräsentation ohne direkte Zitate aus den im Internet (aber auch in weitverbreiteten Broschüren u. ä.) zugänglichen Quellen auskommen. Diese konnte ich zwar bei Materialien von großen Organisationen verwenden, aber bei vielen kleinen Organisationen wären die Personen sofort zu identifizieren gewesen. Deshalb habe ich für mein Projekt beschlossen, die Anonymisierung der Daten über das Prinzip der intersubjektiven Nachvollziehbarkeit zu stellen.

Meines Erachtens ist das Phänomen der Webpräsenz von Biograf/innen nicht nur im Bereich von Aktivismus und Zivilgesellschaft von Bedeutung, sondern tritt in der biografieanalytischen Forschungspraxis, die soziale Medien und andere Formen der digitalen Selbstpräsentation einbezieht, vermehrt in Erscheinung.

Besonders bei der Triangulation von Daten, Methoden und Forschenden reichen aufgrund der Sichtbarkeit und einfachen Zugänglichkeit zu Onlinedaten gängige Maskierungs- und Pseudonymisierungsstrategien nicht mehr aus. Ein Verzicht auf digitales Material zugunsten des analogen darf aber keinesfalls die Lösung darstellen. Denn zur Aufgabe der Sozialforschung gehört es, soziale Phänomene, wie digitale Kommunikation und Interaktion, zu erforschen und sich Fragen nach Interdependenzen zwischen Diskursen und Akteur/innen zu stellen. Die Forschungsergebnisse sollten ferner der Öffentlichkeit zugänglich gemacht und publiziert werden. Durch den vernetzten Informationsaustausch im Internet, Open-Access-Publikationen von Wissenschaftler/innen und ein erhöhtes, archiviertes Datenvolumen wird Nachvollziehbarkeit im Sinne guter wissenschaftlicher Arbeit zwar erleichtert, gleichzeitig die Anonymisierung aber immer schwieriger (vgl. Anm. 1 zur Datenarchivierung). Hier sind auch neue Lösungswege, wie das Ersetzen bestimmter Kontextinformationen durch andere, oder sinngemäße Wiedergaben von im Internet auffindbarem Text- und Bildmaterial gefordert (zu einigen Vorschlägen vgl. Saunders et al. 2014). Mein Plädoyer lautet daher, dass sich qualitative Sozialforschung im Allgemeinen und mit Triangulation arbeitende Wissenschaftler/innen im Besonderen vermehrt mit Fragen öffentlich zugänglicher Daten, mit der Webpräsenz von Akteur/innen und den forschungsethischen Möglichkeiten bzw. Grenzen auseinandersetzen sollten. Zentrale Anliegen forschungsethischer Debatten – egal ob es um das Verhältnis innerhalb der Scientific Community oder zwischen Forschenden und Beforschten geht – müssen Reflexion und Austausch bleiben (vgl. auch von Unger 2014).

Literatur

Alber, Ina. 2015. Wie öffentlich ist das Private? Sozialforschung in digitalen Welten zwischen Sichtbarkeit und Anonymität. *Forschungsjournal Soziale Bewegungen 28* (3): 73-82.
Alber, Ina. 2016. *Zivilgesellschaftliches Engagement in Polen: Ein biographietheoretischer und diskursanalytischer Zugang*. Wiesbaden: Springer VS.
Alber, Ina, und Martina Schiebel. 2017 [i. D.]. Triangulation in der Biographieforschung. In *Handbuch Biographieforschung*, Hrsg. Helma Lutz, Martina Schiebel und Elisabeth Tuider. Wiesbaden: Springer VS.
Allianz der deutschen Wissenschaftsorganisationen. 2010. *Grundsätze zum Umgang mit Forschungsdaten*. http://www.allianzinitiative.de/fileadmin/user_upload/redakteur/Grundsaetze_Forschungsdaten_2010.pdf. Zugegriffen: 29. Februar 2016.
American Sociological Association (ASA). 2015. *Ethics and the code of ethics*. http://www.asanet.org/about/ethics.cf. Zugegriffen: 29. Februar 2016.
Audiohistoria. 2014. *Archiwum Historii Mówionej* [Archiv für Oral History]. http://www.audiohistoria.pl/web/. Zugegriffen: 29. Februar 2016.
British Sociological Association (BSA). 2002. *Statement of ethical practice for the British Sociological Association*. http://www.britsoc.co.uk/media/27107/StatementofEthicalPractice.pdf. Zugegriffen: 29. Februar 2016.
Bublitz, Hannelore. 2010. *Im Beichtstuhl der Medien: Die Produktion des Selbst im öffentlichen Bekenntnis*. Bielefeld: transcript.
Clark, Andrew. 2006. Anonymising research data. *ESRC National Centre for Research Methods, NCRM Working Paper Series 7/06*. http://eprints.ncrm.ac.uk/480/1/0706_anonymising_research_data.pdf. Zugegriffen: 29. Februar 2016.
Dausien, Bettina, Helma Lutz, Gabriele Rosenthal, und Bettina Völter. 2005. Einleitung. In *Biographieforschung im Diskurs*, Hrsg. Bettina Völter, Bettina Dausien, Helma Lutz und Gabriele Rosenthal, 7-20. Wiesbaden: Verlag für Sozialwissenschaften.
Denzin, Norman K. 1970. *The research act: A theoretical introduction to sociological methods*. Chicago, Ill.: Aldine Publishing Company.
Deutsche Gesellschaft für Soziologie (DGS). 2014. *Ethik-Kodex*. http://www.soziologie.de/de/die-dgs/ethik-kommission/ethik-kodex.html. Zugegriffen: 7. Januar 2016.
Ecarius, Jutta, und Ingrid Miethe. 2011. Einleitung. In *Methodentriangulation in der qualitativen Bildungsforschung*, Hrsg. Jutta Ecarius und Ingrid Miethe, 7-17. Leverkusen: Budrich.
Ernst, Christina. 2015. *Mein Gesicht zeig ich nicht auf Facebook: Social Media als Herausforderung theologischer Anthropologie*. Göttingen: Edition Ruprecht.
Fischer, Wolfram, und Martin Kohli. 1987. Biographieforschung. In *Methoden der Biographie- und Lebenslaufforschung*, Hrsg. Wolfgang Voges, 25-49. Opladen: Leske + Budrich.
Fischer-Rosenthal, Wolfram, und Gabriele Rosenthal. 1997. Warum Biographieanalyse und wie man sie macht. *Zeitschrift für Sozialisationsforschung und Erziehungssoziologie 17* (4): 405-427.
Flick, Uwe. 2004. *Triangulation: Eine Einführung*. Wiesbaden: Verlag für Sozialwissenschaften.

Fuchs-Heinritz, Werner. 2005. *Biographische Forschung: Eine Einführung in Praxis und Methoden*. Wiesbaden: Verlag für Sozialwissenschaften.

Gebel, Tobias, Matthis Grenzer, Julia Kreusch, Stefan Liebig, Heide Schuster, Ralf Tscherwinka, Oliver Watteler, und Andreas Witzel. 2015. Verboten ist, was nicht ausdrücklich erlaubt ist: Datenschutz in qualitativen Interviews. *Forum Qualitative Sozialforschung / Forum: Qualitative Social Research* 16 (2), Art. 27. http://nbn-resolving.de/urn:nbn:de:0114-fqs1502279. Zugegriffen: 14. September 2016.

Glaser, Barney G., und Anselm L. Strauss. 2008 [1967]. *Grounded theory: Strategien qualitativer Forschung*. Bern: Huber.

Goodings, Lewis. 2011. The dilemma of closeness and distance: A discursive analysis of wall posting in MySpace. *Forum Qualitative Sozialforschung / Forum: Qualitative Social Research* 12 (3), Art. 16. http://nbn-resolving.de/urn:nbn:de:0114-fqs1103160. Zugegriffen: 29. Februar 2016.

Habermas, Jürgen. 1990 [1962]. *Strukturwandel der Öffentlichkeit: Untersuchungen zu einer Kategorie der bürgerlichen Gesellschaft*. Frankfurt/M.: Suhrkamp.

Heinze, Carsten, und Alfred Hornung, Hrsg. 2013. *Soziologie. Medialisierungsformen des (Auto-) Biografischen*. Konstanz: UVK.

Heinze, Carsten, und Martina Schiebel. 2013. Einleitung zur Sektionsveranstaltung: Autobiographische Formate – Spezifika der Produktion und Auswertung unterschiedlicher Quellen. In *Unsichere Zeiten. Herausforderungen gesellschaftlicher Transformationen; Verhandlungen des 34. Kongresses der Deutschen Gesellschaft für Soziologie*, Hrsg. Hans-Georg Soeffner (CD-ROM). Wiesbaden: Verlag für Sozialwissenschaften.

Hopf, Christel. 2000. Forschungsethik und qualitative Forschung. In *Qualitative Forschung. Ein Handbuch*, Hrsg. Uwe Flick, Ernst von Kardorff und Ines Steinke, 589-600. Reinbek: Rowohlt.

International Sociological Association (ISA). 2001. *Code of ethics: Approved by the ISA Executive Committee*. http://www.isa-sociology.org/about/isa_code_of_ethics.htm. Zugegriffen: 29. Februar 2016.

Keller, Reiner. 2008. *Wissenssoziologische Diskursanalyse: Grundlegung eines Forschungsprogramms*. Wiesbaden: Verlag für Sozialwissenschaften.

Keller, Reiner. 2011. *Diskursforschung: Eine Einführung für SozialwissenschaftlerInnen*. Wiesbaden: Verlag für Sozialwissenschaften.

Klein, Ansgar. 2001. *Der Diskurs der Zivilgesellschaft: Politische Kontexte und demokratietheoretische Bezüge der neueren Begriffsverwendung*. Opladen: Leske + Budrich.

Kocka, Jürgen. 2004. Zivilgesellschaft in historischer Perspektive. In *Zivilgesellschaft als Geschichte. Studien zum 19. und 20. Jahrhundert*, Hrsg. Ralph Jessen, Sven Reichardt und Ansgar Klein, 29-42. Wiesbaden: Verlag für Sozialwissenschaften.

Köttig, Michaela. 2005. Triangulation von Fallrekonstruktionen: Biographie- und Interaktionsanalysen. In *Biographieforschung im Diskurs*, Hrsg. Bettina Völter, Bettina Dausien, Helma Lutz und Gabriele Rosenthal, 65-83. Wiesbaden: Verlag für Sozialwissenschaften.

Lamnek, Siegfried. 1992. Zur Genesis und Geltung eines Deutschen Ethik-Kodex: eine qualitative Längsschnittanalyse. *Sozialwissenschaften und Berufspraxis* 15 (3), 249-268. http://nbn-resolving.de/urn:nbn:de:0168-ssoar-35806. Zugegriffen: 29. Februar 2016.

Loch, Ulrike, und Gabriele Rosenthal. 2002. Das narrative Interview. In *Qualitative Gesundheits- und Pflegeforschung*, Hrsg. Doris Schaeffer und Gabriele Müller-Mundt, 221-232. Bern: Huber.

Miethe, Ingrid, und Martina Schiebel. 2008. *Biografie, Bildung und Institution. Die Arbeiter-und-Bauern-Fakultäten in der DDR*. Frankfurt/M.: Campus.
Miller, Robert. 2015. Ignore the man behind the curtain: Exploration of virtual reality. In *Advances in biographical methods. Creative applications*, Hrsg. Maggie O'Neill, Brian Roberts und Andrew C. Sparkes, 90-105. Abingdon: Routledge.
Müller-Botsch, Christine. 2009. *Den richtigen Mann an die richtige Stelle: Biographien und politisches Handeln von unteren NSDAP-Funktionären*. Frankfurt/M.: Campus.
Oevermann, Ulrich. 1973. Zur Analyse der Struktur von sozialen Deutungsmustern. http://publikationen.ub.uni-frankfurt.de/volltexte/2005/533/pdf/Struktur-von-Deutungsmuster-1973.pdf. Zugegriffen: 29. Februar 2016.
Pohn-Weidinger, Maria. 2014. *Heroisierte Opfer: Bearbeitungs- und Handlungsstrukturen von „Trümmerfrauen" in Wien*. Wiesbaden: Springer VS.
Radenbach, Niklas, und Gabriele Rosenthal. 2012. Das Vergangene ist auch Gegenwart, das Gesellschaftliche ist auch individuell. Zur Notwendigkeit der Analyse biographischer und historischer „Rahmendaten". *Sozialer Sinn 13* (1): 3-37.
Ransiek, Anna. 2013. Anders-Sein in der DDR: Narrative Bezüge nach der Transformation. In *Ostdeutsche Erinnerungsdiskurse nach 1989. Narrative kultureller Identität*, Hrsg. Elisa Goudin-Steinmann und Carola Hähnel-Mesnard, 79-96. Berlin: Frank & Timme.
Roberts, Brian. 2015. Biographical research. Past, present, future. In *Advances in biographical methodS. Creative applications*, Hrsg. Maggie O'Neill, Brian Roberts und Andrew Sparkes, 11-29. Abingdon: Routledge.
Rosenthal, Gabriele. 1995. *Erlebte und erzählte Lebensgeschichte: Gestalt und Struktur biographischer Selbstbeschreibungen*. Frankfurt/M.: Campus-Verlag.
Rosenthal, Gabriele. 2011. *Interpretative Sozialforschung: Eine Einführung*. Weinheim: Juventa.
Roth, Wolff-Michael. 2004. Ethik als soziale Praxis: Einführung zur Debatte über qualitative Forschung und Ethik. *Forum Qualitative Sozialforschung / Forum: Qualitative Social Research 6* (1), Art. 9. http://nbn-resolving.de/urn:nbn:de:0114-fqs050195. Zugegriffen: 29. Februar 2016.
Saunders, Benjamin, Jenny Kitzinger, und Celia Kitzinger. 2014. Anonymising interview data: Challenges and compromise in practice. *Qualitative Research, online first*. DOI: 10.1177/1468794114550439. http://qrj.sagepub.com/content/early/2014/09/23/1468794114550439.full.pdf+html. Zugegriffen: 29. Februar 2016.
Schiebel, Martina. 2011. Diskursive und biografische Konstruktion politischer Staatsfeind/innen. Kommunistinnen und Kommunisten in der frühen Bundesrepublik Deutschland. *Forum Qualitative Sozialforschung / Forum: Qualitative Social Research 12* (2), Art. 27. http://nbn-resolving.de/urn:nbn:de:0114-fqs1102271. Zugegriffen: 29. Februar 2016.
Schütz, Alfred, und Thomas Luckmann. 2003 [1973]. *Strukturen der Lebenswelt*. Konstanz: UVK.
Schütze, Fritz. 1983. Biographieforschung und narratives Interview. *Neue Praxis. Kritische Zeitschrift für Sozialarbeit und Sozialpädagogik 13* (3): 283-293.
Sektionen Biographieforschung & Methoden der Qualitativen Sozialforschung. 2014. *Resolution zur Archivierung und Sekundärnutzung von Daten der Sektionen für Biographieforschung und für Methoden der Qualitativen Sozialforschung der DGS*. http://www.soziologie.de/fileadmin/user_upload/Sektionen/Biographieforschung/Resolution_Datenarchivierung_Final-1.pdf. Zugegriffen: 23. Februar 2016.

Soeffner, Hans-Georg. 2004. *Auslegung des Alltags: Der Alltag der Auslegung*. Konstanz: UVK.

Spies, Tina. 2009. Diskurs, Subjekt und Handlungsmacht. Zur Verknüpfung von Diskurs- und Biografieforschung mithilfe des Konzepts der Artikulation. *Forum Qualitative Sozialforschung / Forum: Qualitative Social Research 10* (2), Art. 36. http://nbn-resolving.de/urn:nbn:de:0114-fqs0902369. Zugegriffen: 29. Februar 2016.

Stegmann, Natali. 2016. Open letters: Substance and circumstances of communication processes in late socialist Czechoslovakia and Poland. *Zeitschrift für Ostmitteleuropaforschung 65* (1): S. 43-63.

Steinke, Ines. 2000a. Geltung und Güte. Bewertungskriterien für qualitative Forschung. In *Die Fallrekonstruktion. Sinnverstehen in der sozialwissenschaftlichen Forschung*, Hrsg. Klaus Kraimer, 201-236. Frankfurt/M.: Suhrkamp.

Steinke, Ines. 2000b. Gütekriterien qualitativer Forschung. In *Qualitative Forschung. Ein Handbuch*, Hrsg. Uwe Flick, Ernst von Kardorff und Ines Steinke, 319-331. Reinbek: Rowohlt.

Thomas, William Isaac, und Florian Znaniecki. 1996 [1918-1920]. *The Polish peasant in Europe and America: A classic work in immigration history*. Chicago, Ill: University of Illinois press.

Tolich, Martin. 2004. Internal confidentiality: When confidentiality assurances fail relational informants. *Qualitative Sociology 27* (1): 101-106.

Tuider, Elisabeth. 2007. Diskursanalyse und Biographieforschung. Zum Wie und Warum von Subjektpositionierungen. *Forum Qualitative Sozialforschung / Forum: Qualitative Social Research 8* (2), Art. 6. http://nbn-resolving.de/urn:nbn:de:0114-fqs070268. Zugegriffen: 29. Februar 2016.

von Unger, Hella. 2014. Forschungsethik in der qualitativen Forschung: Grundsätze, Debatten und offene Fragen. In *Forschungsethik in der qualitativen Forschung. Reflexivität, Perspektiven, Positionen*, Hrsg. Hella von Unger, Petra Narimani und Rosaline M'Bayo, 15-39. Wiesbaden: Springer VS.

von Unger, Hella, Petra Narimani, und Rosaline M'Bayo. 2014. Einleitung. In *Forschungsethik in der qualitativen Forschung. Reflexivität, Perspektiven, Positionen*, Hrsg. Hella von Unger, Petra Narimani und Rosaline M'Bayo, 1-14. Wiesbaden: Springer VS.

Wiles, Rose. 2013. *What are qualitative research ethics?* London: Bloomsbury Academic.

Wundrak, Rixta. 2010. *Die chinesische Community in Bukarest: Eine rekonstruktive, diskursanalytische Fallstudie über Immigration und Transnationalismus*. Wiesbaden: Verlag für Sozialwissenschaften.

Theorietriangulation als Ausgangspunkt und Prozesselement rekonstruktiver Forschung

Theoretische Überlegungen und empirische Umsetzung

Ingrid Miethe und Regina Soremski

Zusammenfassung

Im Beitrag wird der Frage nachgegangen, inwieweit eine Theorietriangulation für eine biografieanalytische Forschungspraxis in der Tradition der Grounded-Theory-Methodologie (GTM) möglich und nützlich ist. Unterschieden wird dabei im Sinne der GTM nach „formalen" und „materialen" Theorien. Auf dieser Basis ließen sich zunächst verschiedene theoretische Ebenen erfassen, auf denen ein Einbezug von Theorie in den Analyseprozess erfolgen kann. Sie reichen vom theoretischen Vor- bzw. Kontextwissen über Theorien als Heuristiken oder als Instrumentarium im Rekonstruktionsprozess bis hin zur Theorie als Forschungsergebnis. Aus dieser Mehr-Ebenen-Perspektive, so die zentrale These, erweist sich eine Theorietriangulation daher als besonders geeignet, den Ansprüchen der GTM gerecht zu werden. Wie sich diese theoretischen Überlegungen in die Praxis der Biografieforschung übersetzen lassen, wird am Beispiel eines Forschungsprojektes zu Bildungsungleichheit erläutert. Darüber wird anschaulich, worin die Potenziale der Theorietriangulation – nicht nur – für die Biografieforschung und deren Beitrag zur Theoriediskussion liegen. Im Fazit plädieren die Autorinnen daher generell für einen stärker theorieorientierten Forschungsprozess in der qualitativen Forschung.

1 Einleitung

In diesem Beitrag wird der Frage nachgegangen, inwieweit eine Theorietriangulation für eine biografieanalytische Forschungspraxis in der Tradition der Grounded-Theory-Methodologie (GTM) möglich und nützlich ist. Unterschieden wird im Sinne der GTM nach „formalen" und „materialen" Theorien. Auf dieser Basis ließen sich zunächst verschiedene theoretische Ebenen erfassen, auf denen ein Einbezug von Theorie in den Analyseprozess erfolgen kann. Sie reichen vom theoretischen Vor- bzw. Kontextwissen über Theorien als Heuristiken oder als Instrumentarium im Rekonstruktionsprozess bis hin zur Theorie als Forschungsergebnis. Aus dieser Mehr-Ebenen-Perspektive, so die zentrale These, erweist sich eine Theorietriangulation als besonders geeignet, um den Ansprüchen der GTM gerecht zu werden. Wie sich diese theoretischen Überlegungen in die Praxis der Biografieforschung übersetzen lassen, wird am Beispiel eines Forschungsprojektes zu Bildungsungleichheit erläutert. Darüber wird anschaulich, worin die Potenziale der Theorietriangulation – nicht nur – für die Biografieforschung und deren Beitrag zur Theoriediskussion liegen.

Von all den verschiedenen Möglichkeiten der Triangulation (vgl. Denzin 1970; Flick 2008) hat vor allem das Konzept der Methodentriangulation in die sozialwissenschaftliche Forschung Eingang gefunden (vgl. dazu auch die Einleitung zu diesem Band von Alber et al.). Theorietriangulation findet demgegenüber eher selten Anwendung.

In der Biografieforschung gibt es hinsichtlich der Möglichkeiten des Einbezuges von Theorie in den Forschungsprozess eine sehr breite Spanne der Positionen, die von einer stärker theorieorientierten Ausrichtung – wie in der bildungstheoretischen Biografieforschung (z.B. Fuchs 2011; vgl. die Beiträge in Miethe und Müller 2012) – bis hin zu Positionen reicht, die dem Einbezug von Theorien in den Interpretationsprozess eher skeptisch gegenüberstehen (z.B. Rosenthal 2005). Bei letzterer Position wird nicht von *ex-ante*-Theorien ausgegangen, sondern von der Prämisse, dass im Verlauf der Interpretation des empirischen Materials die theoretischen Aspekte sichtbar werden, die dann erst in einem fortgeschrittenen Auswertungsprozess bzw. nach Abschluss einer vollständigen Fallrekonstruktion in formale Theorien rückgebunden werden (vgl. z.B. Hoffmann-Riem 1980; Mruck 2000; Rosenthal 2005, S. 15ff.). Eine solche „lange Zeit gepflegte Überbetonung des induktiven Erkenntnismodus" (Strübing 2008, S. 57), besonders prominent in einigen Spielarten der GTM, ist in den letzten Jahren von verschiedenen Seiten immer wieder kritisiert worden (vgl. u.a. Kelle 1994, 1996; Strübing 2008). Kelle spricht diesbezüglich auch von einem „induktivistischen Selbstmissverständnis" (1994, S. 341) der GTM.

Die GTM basiert aber keinesfalls ausschließlich auf dieser „Emergenz-Metapher" (Kelle 1994, S. 341), also der Vorstellung, Theorie entstehe erst im Verlaufe des empirischen Forschungsprozesses. Vielmehr wird auch für eine „theoretische Sensibilität" plädiert, worunter „die Verfügbarkeit brauchbarer heuristischer Konzepte, die die Identifizierung theoretisch relevanter Phänomene im Datenmaterial ermöglicht" (Kelle 1996, S. 32), verstanden wird. Der Unterschied zu nomologisch-deduktivistischen Verfahren liegt demzufolge nicht in einem Verzicht auf Theorie,

> „sondern vielmehr in einem veränderten Umgang mit jenem notwendig immer schon vorhandenem Vorwissen sowie generell in einem Theorieverständnis, das die prinzipielle Unabgeschlossenheit von Theorien stärker betont als strukturelle Verfestigungen" (Strübing 2008, S. 58).

Es geht von daher nicht darum, ob Theorie einbezogen wird, sondern ausschließlich darum, wie und wann dies geschieht (vgl. Miethe 2012).

Der Ansatz der GTM hat sich in den letzten Jahrzehnten sehr ausdifferenziert (vgl. Bryant und Charmaz 2007), so dass Günter Mey und Katja Mruck darauf hinweisen, „dass es richtiger wäre, von Grounded-Theory-Methodologien im Plural zu sprechen" (2011, S. 12). Im Rahmen dieses Beitrages können die verschiedenen Kontroversen jedoch nicht ausführlich dargestellt werden. Wir orientieren uns in unserer Argumentation in Anlehnung an Strübing (2008) an der Version von Strauss, der den Forschungsprozess als „dialektisches Verhältnis von Theorie und Empirie" versteht.

> „Wo Glaser allerdings in Emergenzmetaphern verfällt", so Strübing (2008, S. 76-77), „entwickelt Strauss ein dialektisches Verhältnis von Theorie und Empirie und kann damit die Existenz und den notwendigen Gebrauch von theoretischem Vorwissen schlüssig in sein Verfahren integrieren, statt es – wie Glaser – durch die Hintertür theoretischer Kodes an die Daten herantragen zu müssen."

Da es immer wieder zu Uneinigkeit kommt, was überhaupt unter „Theorie" gefasst werden kann, sollen in Abschnitt 2 zunächst die theoretischen Ebenen expliziert und das Konzept der Theorietriangulation vorgestellt werden. Im Anschluss daran wird in Abschnitt 3 am Beispiel eines abgeschlossenen Forschungsprojektes[1] zu Bildungsaufsteiger/innen in drei Generationen in Ost- und Westdeutschland

---

1 DFG-Projekt: Drei Generationen Bildungsaufsteiger. Zum Zusammenhang von Herkunftsmilieu und Gesellschaftssystem (Laufzeit: 2010-2014) (vgl. Miethe et al. 2015a).

aufgezeigt, wie verschiedene Theorien im Sinne einer Triangulation aufeinander bezogen werden können. Unsere These ist, wie in Abschnitt 4 zusammenfassend dargelegt wird, dass gerade der Ansatz der Theorietriangulation besonders gut geeignet ist, die Prämissen der GTM umzusetzen, da Theorien dadurch den Stellenwert von Heuristiken behalten und gleichzeitig einen gewissen Schutz gegenüber impliziten Theorien darstellen.

2 Explikation der Theorieebenen und Theorietriangulation im Forschungsprozess

In der GTM wird der Schwerpunkt auf den Prozess der Theoriebildung gelegt, aber nicht immer ganz eindeutig wird der Stellenwert expliziert, den vorgängige Theorien in diesem Prozess einnehmen. Eindeutig ist dagegen die „Kampfansage" an die „Theorien der ‚Großen Männer'" (Glaser und Strauss 2010, S. 27), die auf „logiko-deduktivem" (S. 23) Wege diese einmal bestehenden Groß-Theorien lediglich prüfen und verfeinern, nicht aber offen sind für völlig neue theoretische Ansichten. Neue theoretische Ansätze, so Barney Glaser und Anselm Strauss (1984), können „gegenstandsbezogen" sein oder darauf aufbauend zu „formalen" Theorien weiterentwickelt werden. Obwohl die Terminologie trennscharf erscheint, zeigt sich jedoch, dass gerade der Begriff der „formalen" Theorie nicht immer gleichbedeutend verwendet wird.

In einem gemeinsamen Aufsatz wird die GTM als „Gegensatz zu einer formalen Theorie" (Glaser und Strauss 1984, S. 108) konzipiert: „Eine gegenstandsbezogene Theorie", so Barney Glaser und Anselm Strauss (1984, S. 108),

> „die sich eng auf Empirie bezieht, kann nach unserer Überzeugung nicht dadurch formuliert werden, daß lediglich eine allgemeine formale Theorie auf einen bestimmten Bereich angewandt wird. Zunächst muss eine bereichsspezifische Theorie formuliert werden, um entscheiden zu können, welche der verschiedenen formalen Theorien möglicherweise anwendbar sind, um eine gegenstandsbezogene Theorie weiterzuentwickeln. Eine gegenstandsbezogene Theorie kann dann ihrerseits hilfreich sein bei der Formulierung und Umformulierung der formalen Theorie."

In diesem Zitat deutet sich die oben beschriebene Dialektik zwischen Theorie und Empirie bereits an, indem formale Theorien sowohl Teil als auch Ergebnis des Auswertungsprozesses sein können. Der Begriff der formalen Theorie wird allerdings zunächst synonym für die „großen Theorien" und als „Gegensatz" zu einer Grounded Theory (GT) verwendet. Dies stellt sich in dem Klassiker von 1967 etwas anders dar. Dort werden mit den Begriffen „formal" und „material" „Theorien mittlerer Reichweite" bezeichnet, die beide für den Prozess der gegenstandsbezogenen Theoriegenerierung relevant sind (vgl. Glaser und Strauss 2010, S. 50). Als „material" werden Theorien bezeichnet, die nur für ein bestimmtes empirisches Feld entwickelt werden. Es sind also keine Theorien, die *ex ante* als relevant erachtet werden, sondern deren Relevanz ergibt sich erst im Verlaufe des Interpretationsprozesses. Als „formal" gelten Theorien, „die für einen formalen oder konzeptionellen Bereich der Sozialforschung[...]entwickelt werden" (Glaser und Strauss 2010, S. 50). Den Begriff der „formalen" Theorie verwenden die Autoren zum einen, um den Prozess der Theoriebildung auf einem höheren Abstraktionsniveau zu bezeichnen. Genauso sprechen sie aber auch von „etablierten formalen Theorien" (Glaser und Strauss 2010, S. 51), die Gefahr laufen, dem empirischem Material „übergestülpt" zu werden. In diesem Sinne stehen sich „neue formale Grounded Theories" (Glaser und Strauss 2010, S. 52) und „etablierte formale Theorien" (Glaser und Strauss 2010, S. 51) begrifflich gegenüber, lediglich unterschieden durch den Prozess, in dem diese gebildet bzw. angewandt werden. Es ist von daher weniger die *Art* der Theorie, welche die Unterscheidung bedingt, als vielmehr der *Prozess*, in dem diese Anwendung findet. Jede ursprünglich einmal neue „formale GT" kann somit potenziell auch zu einer etablierten formalen Theorie avancieren.

Strauss konkretisiert diesen Zusammenhang in späteren Publikationen, indem er darauf hinweist, dass der entscheidende Aspekt sei, dass die neue Theorie, „auf einem wirklichen Austausch zwischen der bereits bestehenden und der sich erst entfaltenden Theorie beruht" (1998, S. 40). In diesem Sinne kann eigentlich jede formale Theorie im Analyseprozess genutzt werden, „vorausgesetzt allerdings, dass diese in Daten gründen und nicht spekulativ sind" (Strauss 1998, S. 309), auch sollen diese theoretischen Annahmen nicht primär die Interpretation leiten. Im Rahmen eines Tagungsvortrages im Jahre 1979 schilderte Anselm Strauss erstmals praktisch am Beispiel seiner Theorie von Bewusstheitskontexten, wie eine formale Theorie zu entwickeln sei. Er betonte, dass „bei der formalen Theorie das *Theoretical Sampling durch viele Gegenstandsbereiche hindurch angewandt wird*" (Strauss 1998, S. 305, Hervorhebungen im Original). Konkret wurden so neben den Daten aus seiner Studie zu „Interaktion mit Sterbenden" auch „Daten über Spione, aus der Schwulenszene, über das ‚Ableben', über den Umgang mit stigmatisierenden Krankheiten" (Strauss 1998, S. 307) zum Vergleich herangezogen: „Mein Ziel war es, aus diesen mir zur Verfügung stehenden Daten einige Hauptkategorien herauszuziehen, die möglicherweise für alle mit der Bewusstheit zusammenhängenden Phänomene Gültigkeit haben" (Strauss 1998, S. 307). Dazu zählen auch theoretische Konzepte, „die für die eigene formale Theorie verwertbar sein können" (Strauss 1998, S. 310).

An welchen Stellen genau welche Form der Theorie in den Analyseprozess einbezogen werden kann, bleibt jedoch in der Konzeption der GTM wenig ausgearbeitet (vgl. Strübing 2008, S. 62) und variiert entlang der GTM-Spielarten. Eine genaue Erklärung ist vor allem deshalb schwierig, weil der Analyseprozess zirkulär verläuft bzw. das Theoretical Sampling, als ein analytisches Verfahren der Fallauswahl, sowohl der Datengenerierung in einem frühen Stadium der Analyse dient als auch später der „weiteren Verdichtung der Analyse" (Strauss 1998, S. 310). Um dennoch eine erste Klärung zu unternehmen, wann und wie die Theorie in den Analyseprozess einbezogen werden kann, sollen im Folgenden die in der GTM zu findenden Theorieebenen expliziert werden.

Auf einer *ersten Ebene* ist „Vorwissen" bzw. „Kontextwissen" angesiedelt, das sowohl „wissenschaftliches wie alltägliches Wissen fasst" (Strübing 2008, S. 59). Entsprechend des der Konzeption zugrunde liegenden pragmatistischen Wissenschaftsverständnisses bilden wissenschaftliches und alltägliches Wissen „keinen harten Dualismus, sondern zwei Pole eines Kontinuums des Theoretisierens" (Strübing 2008, S. 59). Ein solches Vorwissen bzw. Kontextwissen ist im Sinne der GTM durchaus Teil des Forschungsprozesses.

> „Dieses Kontextwissen sollte wegen der in der Forschung vorherrschenden Lehrmeinung, derzufolge die Forschung tendenziös wird, wenn persönliche Erfahrungen und Daten ins Spiel kommen, nicht ausgeblendet werden; denn derlei Maßstäbe führen dazu, dass wertvolles Kontextwissen unterdrückt wird. [...] Das Kontextwissen ist ein wesentlicher Datenfundus, weil es nicht nur die Sensitivität bei der Theoriebildung erhöht, sondern eine Fülle von Möglichkeiten liefert, um Vergleiche anzustellen, Variationen zu entdecken und das Verfahren des Theoretical Sampling anzuwenden." (Strauss 1998, S. 36f.)

Ein solches Vorwissen ist Bestandteil jeglicher (qualitativer) Forschung. Allerdings wird dieses Wissen in Teilen der qualitativen Sozialforschung, anders als von Strauss zuvor benannt, mitunter als ein zu reflektierender „Störfaktor" verstanden, der bewusst gemacht werden muss, damit die weitere Forschung nicht von derartigen Vorannahmen geprägt wird. Werden vorab Hypothesen gebildet, so bspw. Gabriele Rosenthal (2005, S. 15), dienen diese lediglich dazu, „sich die eigenen alltagsweltlichen oder auch wissenschaftlichen Vorannahmen bewusst zu machen und zu ihnen eine reflexiv-kritische Distanz zu schaffen" (vgl. dazu auch Mruck et al. 2002; Roth et al. 2003).

Auf einer *zweiten Ebene* ist die Heranziehung weiterführender Theorie erforderlich, um konkrete empirische Phänomene überhaupt interpretieren zu können. Dies können theoretische Konzepte sein, die im Sinne der „theoretischen Sensibilität" (Strauss und Corbin 1996, S. 25) gebraucht werden.

Blicken wir auf die für unseren Beitrag relevante Biografieforschung, erscheint die Heranziehung formaler Theorien als eine der Möglichkeiten zur Herstellung einer theoretischen Sensibilität widersprüchlich gehandhabt zu werden. So ist beispielsweise im Verfahren der Fallrekonstruktion nach Gabriele Rosenthal (1995, S. 216ff.) der Schritt der „Analyse der biografischen Daten" gar nicht möglich, ohne auf Kenntnisse aus der Entwicklungspsychologie oder zu Familienkonstellationen zurückzugreifen. Es handelt sich hier um formale Theorien, die herangezogen werden, um ein konkretes, im Interviewmaterial auftretendes Phänomen zu interpretieren. Der Einbezug einer etablierten formalen Theorie zur Bestimmung der Analyserichtung oder auch zur Entwicklung von Fragestellungen ist in der Biografieforschung (nach Rosenthal) demgegenüber eher ungewöhnlich. Am ehesten wird ein solches Vorgehen noch in der bildungstheoretischen Biografieforschung gewählt, indem z.b. auf Theorien zur Generierung von Fragestellungen zurückgegriffen wird (vgl. z.B. Koller 2009; Terhart 2006; Wigger 2004). Im Rahmen der GTM ist es aber sehr wohl möglich, auch auf formale Theorien zurückzugreifen. Ein Einbezug von formalen Theorien auf dieser zweiten Ebene entspricht sogar mehr diesen Anforderungen als ein impliziter Rückgriff, denn auf diese Weise werden diese Theorien sichtbar und auch der Kritik zugänglich. Wie eng eine solche formale Theorie auf den Untersuchungsgegenstand bezogen ist, mag sicherlich variieren. Wie bereits dargestellt, ist es aber nicht primär die Art der Theorie, die darüber entscheidet, ob diese genutzt werden kann oder nicht, sondern die Art und Weise der Nutzung.

Auf einer *dritten Ebene* geht es um den eigentlichen Prozess der Bildung einer gegenstandsbezogenen Theorie. Es geht hier um Theorie, die aus der aktuellen empirischen Untersuchung gewonnen wurde und ausschließlich auf diese bezogen ist. Diese Theorieebene entspricht dem, was Barney Glaser und Anselm Strauss als „materiale" Theorie bezeichnen. In der Weiterentwicklung oder auch im Vergleich mit anderen in empirischen Studien entwickelte materiale Theorien kann sich möglicherweise eine neue formale Theorie (*vierte Ebene*) ergeben, wobei Barney Glaser und Anselm Strauss (1984) auch darauf hinweisen, dass nicht jede Untersuchung diesem Anspruch genügen muss, sondern bereits die Entwicklung einer materialen Theorie für eine Studie ausreichend sein kann.

Und letztlich gibt es bei Barney Glaser und Anselm Strauss die formalen Theorien (Grand Theories), die auf logischen Spekulationen basieren (*fünfte Ebene*). Diese sollen keinesfalls den Forschungsprozess leiten, wobei es auch diesbezüglich innerhalb der qualitativen Forschung unterschiedliche Vorstellungen gibt, inwieweit derartige Theorie in den Analyseprozess eingehen kann. Bleiben wir beim Beispiel der Biografieforschung, lassen sich diese Diskrepanzen folgendermaßen illustrieren: Während in der soziologischen Biografieforschung der Einbezug derartiger Theorie eher abgelehnt oder unter dem Stichwort „sensibilisierende Konzepte" verhandelt und damit tendenziell versteckt wird, wird in der bildungstheoretischen Biografieforschung durchaus auf bildungstheoretische Konzepte, die zumeist auf philosophischen Überlegungen basieren, zurückgegriffen (vgl. z.B. Fuchs 2011; von Rosenberg 2011). Ein solches Vorgehen entspricht allerdings nur bedingt den Kriterien der GTM (vgl. Miethe 2012, 2015).

Der Prozess der Emergenz, d.h. der „abduktiven Gedankenblitze", die im Forschungsprozess immer wieder entstehen, ohne dass diese eindeutig theoretisch abgeleitet werden können (vgl. dazu auch Reichertz 2010), läuft parallel zum Prozess der theoretischen Sensibilisierung. Einerseits werden derartige neue Ideen durchaus angeregt durch implizite und explizite Theorie. Andererseits entwickeln sich diese aber auch, ohne dass ein solcher Bezug wirklich nachweisbar ist.

Ziel der Forschung im Rahmen der GTM ist die Bildung einer gegenstandsbezogenen Theorie. Diese soll in einem weiteren Schritt generalisiert werden und somit eine „neue formale GT" darstellen. Umstritten in der rekonstruktiven Forschung ist jedoch vor allem der Einbezug einer (etablierten) formalen Theorie, die nicht nur dazu herangezogen wird, um ein konkret auftretendes empirisches Phänomen zu erklären, sondern von vornherein auch die Richtung der Analyse mitbestimmt. Mit Verweis auf die GTM wird ein solches Vorgehen zumeist als „theoriegeleitet" und „subsumptionslogisch" (vgl. z.B. Rosenthal 1995, S. 208) abgelehnt. Dagegen lassen sich zwei Argumente anführen:

Rekonstruktive Forschung ist keinesfalls so theoriefrei, sondern in dieser kommen neben den methodologisch-wissenssoziologischen Grundlagen durchaus theoretische Hintergrundannahmen zur Anwendung, die einer formalen gegenstandsbezogenen Theorie entsprechen. So werden beispielsweise im Verfahren von Gabriele Rosenthal und auch in der von Ulrich Oevermann entwickelten Objektiven Hermeneutik nicht selten psychoanalytische Konzepte zur Interpretation der Daten herangezogen. Allerdings wird dieser theoretische Bezug nicht immer expliziert, er strukturiert aber implizit die Richtung der Analyse. (vgl. Miethe 2014)

Ein solcher Einbezug steht, wie oben dargestellt, gar nicht unbedingt im Widerspruch zur GTM, wenn diese nicht primär die Analyse leitet, sondern lediglich ein heuristisches Konzept darstellt. Ganz im Gegenteil: Barney Glaser und Anselm Strauss empfehlen sogar, „mit ganz unterschiedlichen Theorien zu arbeiten, um schließlich zu umfassenden formalen Theorien zu gelangen. Nach ganz unterschiedlichen Theorien zu verlangen, steht im Gegensatz zu den monolistischen Ansprüchen der logiko-deduktiven Theorien" (Glaser und Strauss 2010, S. 53).

Auch wenn Barney Glaser und Anselm Strauss nicht mit der Bezeichnung „Theorietriangulation" arbeiten, entspricht der hier beschriebene Sachverhalt doch einer solchen. Um noch einen Schritt weiter zu gehen: Gerade der Rückgriff auf

Theorietriangulation ermöglicht es in besonderer Weise, Ansprüchen der GTM gerecht zu werden. Zum einen erfordert dies die stärkere Explikation der den Interpretationen zugrundeliegenden Theorien. Zu unterscheiden ist zwischen der Theorie über den untersuchten Gegenstand und (erkenntnis-)theoretischen Hintergrundannahmen, die den verwendeten (Auswertungs-)Methoden zugrunde liegen (vgl. Flick 2004, S. 315). Zum anderen, und hier liegt die Hauptfunktion von Theorietriangulation, beugen gerade die Pluralität der Theorien und damit verbundene Interpretationen der vorschnellen Dominanz einer ex- oder impliziten Theorie vor. Theorietriangulation entspricht besonders gut den Anforderungen an Theorie als Heuristik, da auf mehrere Konzepte zugegriffen wird und nicht eine Theorie kausal die Analyse bestimmt.

Damit bietet eine Theorietriangulation, so Uwe Flick (2004, S. 14f.) mit Bezug auf Norman K. Denzin, die Gelegenheit, seine Erkenntnismöglichkeiten zu verbreitern, vor allem dann, wenn „verschiedenste Theorien zur Erklärung eines Phänomens vorliegen" (S. 15). Theorietriangulation kann dann dazu genutzt werden, „den Fortschritt in Theorie und Forschung voran[zu]treiben durch die vergleichende Überprüfung und ggf. Falsifikation rivalisierender theoretischer Modelle [...] oder durch die Entwicklung theoretischer Synthesen" (Flick 2008, S. 15). Eine Theorietriangulation, so Norman K. Denzin (1970, S. 303ff.), hat den Vorteil, zu verhindern, an eigenen Vorannahmen festzuhalten und alternative Erklärungen zu ignorieren. In diesem Sinne ist ein solcher Ansatz geradezu prädestiniert für einen Forschungsstil im Sinne der GTM (vgl. Denzin 1970, S. 304). Es geht darum, Theorien heuristisch zu nutzen und nicht darum, die Analyse primär von (einem) Theoriekonzept leiten zu lassen. Im Folgenden sollen diese theoretischen Überlegungen an einem empirischen Beispiel verdeutlicht werden.

3 Theorietriangulation im Forschungsfeld Bildungsungleichheit

Im Mittelpunkt der hier vorgestellten Studie stand die Frage, welchen Einfluss politische und gesellschaftliche Verhältnisse auf individuelle Bildungsaufstiege haben können. Zur Untersuchung dieser Frage wurden insgesamt 85 biografisch-narrative Interviews (Schütze 1983) mit erfolgreichen[2] Bildungsaufsteiger/innen[3]

---

2 Als Erfolg wurde ein formaler akademischer Abschluss mit qualifikationsadäquater Berufseinmündung gewertet.

3 Zur Erfassung von Bildungsaufstieg wurde mit der Konzeption der „weiten Aufstiege" (Pollak 2010, S. 20) gearbeitet. Dementsprechend werden Aufstiege dann als ‚weit'

in drei Generationen[4] in Ost- und Westdeutschland durchgeführt. Auf einen biografischen Ansatz wurde zurückgegriffen, da Biografie als „soziale(s) Konstrukt" (Fischer und Kohli 1987, S. 26) sowohl auf individuelles Handeln und Erleben als auch auf gesamtgesellschaftliche und strukturelle Dimensionen verweist. Mit dem Rückgriff auf Biografie kann somit genau die Verwobenheit von Mikro-, Meso- und Makro-Ebene in den Blick kommen (vgl. ausführlich Miethe et al 2015a, S. 71ff.). Die Auswertung erfolgte nach dem Verfahren nach Rosenthal (1995), genauer noch in der Variante der theorieorientierten Fallrekonstruktion nach Miethe (2011, 2014). Wie im Folgenden dargestellt, wurden sowohl in die Samplingbildung als auch in die Auswertung unterschiedliche formale Theorien einbezogen (Theorietriangulation).

Bezüglich der Untersuchung des Zusammenhangs von Bildung und sozialer Ungleichheit existiert eine inzwischen nahezu unüberschaubare Vielzahl an empirischen Studien. Innerhalb dieser Forschungsrichtung gibt es auch gut etablierte theoretische Konzepte. So wird zur Erklärung dieses Zusammenhangs entweder auf entscheidungstheoretische Ansätze, zumeist in der Tradition Raymond Boudon, oder auf reproduktionstheoretische Konzepte in der Tradition Pierre Bourdieus zurückgegriffen.

Bei Raymond Boudon (1974) stehen Bildungsentscheidungen von Einzelnen oder Familien im Zentrum. Akteur/innen werden in der Tradition der Rational-Choice-Theorien konzipiert. Bildungsungleichheit kann in dieser Perspektive „als aggregierte Folge vorausgegangener individueller Bildungsentscheidungen aufgefasst werden. Individuen treffen solche Entscheidungen im Verlauf ihrer Bildungskarriere an den verschiedenen Übergängen im Bildungswesen." (Kristen 1999, S. 16)

Im Unterschied dazu nimmt Pierre Bourdieu (1983) stärker Prozesse in den Blick, die dazu führen, dass Menschen derartige Entscheidungen treffen. Der Er-

---

bezeichnet, wenn in intergenerationaler Perspektive ein Berufsaufstieg erfolgt ist, der sich dadurch auszeichnet, dass (mindestens) eine der in Anlehnung an Erikson und Goldthorpe (1992) entwickelten Klassenpositionen übersprungen wurde. Mit dieser Eingrenzung des Samples wurden vermeintliche Aufstiege ausgeschlossen, die sich lediglich aus der Notwendigkeit der Statussicherung der Familie durch graduelle Höherqualifikationen in Reaktion auf die sich verändernde Sozialstruktur im Zuge der Modernisierung ergeben (vgl. Mayer und Müller 1986).

4   Es kommt dabei jedoch nicht eine familiale Generationenfolge in den Blick, als dass vielmehr drei verschiedene Generationen von Bildungsaufsteiger/innen untersucht werden, die unter jeweils unterschiedlichen Politischen Gelegenheitsstrukturen ihren Bildungsweg bewältigen mussten. Untersucht wurden Personen, die die Entscheidung für einen weiterführenden Bildungsweg in den 1950er, 1970er und 1990er Jahren getroffen haben.

folg einer Person im Bildungssystem ist von der Position im sozialen Raum und dem – sozialgruppenspezifisch unterschiedlich verfügbaren – Kapitalvolumen abhängig, das als ökonomisches, kulturelles und soziales Kapital der Familie und des Einzelnen begriffen wird (vgl. Bourdieu 1983). Der soziale Raum wird bei Bourdieu keinesfalls als frei von (macht-)politischen Interessen verstanden, sondern sorgt in spezifischer Weise dafür, dass sich das soziale Gefüge der Gesellschaft stabilisiert und reproduziert.

Während quantitative Studien zumeist an entscheidungstheoretische Ansätze anschließen – nicht zuletzt, weil sich die dort relevanten Dimensionen gut in quantifizierbaren Daten abbilden lassen –, schließen qualitative Studien zumeist an die Tradition Pierre Bourdieus an. Inzwischen gibt es unzählige empirische Studien (vgl. für einen Überblick Kuhnhenne et al. 2012; Brake und Büchner 2012), die nahezu alle Aspekte eines Bildungsweges – angefangen von der frühkindlichen bis zur tertiären Bildung und Weiterbildung – in den Blick nehmen. Vor dem Hintergrund einer solch umfangreichen Forschungslandschaft und gut etablierten und durchaus erklärungsmächtigen Theorien erscheint es nicht sonderlich naheliegend, ohne Hypothesen, lediglich „mit einem vagen Interesse an einem bestimmten sozialen Phänomen" (Rosenthal 2005, S. 15) ins Feld zu gehen.

Da das empirische Phänomen, nämlich die Reproduktion sozialer Ungleichheit in und durch das Bildungssystem hinreichend belegt ist und auch zahlreiche theoretische Erklärungen dafür angeboten werden, wurde in unserer Studie von Beginn an explizit an diese theoretischen Diskussionen angeschlossen und bereits die Fragestellung und die methodische Anlage der Studie aus diesen heraus entwickelt. So ergab die Untersuchung des Forschungsstands in diesem Bereich eine Dominanz von Konzepten, die primär eine Mikro-Ebene (Entscheidungen Einzelner und Familien) bzw. die Nahtstelle zwischen Einzelnen und Institutionen (Passungsprobleme des Habitus) in den Blick nehmen. Gesamtgesellschaftliche Rahmenbedingungen wurden demgegenüber eher randständig wahrgenommen bzw. nicht auf das konkrete Bildungsverhalten einzelner Akteur/innen bezogen. Gesellschaftliche Rahmenbedingungen sind jedoch unterschiedlich relevant für Bildungsaufstiege. So zeigten beispielsweise bereits die Statistiken, dass in der DDR[5] und der alten Bundesrepublik die Bildungsbeteiligungsquoten von Personen aus nicht-akademischen Elternhäusern Schwankungen unterliegen. Ausgehend von diesem Befund wurde zum einen die Frage formuliert, wie Herkunftsmilieu

---

5 Die Statistiken in der DDR werden immer wieder skeptisch beurteilt. Dies ist ohne Zweifel in der DDR ab Mitte der 1960er Jahre auch der Fall. Zuvor sind diese aber keinesfalls so stark, dass nicht die prinzipiell getroffenen Aussagen zutreffen würden (vgl. ausführlich Miethe 2007, S.105ff.).

und Gesellschaftssystem so zusammenwirken, dass ein Bildungsaufstieg ermöglicht wird. Zum anderen entschieden wir uns, Bildungsaufstiege im Ost-West-Vergleich, also unter völlig unterschiedlichen gesellschaftlichen Rahmenbedingungen, zu untersuchen. Bereits die Fragestellung wurde somit vor dem Hintergrund theoretischer Konzepte getroffen. Ohne die Kenntnis derselben wäre die Problemdefinition in dieser Form überhaupt nicht möglich gewesen.

Die Entscheidung für eine biografische Perspektive wurde theoriegeleitet getroffen, da mit der Untersuchung von Biografie als „sozialem Konstrukt" (Fischer und Kohli 1987) der Zusammenhang zwischen individuellen Bildungswegen und gesellschaftlichen Rahmenbedingungen gut in den Blick genommen werden kann. Bei dieser Art der Fragestellung war es von vornherein naheliegend, theoretisch auch die Konzeption Pierre Bourdieus zu fokussieren, da dieser – im Unterschied zu Raymond Boudon – gerade das Zusammenspiel individueller, institutioneller und gesellschaftlicher Dimensionen in den Blick nimmt. Die theoretischen Begriffe Bourdieus, wie soziales und kulturelles Kapital oder „Habitus" spielten von vornherein eine zentrale Rolle. Allerdings wurden diese Konzepte nicht im Sinne theoriegeleiteter Kategorien genutzt, sondern stellten lediglich ein begriffliches und heuristisch zu nutzendes Instrumentarium dar. Sie konnten so dazu beitragen, empirische Phänomene, die sonst leicht übersehen worden wären, auch erkennen zu können bzw. gezielt relevante Passagen genauer zu interpretieren. Gleichzeitig erfolgten vollständige Fallrekonstruktionen, die jederzeit auch offen für abweichende Interpretationen waren.

So stellte die Konzeption Pierre Bourdieus eine der theoretischen Positionen dar. Im Sinne der GTM lässt sich diese Konzeption als eine formale Theorie bezeichnen (Glaser und Strauss 2010, S. 50). Die Bezeichnung als formale Theorie basiert hier auf dem Argument, dass diese Konzeption nicht spezifisch für den Untersuchungsgegenstand (Bildungsaufstieg in Ost- und Westdeutschland) entwickelt wurde, sondern generell die Reproduktion sozialer Ungleichheit im und durch das Bildungssystem erklären möchte. Bekanntlich hat Pierre Bourdieu seine Theorie auf Basis einer Vielzahl v.a. ethnografischer Studien entwickelt, so dass diese durchaus als eine formale gegenstandsbezogene Theorie verstanden werden kann (Ebene 2). Die Vielzahl der Arbeiten, die auf diese Konzeption zurückgreifen, legt jedoch auch die Deutung nahe, diese inzwischen als eine „etablierte formale Theorie" zu verstehen, noch dazu, wenn diese – wie in unserer Studie – als heuristische Deutungsmöglichkeit an das Material herangetragen wird.

In unserer Studie griffen wir jedoch zusätzlich noch auf eine zweite Theorie zurück, die keinesfalls als eine gegenstandsbezogene bezeichnet werden kann, sondern eher eine formale Theorie, basierend auf „logischen Spekulationen", darstellt (Ebene 5). Es ist dies die v.a. in der Forschung zu sozialen Bewegungen entwickelte Theorie der Politischen Gelegenheitsstruktur (vgl. Eisinger 1973; Tarrow 1991). Diese Theorie beschreibt das Phänomen, dass soziale Bewegungen durch unterschiedlich (politische) Rahmenbedingungen entweder zu Aktivitäten ermuntert oder entmutigt werden. Diese Theorie fand öfters v.a. in der Politikwissenschaft Anwendung – auch für empirische Studien. Allerdings wird diese in der Politikwissenschaft eher subsumptionslogisch angewandt, d.h. von der Theorie ausgehend wird nach empirischen Phänomenen gesucht, die zu dieser passen.

Mit der Übertragung dieser Konzeption auf den Zusammenhang von Bildung und sozialer Ungleichheit (vgl. Miethe 2007) wurde dies auch dazu genutzt, unterschiedlich gute Gelegenheitsstrukturen für Bildungsaufstiege in Ost- und Westdeutschland zu analysieren (vgl. Miethe und Kleber 2013). Auf dieser Basis erfolgte die Bildung unseres Samples bereits theorieorientiert: Dazu gehörten drei unterschiedliche Teilsamples, nämlich Personen, die in den 1950er, den 1970er oder 1990er Jahren ihren Bildungsaufstieg entweder in Ost- oder Westdeutschland absolvierten. Die Fragestellung unserer Studie wurde dann mit Einbezug dieser Konzeption weiterentwickelt, indem wir danach fragten, ob und wie die jeweilige Politische Gelegenheitsstruktur einen Einfluss auf Bildungswege von Bildungsaufsteiger/innen hat.

Beide Theoriekonzepte standen am Beginn der Studie. Aus diesen wurde sowohl die Fragestellung generiert als auch die Bildung des zu untersuchenden Samples. Im Rahmen der Fallrekonstruktion und komparativen Analyse wurden beide Konzepte immer dann herangezogen, wenn empirische Phänomene gefunden wurden, die begrifflich mit diesen Konzeptionen gefasst werden konnten. Auch am Ende des Forschungsprojektes wurden die Konzepte bzw. formalen Theorien wieder aufgegriffen und vor dem Hintergrund unserer eigenen empirischen Ergebnisse kritisch diskutiert. So konnte aufgezeigt werden, dass die ursprüngliche Konzeption der Politischen Gelegenheitsstruktur für die Erfassung von Bildungsaufstiegen zu allgemein ist und weiterer Ausdifferenzierung bedarf (vgl. Miethe et al 2015a, S. 252ff.).

Damit wurden wesentliche Prämissen berücksichtigt, die erfüllt sein müssen, wenn (auch formale) Theorie in eine biografische Rekonstruktion einbezogen werden soll. Das betrifft sowohl einen strikten empirischen Bezug der Forschung als auch eine Pluralität theoretischer Konzepte, wodurch tendenziell einer Subsumptionslogik vorgebeugt werden kann (vgl. ausführlich Miethe 2012, S. 164ff.). In diesem Sinne übernahmen im Analyseprozess diese beiden Theorien die Funktion von sensibilisierenden Konzepten, indem immer wieder empirische Phänomene entdeckt werden konnten, die sich ohne dieses begrifflich-theoretische Instrumentarium kaum in dieser Komplexität erschlossen hätten.

Im Ergebnis konnten wir mit Hilfe des Verfahrens der theorieorientierten Fallrekonstruktion (vgl. Miethe 2010, 2011) vier verschiedene Typen rekonstruieren, die jeweils eine andere Funktion der Politischen Gelegenheitsstruktur (Fragestellung) für Bildungsaufstiege repräsentieren.

Den ersten Typus haben wir als „Bildungspolitische Welle" bezeichnet. Bei diesem Typus steht der Bildungsaufstieg unmittelbar in Zusammenhang mit günstigen Politischen Gelegenheitsstrukturen, d.h. erst bestehende strukturelle Rahmenbedingungen, wie z.b. der Auf- und Ausbau von Bildungseinrichtungen, der veränderte öffentliche und schulische Diskurs oder eine sichere Arbeitsmarktlage, geben Impulse für den Bildungsaufstieg und die Aufnahme eines Studiums. Entsprechende Fälle beiderlei Geschlechts ließen sich in den 1950er Jahren in der DDR und in den 1970er Jahren in der BRD finden und damit jeweils in solchen Zeitphasen, in denen aufgrund der gesellschafts- und bildungspolitischen Rahmenbedingungen eine Bildungsexpansion ausgelöst wurde. Trotz der völlig unterschiedlichen politischen und gesellschaftlichen Systeme in dieser Zeit ließen sich ganz ähnliche biografische Strukturen aufzeigen, die einen Bildungsaufstieg beförderten. Kennzeichen dieses Typus ist es, dass die Bildungsaufsteiger/innen vor dem Hintergrund eines relativ breiten gesellschaftlichen Konsenses über bildungspolitische Veränderungen agieren konnten. Dieser spiegelte sich auch in einem positiven öffentlichen Diskurs und im Bewusstsein der Personen wider: Ein Aufstieg durch Bildung, der vor dem Hintergrund der sozialen Herkunft nicht vorhersehbar gewesen war, wurde als eine gemeinsame Erfahrung wahrgenommen und beförderte so eine kollektive Aufbruchsstimmung. Von Relevanz sind daher neben den günstigen Gelegenheitsstrukturen die Reflexion der eigenen sozialen Herkunft, die Erfahrungen der Kollektivität im Erleben und Handeln sowie die persönliche Einbindung in ein politisches Geschehen.

Der zweite rekonstruierte Typus der „Pragmatischen Nutzung" entwickelt sich nach dem Abflauen der „bildungspolitischen Welle", d.h. es kann auf geschaffene Bildungsinstitutionen zurückgegriffen werden, so dass diese durchaus eine Anregungsstruktur darstellen, genauso wie ein Bildungsaufstieg sich vor dem Hintergrund einer gesamtgesellschaftlich gestiegenen Bildungsbeteiligung in der Öffentlichkeit „normalisiert" hat. Der Besuch des Gymnasiums stellt keine Ausnahme mehr dar und auch von Seiten der Umwelt und des Elternhauses gibt es weniger Widerstände als noch in der Phase der Bildungsreform. Bildungsaufstiege sind ein Stück weit „Normalität", so dass diese Wege eher pragmatisch und individuell beschritten werden.

Den dritten Typus bezeichneten wir als „Sozialer Wandel". Dieser ist scheinbar unabhängig von günstigen oder ungünstigen Politischen Gelegenheitsstrukturen. Entscheidend sind für diese Bildungsaufstiege weniger die (bildungs-)politischen

Rahmenbedingungen, sondern eine durch den sozialen Wandel beeinflusste Öffnung sozialer Milieus für höhere Bildungslaufbahnen im Sinne des Statuserhalts der Familie. Auf der biografischen Ebene können so gesellschaftliche und wirtschaftliche Wandlungsprozesse dazu führen, dass familiale Traditionen nicht fortgesetzt werden können und langfristig neue Berufs- und Bildungswege für den Erhalt des sozialen Status gesucht werden. Zwei zentrale Muster kamen zum Tragen: zum einen das Muster der Auflösung sozialer Milieus durch Kriegs- und Nachkriegszeit, zum anderen das Muster der Auflösung von Berufstraditionen durch wirtschaftliche Modernisierungsprozesse in Westdeutschland. Dieser Typus zeigt auf, dass die theoretische Konzeption der Politischen Gelegenheitsstruktur nicht ohne Weiteres von der Untersuchung sozialer Bewegungen auf Bildungsaufstiege übertragen werden kann, sondern dass eine weitere begriffliche Differenzierung erforderlich ist.

Letztlich konnte auch ein Typus rekonstruiert werden, für den die jeweilige (bildungs-)politische Gelegenheitsstruktur nicht von Relevanz ist. Diesen Typus haben wir als „institutionelle Prozessierung" bezeichnet, womit ausgedrückt wird, dass diese Personen primär durch spezifische institutionelle Förderwege oder Konstellationen zu einem Bildungsaufstieg ermutigt werden. Diese Bildungsangebote sind für Bildungsaufsteiger/innen insofern attraktiv, weil sie neben einer klaren Berufsperspektive auch eine finanzielle Unterstützung in der Zeit des Studiums und die Aussicht auf eine sichere Einmündung ins Berufsleben gewähren. Eine institutionelle Prozessierung kann erfolgen, da Institutionen konstitutiv auf die Rekrutierung auch von Personen aus bildungsbenachteiligten Bevölkerungsschichten angewiesen sind (z.B. katholische Priester). In diesem Sinne musste das Konzept der Politischen Gelegenheitsstruktur ausdifferenziert werden, indem fachspezifische Gelegenheitsstrukturen einbezogen wurden.

Im Ergebnis zeigte unsere Studie, dass das Konzept der Politischen Gelegenheitsstruktur grundsätzlich im Sinne der GTM sowohl für die Generierung der erkenntnisleitenden Fragestellung und Samplebildung nutzbar gemacht werden kann als auch für die Analyse von Bildungsaufstiegen und darauf aufbauend für den Prozess der Typenbildung. Vor allem der Typus der „bildungspolitischen Welle" illustriert, dass dieses Konzept es ermöglicht, eine ganz spezifische biografische Konstellation zu erfassen, für das genau dieses theoretische Konzept sensibilisiert. Gleichzeitig zeigt die Rekonstruktion der anderen Typen auf, dass dieses Konzept weiter ausdifferenziert werden muss, indem bildungspolitische von gesamtgesellschaftlichen Gelegenheitsstrukturen unterschieden und zusätzlich fachspezifische Gelegenheitsstrukturen einbezogen werden. Daneben stellte die Konzeption Pierre Bourdieus vor allem auf der Ebene der biografischen Rekonstruktion der Einzelfälle ein begriffliches und theoretisches Instrumentarium zur Verfügung,

Bildungswege in ihrem Zusammenhang von Herkunftsmilieu und Gesellschaftssystem in den Blick zu bekommen.[6]

4 Plädoyer für einen theorieorientierten Forschungsprozess

Auch in der Biografieforschung kann stärker als bisher auf etablierte formale Theorien, aber auch auf Theorien, die auf logischen Spekulationen basieren, zurückgegriffen werden. Diese Theorien können dazu dienen, Fragestellungen zu formulieren, Samples zu bilden, vor allem aber helfen sie, eine theoretische Sensibilität bezüglich empirischer Phänomene überhaupt auszubilden. Wie anhand unserer Studie aufgezeigt werden konnte, ist Theorietriangulation vor allem dann naheliegend, wenn zu einem Forschungsgegenstand bereits umfangreiche empirische Forschungen und theoretische Konzepte vorliegen.

Um trotz dieser stärkeren Theorieorientierung die Prämissen der GTM forschungspraktisch umzusetzen, ist ein Rückgriff auf Theorietriangulationen hilfreich. Zum einen ermöglicht sie es, die eigenen (impliziten) theoretischen Annahmen zu explizieren, zum anderen erfordert das Konzept der Triangulation, sich nicht (vorschnell) auf eine Theorie festzulegen, sondern die Entscheidung erst im Verlauf des Forschungsprozesses zu treffen. Des Weiteren können mit der notwendigen Offenheit gegenüber den als Heuristiken im Auswertungsprozess eingesetzten Theorien diese durch die empirische Untersuchung sowohl komplexer werden als auch Irrelevanzen aufgezeigt werden. Gerade die für eine Theorietriangulation typische Pluralität von Theorien und der damit verbundene Interpretationsprozess beugen der vorschnellen Dominanz einer ex- oder impliziten Theorie vor. In diesem Sinne ist Theorietriangulation geradezu prädestiniert für eine biografieanalytische Forschungspraxis, d.h. Theorien heuristisch zu nutzen und nicht die Analyse primär von einem Theoriekonzept leiten zu lassen.

---

6   Da dieser Beitrag auf der Darstellung von Typen basiert und aus Platzgründen keine Einzelfallrekonstruktionen dargestellt werden können, kann dies hier nicht im Detail nachgezeichnet werden (vgl. für Darstellungen auch mit Rückgriff auf Bourdieu z.B. Suderland 2011; Miethe et al. 2015b).

Literatur

Boudon, Raymond. 1974. *Education, opportunity and social inequality. Changing prospects in western society.* New York: Wiley.

Bourdieu, Pierre. 1983. Ökonomische Kapital, kulturelles Kapital, soziales Kapital. In *Soziale Ungleichheiten* (Soziale Welt Sonderband 2), Hrsg. Reinhard Kreckel, 183-198. Göttingen: Schwartz.

Brake, Anna, und Peter Büchner. 2012. *Bildung und soziale Ungleichheit. Eine Einführung.* Stuttgart: Kohlhammer.

Bryant, Antony, und Kathy Charmaz. 2007. *The SAGE Handbook of Grounded Theory.* L.A., London, New Dehli, Singapore: SAGE Publications.

Denzin, Norman K. 1970. *The research act. A theoretical introduction to sociological methods.* New York: McGraw Hill.

Eisinger, Peter. K. 1973. The conditions of protest behaviour in american cities. *American Political Science Review* 67 (1): 11-28.

Erikson, Robert, und John H.Goldthorpe. 1992. *The Constant Flux. A Study of Class Mobility in Industrial States.* Oxford: Clarendon Press.

Fischer, Wolfram, und Martin Kohli. 1987. Biographieforschung. In *Methoden der Biographie- und Lebenslaufforschung*, Hrsg. Wolfgang Voges, 25-50. Opladen: Leske und Budrich.

Flick, Uwe. 2004. Triangulation in der qualitativen Forschung. In *Qualitative Forschung. Ein Handbuch*, Hrsg. Uwe Flick, Ernst von Kardorff und Ines Steinke, 309-318. Reinbek bei Hamburg: Rowohlt.

Flick, Uwe. 2008. *Triangulation. Eine Einführung.* Wiesbaden: Verlag für Sozialwissenschaften.

Fuchs, Thorsten. 2011. *Bildung und Biographie. Eine Reformulierung der bildungstheoretisch orientierten Biographieforschung.* Bielefeld: Transcript.

Glaser, Barney, und Anselm Strauss. 1967. *The Discovery of Grounded Theory.* Chicago: Aldine.

Glaser, Barney, und Anselm Strauss. 1984. Die Entdeckung gegenstandsbezogener Theorie: Eine Grundstrategie qualitativer Sozialforschung. In *Qualitative Sozialforschung*, Hrsg. Christel Hopf und Elmar Weingarten, 91-111. Stuttgart: Klett-Cotta.

Glaser, Barney, und Anselm Strauss. 2010. *Grounded Theory. Strategien qualitativer Forschung.* Bern: Huber.

Hoffmann-Riem, Christa. 1980. Die Sozialforschung einer interpretativen Soziologie. Der Datengewinn. *Kölner Zeitschrift für Soziologie und Sozialpsychologie 32* (2): 339-372.

Kelle, Udo. 1994. *Empirisch begründete Theoriebildung: Zur Logik und Methodologie interpretativer Sozialforschung.* Weinheim: Deutscher Studienverlag.

Kelle, Udo. 1996. Die Bedeutung theoretischen Vorwissens in der Methodologie der Grounded Theory. In *Wahre Geschichten? Zu Theorie und Praxis qualitativer Interviews*, Hrsg. Rainer Strobl und Andreas Böttger, 23-48. Baden-Baden: Nomos.

Koller, Hans-Christoph. 2009. Der klassische Bildungsbegriff und seine Bedeutung für die Bildungsforschung. In *Wie ist Bildung möglich?* Hrsg. Lothar Wigger, 34-51. Bad Heilbrunn: Klinkhardt.

Kristen, Cornelia. 1999. Bildungsentscheidungen und Bildungsungleichheit – ein Überblick über den Forschungsstand. In *Arbeitspapier Nr. 5*, Hrsg. Mannheimer Zentrum für Europäische Sozialforschung, 1-67. Mannheim: MZES.

Kuhnhenne, Michaela, Ingrid Miethe, Heinz Sünker, und Oliver Venzke, Hrsg. 2012. *(K) eine Bildung für Alle – Deutschlands blinder Fleck. Stand der Forschung und politische Konsequenzen*. Opladen, Berlin, Toronto: Barbara Budrich.

Mayer, Karl-Ulrich, und Walther Müller. 1986. The state and the structure of the lifecourse. In *Human development and the life course: Multidisciplinary perspectives*, Hrsg. Aage Sorensen, Franz E. Weinert, Lonnie R. Sherrod, 217-245. New Jersey: Lawrence Erlbaum.

Mey, Günter, und Katja Mruck. 2011. Grounded-Theory-Methodologie: Entwicklung, Stand, Perspektiven. In *Grounded Theory Reader*, Hrsg. Günter Mey und Katja Mruck, 11-48. Wiesbaden: Springer VS.

Miethe, Ingrid. 2007. *Bildung und soziale Ungleichheit in der DDR. Möglichkeiten und Grenzen einer gegenprivilegierenden Bildungspolitik*. Opladen, Farmington Hills: Barbara Budrich.

Miethe, Ingrid. 2010. Bildungsaufstieg in drei Generationen in Ost- und Westdeutschland. Theoretische und methodische Konzeptionen. In *Familie, Generation und Bildung. Beiträge zur Erkundung eines informellen Lernfeldes*, Hrsg. Hans-Rüdiger Müller, Jutta Ecarius und Heidrun Herzberg, 129-148. Opladen, Farmington Hills: Barbara Budrich.

Miethe, Ingrid. 2011. Politik, Bildung und Biografie. Zum Zusammenhang von politischer Gelegenheitsstruktur und individuellem Bildungsaufstieg [45 Absätze]. *Forum Qualitative Sozialforschung / Forum: Qualitative Social Research* 12 (2): Art. 8. http://nbn-resolving.de/urn:nbn:de:0114-fqs110287. Zugegriffen: 29. Februar 2016.

Miethe, Ingrid. 2012. Grounded Theory und Bildungstheorie. In *Qualitative Bildungsforschung und Bildungstheorie*, Hrsg. Ingrid Miethe und Rüdiger Müller, 149-171. Opladen, Farmington Hills: Barbara Budrich.

Miethe, Ingrid. 2014. Neue Wege in der Biografieforschung. Der Ansatz der theorieorientierten Fallrekonstruktion. *Zeitschrift für Qualitative Forschung* 15 (1-2): 163-180.

Miethe, Ingrid. 2015. Theorieorientierte Fallrekonstruktion und Grounded Theory. In: *Handbuch Grounded Theory. Von der Methodologie zur Forschungspraxis*, Hrsg. Claudia Equit und Christoph Hohage, 258-272. Weinheim und Basel: Beltz.

Miethe, Ingrid, und Birthe Kleber. 2013. Bildungswettlauf zwischen West und Ost. Ein retrospektiver Vergleich. In *Bildung, Gesellschaftstheorie und Soziale Arbeit*, Hrsg. Rita Braches-Chyrek, Dieter Nelles, Gertrud Oelerich und Andreas Schaarschuch, 155-174. Opladen, Berlin, Toronto: Barbara Budrich.

Miethe, Ingrid, und Rüdiger Müller, Hrsg. 2012. *Qualitative Bildungsforschung und Bildungstheorie*. Opladen, Farmington Hills: Barbara Budrich.

Miethe, Ingrid, Regina Soremski, Maja Suderland, Heike Dierckx, und Birthe Kleber. 2015a. *Bildungsaufstieg in drei Generationen. Zum Zusammenhang von Herkunftsmilieu und Gesellschaftssystem im Ost-West-Vergleich*. Opladen, Berlin, Toronto: Budrich.

Miethe, Ingrid, Regina Soremski, Heike Dierckx, und Maja Suderland. 2015b. Bildungsaufstiege im Kontext von Gesellschaftssystem und Herkunftsmilieu. Biografische Perspektiven. *Zeitschrift für Soziologie der Erziehung und Sozialisation* 35 (1): 53-68.

Mruck, Katja (unter Mitarbeit von Günter Mey). 2000. Qualitative Sozialforschung in Deutschland. *Forum Qualitative Sozialforschung / Forum: Qualitative Social Research*

1 (1), Art. 4. http://nbn-resolving.de/urn:nbn:de:0114-fqs000148. Zugegriffen: 29. Februar 2016.

Mruck, Katja, Wolff-Michael Roth, und Franz Breuer. 2002. Subjektivität und Selbstreflexivität im qualitativen Forschungsprozess I. *Forum Qualitative Sozialforschung / Forum: Qualitative Social Research 3* (3). http://www.qualitative-research.net/index.php/fqs/issue/view/21. Zugegriffen: 04. April 2016.

Pollak, Reinhard. 2010. *Kaum Bewegung, viel Ungleichheit. Eine Studie zu sozialem Auf- und Abstieg in Deutschland.* Hrsg. Heinrich-Böll-Stiftung, Serie: „Wirtschaft und Soziales", 5. http://www.boell.de/sites/default/files/KaumBewegung-vielUngleichheit_V01_kommentierbar.pdf. Zugegriffen: 29.Februar 2016.

Reichertz, Jo. 2010. Abduktion: Die Entdeckungslogik der Grounded-Theory-Methodologie. *Forum Qualitative Sozialforschung / Forum: Qualitative Social Research 11* (1). http://www.qualitative-research.net/index.php/fqs/article/view/1412. Zugegriffen: 04. April 2016.

Rosenberg, Florian von. 2011. *Bildung und Habitustransformation. Empirische Rekonstruktionen und bildungstheoretische Reflexionen.* Bielefeld: Transcript.

Rosenthal, Gabriele. 1995. *Erlebte und erzählte Lebensgeschichte. Gestalt und Struktur biographischer Selbstbeschreibungen*, Frankfurt/M.: Campus.

Rosenthal, Gabriele. 2005. *Interpretative Sozialforschung. Eine Einführung.* Weinheim, München: Juventa.

Roth, Wolff-Michael, Franz Breuer, und Katja Mruck. 2003. Subjektivität und Selbstreflexivität im qualitativen Forschungsprozess II. *Forum Qualitative Sozialforschung / Forum: Qualitative Social Research 4* (2). http://www.qualitative-research.net/index.php/fqs/issue/view/18. Zugegriffen: 04. April 2016.

Schütze, Fritz. 1983. Biographieforschung und narratives Interview. *Neue Praxis* 13 (3): 283-293.

Strauss, Anselm L. 1998. *Grundlagen qualitativer Sozialforschung. Datenanalyse und Theoriebildung in der empirischen soziologischen Forschung.* München: Fink.

Strauss, Anselm, und Juliet Corbin. 1996. *Grounded Theory: Grundlagen Qualitativer Sozialforschung.* Weinheim: Beltz.

Strübing, Jörg. 2008. *Grounded Theory. Zur sozialtheoretischen und epistemologischen Fundierung des Verfahrens der empirisch begründeten Theoriebildung.* Wiesbaden: Verlag für Sozialwissenschaften.

Suderland, Maja. 2011. „Die Zeit war reif: Arbeiterkinder an die Hochschule!" Bildung – Generation – Zeitgeist. *Geschichte im Westen 26:* 89-138.

Tarrow, Sydney. 1991. Kollektives Handeln und politische Gelegenheitsstruktur in Mobilisierungswellen: Theoretische Perspektiven. *Kölner Zeitschrift für Soziologie und Sozialpsychologie 43 (4):* 647-670.

Terhart, Ewald. 2006. Bildungsphilosophie und empirische Bildungsforschung – (k)ein Missverhältnis? In *Bildungsphilosophie und Bildungsforschung*, Hrsg. Ludwig Pongratz, Michael Wimmer und Wolfgang Nieke, 9-36. Bielefeld: Janus Presse. http://miless.uni-duisburg-essen.de/servlets/DocumentServlet?id=12906. Zugegriffen: 29. Februar 2016.

Wigger, Lothar. 2004. Bildungstheorie und Bildungsforschung in der Gegenwart. Versuch einer Lagebeschreibung. *Vierteljahresszeitschrift für wissenschaftliche Pädagogik 80 (4):* 478-493.

Wissenskultur(en) und Mitgliedschaft

Ein persönlicher Kommentar zur Reichweite und zu den Grenzen der publizierten Beiträge[1]

Birgit Griese

„Eine bestimmte Wissenskultur ist ‚eine Menge epistemiologischer und methodologischer Regeln', die von einer Gruppe ‚aufgrund geteilter Überzeugungen über Wesen, Funktion und Ziel des Wissens' so befolgt wird, dass die Regelbefolgung (a) ‚gelehrt, gelernt, überliefert und gegebenenfalls institutionalisiert wird', (b) zu einem spezifischen epistemischen Status führt und (c) ein […] wissenschaftliches Verhalten als Bemühung um Wissenserwerb produziert, das seinerseits Überzeugungen und Theorien hervorbringen kann." (Sandkühler 2014, S. 61)

Das Zitat von Sandkühler dient nachfolgend als lockere Richtschnur einer Reflexion der in diesem Sammelband versammelten Aufsätze – eine Auseinandersetzung, die persönlich und essayistisch ausfällt. Ich möchte meine Lerngewinne skizzieren, die durch die Lektüre entstanden sind. Generell habe ich die Texte als Einladung gelesen, an einer spezifischen Wissenskultur teilzunehmen – und um diesen Gewinn genauer zu beschreiben, hole ich ein wenig aus und komme auf die Wissenskultur, die einen Schwerpunkt dieser Publikation bildet (die *hermeneutische/biografische Fallrekonstruktion* nach Rosenthal), erst im Verlauf – und nicht an gebührender Stelle – zu sprechen.

Vorderhand wäre zu konstatieren, dass im Horizont empirischer Sozialforschung keinesfalls anzunehmen ist, es handele sich um *eine* Wissenskultur. Um diesen (sozialen) Sachverhalt zu skizzieren, bedarf es gewiss keiner „klassischen Gegenüberstellung" qualitativer und quantitativer Ansätze. Ebenso wenig ist es

---

[1] Ich möchte Ina Alber und Martina Schiebel für wertvolle Kommentare danken, die zu wichtigen Präzisierungen geführt haben.

notwendig, unterschiedliche qualitative Ansätze, bspw. die Ethnografie mit der Diskursforschung, zu vergleichen – ein Blick auf die Biografieforschung, die im Zentrum der Sammelbandbeiträge steht und im Singular nicht erhältlich ist (Griese 2010), reicht vollkommen aus. Geht es um Biografieforschung – zunächst jenseits des Triangulationsaspektes, der in den Beiträgen dezidiert und unterschiedlich akzentuiert ausgearbeitet worden ist – scheint vielfach ein Gegenstand[2] verbindlich zu sein: die autobiografische Stegreiferzählung, die durch das Erhebungsverfahren biografisch-narratives Interview hervorgebracht wird.[3] Im Zuge der Erhebung, die spezifischen, von Interviewer/innen zu beachtenden Regeln folgt – und die bisweilen auch in Interviewer/innenschulungen gefestigt werden –, wird ein relativ homogener Gegenstand hergestellt, sodass die Annahme, es handele sich bei der Biografieforschung doch um *eine* Wissenskultur, nahezuliegen scheint. Allerdings wird diese Vermutung schnell durch die Überlegung konterkariert, dass Interviewpartner/innen Fremden vermutlich niemals aus ihrem Leben erzählen würden (zu sozialen Settings, innerhalb derer im Alltag biografisch kommuniziert wird, vgl. Fuchs-Heinritz 2005, S. 13ff.), besäßen sie keine Vorstellung, warum ausgerechnet sie angefragt worden sind. Das im Vorfeld und in der Erhebungssituation mehr oder minder stark explizierte Forschungs- respektive Erkenntnisinteresse selbst[4] – etwa die Entstehung und Bewältigung von Wohnungslosigkeit (bspw. Steckelberg 2010), Migrationserfahrungen (exemplarisch Breckner 2009), Krankheitsbewältigung (stellvertretend Grieshop 2003) oder die intergenerationale Tradierung traumatischer Erfahrungen (Rosenthal 1997) – nimmt Einfluss auf die aus der Retrospektive formulierte lebensgeschichtliche Darstellung der Interviewpartner/innen, sodass neben der evozierten autobiografischen Stegreiferzählung zumindest ein zweiter heteronomer, im weitesten Sinne sozialwissenschaftlicher Gegenstand die Forschungspraxis und somit die Daten und ihre Auslegung strukturiert.

Überzeugt dieser erste Argumentationsgang vielleicht nur graduell, ist dem zweiten aus meiner Sicht wenig entgegenzusetzen, da die Annahme, dass es eine

---

2 Auch wenn es für erfahrene Wissenschaftler/innen trivial erscheinen mag: Es kann m.E. nicht oft genug betont werden, dass es sich bei Gegenständen in geisteswissenschaftlicher Forschung so gut wie nie um Naturdinge oder menschliche Artefakte, sondern um Ideen handelt.

3 Wenngleich festzuhalten bleibt, dass mit Bezug auf die Gesamtbiografie (offen) oder mit Blick auf spezifische lebensgeschichtliche Erfahrungen/Lebensabschnitte (geschlossener) erhoben werden kann; eine der gehaltvollsten Abhandlungen zu (erzähl-)theoretischen Grundannahmen, Zielen und zum methodischen Vorgehen in der Erhebung liefern Loch und Rosenthal (2002).

4 Zu ethischen Implikationen der Biografieforschung hat sich u.a. Lienkamp geäußert (2010, insbesondere S. 18).

„gegenstandskonstitutive Funktion empirischer Methoden" gibt, „[...] weitgehend anerkannt [wird]. Der Gegenstand nimmt je nach eingesetzter Methode ‚unterschiedliche Gestalt an [...], was darauf hindeutet, dass eine durchgängige Gegenstandskonstruktion durch die jeweilige Spezifik der Methode entsteht'." (Fichten und Dreier 2003, Abs. 5) Der Clou lautet allerdings: Weder das Forschungsinteresse noch das Erhebungs-, sondern das gewählte Auswertungsverfahren konstituiert den Forschungsgegenstand in letzter Instanz. Anhand von Gegenstandsbestimmungen und methodologischen Setzungen – laut Sandkühler das „Wesen" von Wissenskulturen – wird schnell ersichtlich, dass insbesondere im Konnex der Auswertungsverfahren (die ich hier allenfalls exemplarisch vorstelle; ausführlich, wenngleich ebenfalls nicht erschöpfend Griese 2010) von Wissenskulturen die Rede sein kann. Erhobene autobiografischen Stegreiferzählungen können bspw.

- *narrationsstrukturell* ausgewertet werden (grundlegend Schütze 2016a, 1984; ferner Detka 2005; Griese 2009; Bock und Griese 2017; Kleemann et al. 2009, S. 64ff.; Przyborski und Wohlrab-Sahr 2010, S. 217ff.). Der Gegenstandsbereich, auf den hin analysiert wird, lässt sich als ein doppelter bezeichnen. Einerseits (I) geht es um *Erfahrungsaufschichtung im lebensgeschichtlichen Zusammenhang*, die sich als Resultat von Interaktionserfahrungen, Identitätsbildungsprozessen, Bewältigung und/oder geleisteter Biografiearbeit lesen lässt. Der amerikanische Pragmatismus und die soziologische Phänomenologie sind zentrale Referenzen, was die methodologischen Setzungen betrifft: Zu erwähnen sind in diesem Zusammenhang zumindest der Wille zur Kooperation, der interpretationsleitend ist, und ein Verständnis bezüglich der im Alltag/im Erzählvorgang ablaufenden Idealisierungen (ausf. Bock und Griese 2017). Methodisch spielen die Arbeitsschritte Rekonstruktion der autobiografischen Gesamtgestalt, Segmentieren (inklusive eingelagerter Segmente) sowie Segmentverzahnung und wissensanalytische Betrachtungen (Kontrastierung von Erzählpassagen mit argumentativen Rahmungen) eine zentrale Rolle. Zusätzlich werden die Prozessstrukturen der Erfahrungsaufschichtung (*negative/ positive Verlaufskurve, biografisches Handlungsschema, institutionalisiertes Ablaufmuster, Wandlung*) als heuristisches Instrumentarium in Rechnung gestellt. Die Einzelfallanalysen münden im Forschungsverlauf in Typenbildung; die Daten werden im optimalen Fall sukzessive erhoben, d.h. nach Rekonstruktion und Reflexion des Einzelfalls, entlang von Erwägungen zu minimaler Differenz/maximalem Kontrast (Schütze 1983). Andererseits (II) steht die Rekonstruktion der (Alltags-)Methoden, die Sprecher/innen einsetzen, um so etwas wie eine autobiografische Stegreiferzählung zu realisieren, auf der Agenda – ein Gegenstandsbereich, der sich i.S. der Ethnomethodologie oder einer Ethnografie des Sprechens verstehen lässt und dem sich einer der Protagonisten, konkret: Schütze (vgl. u.a. Schütze 1984, 2006; Kallmeyer und Schütze 2016), verschrieben hat (Bock und Griese 2017). Bei II steht die Rekonstruktion *wiederkehrender sprachlicher Muster respektive angewandter Methoden im autobiografischen Erzählen* zur Disposition (da so der Gegenstand autobiografische Stegreiferzählung näher bestimmt wird, verwundert es kaum, dass auch in anderen Wissenskulturen mehr oder minder stark auf die Arbeiten Schützes rekurriert wird, exemplarisch Franz und Griese 2010). Allerdings verschränken sich soziolinguistisches Wissen und die Rekonstruktion von Erfahrungsaufschichtung in der Narrationsstrukturanalyse in letzter Konsequenz auf das Engste (Przyborski und Wohlrab-Sahr 2010, S. 221), gleichwohl die Gegenstandsbereiche different sind (Rekonstruktion von Methoden, die im Erzählen eingesetzt werden/Entwicklung erzähltheoretischer Heuristiken vs. Erfahrungsaufschichtung).

- *konversationsanalytisch* ausgewertet werden. Der Gegenstand im Forschungsparadigma *narrative Identität* kann ebenfalls i.s. der Ethnomethodologie gefasst werden (Lucius-Hoene 2010; Lucius-Hoene und Deppermann 2004). Es geht zentral um die Frage, *wie* Identität im biografisch-narrativen Interview mit sprachlichen Mitteln zum Ausdruck gebracht werden kann. Gefragt werden kann bspw. nach sprachlichen Ausdrucksformen, die Rückschlüsse auf die Thematisierung traumatischer Inhalte zulassen (Deppermann und Lucius-Hoene 2005). Das methodische Vorgehen lässt sich derweil nicht so einfach beschreiben; vielleicht kann man es so ausdrücken: Sequenziell wird nach Regelmäßigkeiten sowie Auffälligkeiten im Material Ausschau gehalten (*closed reading*), die vor der Folie dezidierten (sozio-)linguistischen Wissens einer Analyse zugänglich werden (Griese 2013, S. 286ff.). Ziel ist es, die Praxis des autobiografischen Stegreiferzählens, die „Sprachstrukturen oder Kompetenzen, die als geteilte Praxis wiederum Sozialität generieren" (Bock und Griese 2017, o.S.), zu rekonstruieren. Die Nähe dieses Ansatzes zur Narrationsstrukturanalyse liegt auf der Hand – indes ist die Rekonstruktion von *Erzählstrukturen* primäres Programm.
- mittels *objektiver bzw. strukturaler Hermeneutik* ausgewertet werden.[5] Der Gegenstand, auf den hin analysiert wird, lautet *subjektiv latente Sinnstruk-*

---

5 Oevermann ist jedoch kein Freund, geht es um die Interpretation von Daten, die im Rahmen wissenschaftlicher Erhebungen generiert worden sind (kritisch Oevermann 2001a/b). Er ist vielmehr an der Interpretation von Daten interessiert, die im Alltag – ohne forschendes Dazutun – produziert werden. Dementsprechend widmet er bspw. der Genogrammarbeit, in der es um die Konstruktion biografischer Perspektiven in der beruflichen Praxis geht, wesentlich dezidiertere Aufmerksamkeit (Oevermann

tur (Oevermann 2013; kurz Wernet 2012, S. 189f.), die im Gruppeninterpretationsprozess ermittelt wird und deren Rekonstruktion methodologisch von Exkursen in die Psychoanalyse flankiert wird (Oevermann 2013, S. 77). Bei den angewandten Methoden ließe sich grob zwischen Sequenzanalyse (ausf. Oevermann et al. 1979) und der Analyse objektiver Daten unterscheiden (im erweiterten Überblick Reichertz 1991, S. 225), wobei diese Auswertungsformen meist verschränkt realisiert werden. In einem ersten Arbeitsschritt werden die objektiven Sozialdaten – z.b. Geburtsdatum plus räumlicher und sozialer Kontext, sozialgeschichtliche (Groß-)Ereignisse, wie Mauerbau/-fall oder Häftlingsfreikauf (ausf. Detka et al. in diesem Band)[6] – festgestellt und interpretiert, die Ergebnisse werden wiederum in der Analyse des Fallmaterials berücksichtigt (Wernet 2012, S. 190). Ein sequenzielles Vorgehen in der Interpretation des Datenmaterials ist auch hier zentral. Gefragt wird, in welchem Kontext eine Aussage (im Transkript) eine wohlgeformte Aussage sein könnte; natürlich wird auch geprüft, ob sie wohlgeformt, d.h. u.a. logisch, sprachlich, moralisch, rechtlich, kontextbezogen angemessen ist (Griese 2000, S. 35f.). Nach extensiver Sequenzauslegung wird erörtert, wie es im Text weitergehen könnte/ müsste. Die entstehenden Lesarten werden im Interpretationsverlauf sukzessive auf eine (Fall-)Strukturhypothese hin verdichtet (zum methodischen Vorgehen im Detail Oevermann et al. 1979; Wernet 2006; Przyborski und Wohlrab-Sahr 2010, S. 260ff.), die, wenn sie steht, am weiteren Text (nur noch) geprüft, ggf. modifiziert wird (anschaulich Haupert und Kraimer 1991). Im Rahmen dieser Wissenskultur ist es möglich, den Einzelfall zum Gegenstand der Theoriebildung zu bestimmen.

- mit *dokumentarischer Methode* ausgewertet werden. Im Gegensatz zur objektiven Hermeneutik geht es um die Rekonstruktion *kollektiver Orientierungsmuster*, methodologisch ist die Wissenssoziologie Mannheims wesentlich (u.a. Mannheim 1980, 2004). Anscheinend geht es hier nicht um die Interdependenz soziale Rahmenbedingungen und subjektive Deutung, sondern um die Vorstellung soziale respektive gesellschaftliche Rahmenbedingungen und *kollektive*

---

und Müller 2010). Nichtsdestotrotz werden auch autobiografische Stegreiferzählungen objektiv hermeneutisch interpretiert (stellvertretend Silkenbeumer und Wernet 2010).

6   Ich meine mich zu erinnern, Detlef Garz mit der Frage traktiert zu haben, was denn objektive Daten seien. Mir ist das Vorgehen bis heute unklar (ich vermute die Einschätzung basiert auf dem common sense, was im Fall der objektiven Hermeneutik vielleicht nicht weiter erklärungsbedürftig ist, allerdings bin ich keinesfalls ausgewiesene Expertin für diese Methode).

Orientierungsmuster.⁷ Hinsichtlich des methodischen Vorgehens lassen sich die Arbeitsschritte Transkription, Anfertigung eines thematischen Verlaufs, formulierende und reflektierende Interpretation benennen (Nohl 2009; Przyborski und Slunecko 2010). Ziel ist es, eine sinn- *und* soziogenetische Theorie- bzw. Typenbildung auf den Weg zu bringen (Nohl 2009, S. 57ff.), wobei allerdings bereits die (Aus-)Wahl der Interviewpartner/-innen unter sozialstrukturellen Vorzeichen vorgenommen wird (bspw. Geschlecht, Alter [exemplarisch Nohl 2009, S. 60f.] oder Bildungsstand).

Dieser Aufzählung respektive vorgenommenen Typisierung – im Sinne der Weberschen Idealtypen (1985) – mangelt es unterdessen *mindestens* an zweierlei: Einerseits haben Vertreter/innen dieser Wissenskulturen der Klassifizierung nicht zugestimmt (und dass dies Widerstände produzieren kann, ist u.a. der Diskussion von Allert et al. [2014] über Forschungswerkstätten zu entnehmen). Andererseits ist die Aufzählung unvollständig: Weder wurde auf diskursanalytische Ansätze (etwa Tuider 2007; Alber bzw. Wundrak in diesem Band) noch auf inhaltsanalytische Interpretationen (bspw. Wiedemann 1986) autobiografischer Stegreiferzählungen Bezug genommen, deren Gegenstände, theoretische Setzungen und Vorgehensweisen gewiss noch einmal gesondert zu bestimmen wären. Trotzdem möchte ich festhalten, dass es sich bei den skizzierten Ansätzen aus meiner Sicht um Wissenskulturen handelt – nicht zuletzt, weil unterschiedliche Gegenstände (re-)konstruiert werden. Auch der Grad der Institutionalisierung ist beachtlich: angefangen bei Lehrstühlen über Publikationen (in Form von Forschungsberichten, Qualifikationsarbeiten, Beiträgen in Fachzeitschriften und vor allem in Lehrbüchern) bis hin zu lokal, regional, national und international gerahmten Forschungswerkstätten (s.u.). Zur Bildung und Konsolidierung von Wissenskulturen zählt aber gewiss auch die Namensgebung, die Existenz einer charakteristischen Bezeichnung, unter welcher ein Forschungsansatz firmiert. Schütze hat seinem Verfahren in einer erst jüngst publizierten Sammlung methodologisch und methodisch einschlägiger Texte den Namen *sozialwissenschaftliche Prozessanalyse* (Schütze 2016b) ver-

---

7   Die dokumentarische Methode ist ein Forschungsansatz, der (ähnlich wie die objektive Hermeneutik) „expandiert". Stimmen meine Beobachtungen, wäre zu konstatieren, dass dieser Forschungsansatz zunächst eng an die Erhebungsmethode Gruppendiskussion gebunden und nicht auf subjektive, sondern auf die Rekonstruktion kollektiver Orientierungsmuster ausgerichtet war. Mittlerweile aber werden ebenso Expert/-inneninterviews (z.B. Radvan 2010) oder eben auch autobiografische Stegreiferzählungen (z.B. Franz 2013) mittels dokumentarischer Methode ausgewertet. Ich würde mir jedoch wünschen, dass dieser Wechsel bezüglich der Datengrundlage stärker auf gegenständlicher bzw. methodologischer Ebene reflektiert werden würde.

liehen; die m.E. für eine Variante der Biografieforschung aussagekräftigere Bezeichnung Narrationsstrukturanalyse ist von anderen Wissenschaftler/innen ins Spiel gebracht worden (etwa Nohl 2009), und im Diskurs zirkulieren auch aktuell weitere alternative Bezeichnungen, bspw. soziologische Erzählanalyse. Ist bei der dokumentarischen Methode oder der objektiven Hermeneutik das „brand marking" gelungen, spiegelt sich bei anderen Forschungsansätzen das Spezifische der Wissenskultur nicht immer im Titel – so auch im Fall der Wissenskultur, die als *biografische* oder *hermeneutische Fallrekonstruktion* bezeichnet und maßgeblich von Rosenthal und Fischer-Rosenthal (u.a. 1997a/b) entwickelt wurde und wird, denn auch im Rahmen der Narrationsstrukturanalyse oder der objektiven Hermeneutik werden Fallrekonstruktionen realisiert.

Doch wie wird man Mitglied einer oder verschiedener Wissenskulturen? Zufall und Glück nehmen Einfluss auf die Mitgliedschaft. Wo habe ich studiert? Welchen Menschen bin ich begegnet? Vor allem die Frage, ob es Forschungswerkstätten gab, die ich besuchen konnte, ist zentral, da „die Einsozialisation in die qualitative Sozialforschung – und speziell [...] in die Biographieforschung [...] immer auch bedeutet, dass die Initiantin nicht umhin kommt, sich einem echten offenen und damit auch riskanten Forschungsprozess zu unterziehen" (Inowlocki et al. 2010, S. 185), der optimal durch Werkstattbesuche flankiert wird. Wiewohl Forschungswerkstätten häufig nicht als Orte verstanden werden, die der Vermittlung von Theorie- und Methodenwissen dienen – vielmehr stehe die Arbeit am empirischen Material und die Reflexion des Forschungsprozesses im Mittelpunkt (Mruck und Mey 1998, S. 295) –, kann man in Werkstätten m.E. doch – durch „teilnehmende Beobachtung" – lernen, wie Daten interpretiert werden können oder sollten. Das, was in Forschungswerkstätten vonstattengeht, „lässt sich als empirische Epistemologie verstehen, um elementare Prozesse der Erkenntnisgenerierung in der Biographieforschung und anderen interpretativen Ansätzen aufzudecken" (Inowlocki et al. 2010, S. 187). Wiewohl sich Mey und Mruck (2014, S. 18f.) vermutlich gegen eine Typisierung von Wissenskulturen aussprechen würden, halten auch sie fest, dass „Prozesse des Suchens" und „Ausprobierens" sowie „die Einsozialisation in den Forschungsstil" zentral sind, um qualitative Forschung erfolgreich zu realisieren; in diesem Kontext seien vor allem Forschungswerkstätten und Betreuungsleistungen der Lehrenden wesentlich. Auch Riemann, ebenfalls ein Kritiker des „Schulendenkens", räumt ein, dass „es ‚Verfahrenswalter_innen' gibt, die immer wieder bestimmte Schritte vorführen", so wie es „erfahrene Teilnehmer_innen und ‚Forschungsnoviz_innen'" (Riemann in Allert et al. 2014, S. 295) gebe – was allerdings „reflexionsbedürftig" sei (ebd.). Recht konträr formuliert unterdessen Reichertz, dass „[g]emeinsam[es] [I]nterpretieren [...] nur dadurch [funktioniert], dass man ‚eingeschult' wird in bestimmte Praktiken" (Reichertz in Allert et al.

2014, S. 300) – eine Position, der ich mich anschließe. Ich hatte das Glück, mein erstes Praktikum am *Duisburger Institut für Sprach- und Sozialforschung* zu absolvieren (Kritische Diskursanalyse). Auch im *Institut für angewandte Biographie- und Lebensweltforschung* (Bremen) wurde ich sozialisiert, ein Arbeitszusammenhang, in dem unterschiedliche Daten auf unterschiedliche Weise interpretiert wurden (häufig wurde mit Heuristen gearbeitet – anders formuliert: es wurde theoretisch trianguliert –, generell aber spielten alle Triangulationsformen in der Werkstattarbeit eine Rolle). Zu meinem Glück zählt auch, dass ich eine Zeit lang von *Detlef Graz* (objektive Hermeneutik) begleitete Werkstätten besuchen durfte. Durch die Mitarbeit im *Netzwerk Rekonstruktive Soziale Arbeit* komme ich mit unterschiedlichen Interpret/innen und Verfahren in Kontakt. Meine Biografie hat es mir ermöglicht, *neugierig* auf andere Wissenskulturen zu sein. Ich interessiere mich grundlegend für die Fragen: Welches Datenmaterial liegt der Interpretation zugrunde? Auf welchen Untersuchungsgegenstand zielt die Analyse, mit welchen Methoden wird dieser vermessen? Ich bin mir sicher, dass andere Wissenschaftler/innen ganz anders mit in Werkstätten gesammelten Erfahrungen umgehen: U.U. synthetisieren sie Elemente unterschiedlicher Wissenskulturen – wenn es passt und/oder geraten scheint (ich bin Martina Schiebel für diesen Hinweis zu Dank verpflichtet). Was allerdings das Resultat eines Werkstattbesuchs ist/ sein sollte, wurde bislang marginal erforscht – wurde also weder normativ noch empirisch systematisch ausgelotet (Allert et al. 2014). Jenseits dessen aber werden Teilnehmer/innen auf jeden Fall einsozialisiert; doch nicht jede/r Interessierte hat das Glück, auf diese Weise Zugang zu einer oder mehreren Wissenskulturen zu erhalten.[8]

Wenn man, wie ich es möchte, ein Verständnis von unterschiedlichen Wissenskulturen entwickeln will, führt neben lebendigen Kontakten kein Weg an der Lektüre kanonischer Texte vorbei. Und ein Blick auf die in diesem Band veröffentlichten Beiträge zeigt, dass es sich bei *Erlebte und erzählte Lebensgeschichte. Gestalt und Struktur biographischer Selbstbeschreibungen* (Rosenthal 1995) um einen eben solchen zu handeln scheint. Gewiss haben auch Narrationsstrukturanalytiker/ innen Beiträge zum Sammelband beigesteuert (Mangione in diesem Band; für die Triangulation von Narrationsstrukturanalyse und hermeneutischer/biografischer Fallrekonstruktion Detka et al. in diesem Band), der überwiegende Teil der Autor/ innen aber arbeitet gemäß des Forschungsansatzes hermeneutische/biografische Fallrekonstruktion – und gerade hier liegt aus meiner Sicht einer der zentralen Gewinne. In systematisierender Absicht könnte ich nun die

---

8 Die Teilnahme an Methodenworkshops ist sicher eine zusätzliche Option, die erwähnt werden muss.

- *hermeneutische/biografische Fallrekonstruktion* als eine weitere Wissenskultur in der Biografieforschung anführen. Die Gegenstandsbestimmung fällt mir schwer; ich möchte diese in Anlehnung an Rosenthal als Rekonstruktion „gegenwärtige[r] Deutungsmuster bzw. subjektive[r] Perspektiven der Alltagshandelnden" sowie „ihre[r] mit der sozialen Welt verwobenen Handlungsgeschichten" (2010, S. 198) bestimmen – was recht unspezifisch anmutet und unterschiedliche Gegenstände impliziert.[9] Hinsichtlich der methodologischen Setzungen sind gewiss die gestalttheoretischen Arbeiten von Gurwitsch fundamental (etwa Gurwitsch 1959, 1974; programmatisch Rosenthal 2010, 1995). Darüber hinaus aber scheint eine Kopplung diverser methodologischer Annahmen und Verfahren vorzuliegen: u.a. die Kontrastierung der Ergebnisse der Auslegung objektiver Sozialdaten mit der Erzählung, Sequenzanalysen in der Tradition der objektiven Hermeneutik, Prinzipien der narrationsstrukturellen Textanalyse im Schützschen sowie konversationsanalytischen Sinne. Kurz: Es handelt sich quasi um eine Wissenskulturen übergreifende biografieanalytische Forschungspraxis. Deutlich wird anhand der im Sammelband vereinten Beiträge, deutlich wird aber auch, dass das reflektierte *Triangulieren* in dieser Wissenskultur zum Alltagsgeschäft des Interpretierens autobiografischer Stegreiferzählungen gehört, was, wenn vielleicht nicht als Alleinstellungsmerkmal, so doch als Besonderheit aufzufassen ist.

So verstanden erhält der terminus technicus Triangulation im Titel dieses Sammelbandes eine zusätzliche Bedeutung – reflektierte Triangulation ist in der Wissenskultur *hermeneutische/biografische Fallrekonstruktion* stark verankert. Werkstätten oder Methodenworkshops, in denen diese Form der Datenauslegung praktiziert wird, konnte ich bis dato nicht besuchen, allerdings durfte ich die hier versammelten Beiträge lektorieren: Im Zuge dessen wurde mir bewusst, dass durch die Lektüre ein vertiefter Einblick in das methodische Vorgehen möglich wird.[10] Und hier liegt m.E. der große Gewinn, den die Beiträge leisten. Sicher kann die Lektüre eine Teilnahme an Forschungswerkstätten oder Workshops in letzter Konsequenz nicht ersetzen; aufgrund der minutiösen und luziden Beschreibungen

---

9   Ob die Differenzierung in Thema, thematische Feld und thematischer Rand der Idee, dass eine biografische Stegreiferzählung einer Gesamtgestalt folgt etwas Wesentliches hinzufügt, mag ich ad hoc nicht zu entscheiden.

10 Ein wenig Vorwissen erlangte ich bereits durch die enge Zusammenarbeit mit Bettina Völter und Regina Rätz (Griesehop et al. 2012) sowie durch wunderbare Gespräche und Publikationsprojekte mit Martina Schiebel.

des interpretativen Umgangs mit dem empirischen Material aber wird ein Einblick in eine spezifische Wissenskultur möglich. Um den Gewinn, den ich erzielen konnte, in Anlehnung an Siebert und mit Blick auf die Methodenpluralität im Feld der Biografieforschung zu pointieren (wenngleich ich es nicht so radikal, wie von Siebert formuliert, ausdrücken wollen würde, denn natürlich lässt mich der Alltagsverstand ebenso Gegenstände im Material erkennen, da auch der Alltagsmensch interpretiert, abstrahiert, urteilt):

> „Es geht nicht darum, ‚richtige' oder ‚falsche' Forschungsmethoden gegenüberzustellen […]. Wünschenswert erscheint eine reflexive Forschungsmethodologie, die nicht nur die Begrenztheit und Relativität der Ergebnisse reflektiert, sondern die Perspektivität und Konstruktion des Forschens. […] Sozialforscher verfügen über unterschiedliche Brillen. […] Verschiedene Brillen sehen Unterschiedliches, doch ohne diese Brillen wird nichts wahrgenommen." (2012, S. 36)

Die Lektüre der Aufsätze ließ mich, aufgrund der wundervoll engen Verschränkung der Dokumentation von Daten und Analyse, oft denken: „Ah! So bewerkstelligen die Kolleg/innen das!" Ich durfte also Material durch eine für mich recht ungewohnte Brille anders lesen lernen. Demensprechend habe ich Ina Alber und Martina Schiebel, die mir das Angebot einer Mitherausgeberinnenschaft unterbreiteten, sowie den Autor/innen dafür zu danken, dass ich lernen durfte und Zugang zu einer spezifischen Wissenskultur erhalten habe. Wie eine *hermeneutische/ biografische Fallrekonstruktion* praktisch realisiert werden kann, ist mir klarer geworden, als es vor der Lektüre der Beiträge war (Fehldeutungen meinerseits selbstverständlich eingeschlossen). Was für meinen Geschmack allerdings etwas zu kurz gekommen ist, sind Gegenstandsbestimmungen, die methodologische Erwägungen fundieren und methodisches Vorgehen leiten. Anders formuliert: „Methodologische und methodische Fragen sind – auch wenn dies vor allem bei Ausführungen, in deren Zentrum die technisch korrekte Anwendung von Forschungsmethoden steht, zumeist ausgeblendet bleibt – eigentlich und im Kern immer epistemologische Fragen." (Fichten und Dreier 2003, Abs. 3) Eine präzise Antwort auf die Frage, was denn genau rekonstruiert wird, fehlt mir bisweilen und die Antwort hermeneutische/biografische Fallrekonstruktion ist oftmals ebenso unzulänglich wie eine allgemeine Explikation des Forschungsinteresses. Doch was weiß ich von der (Forschungs-)Praxis – wenig genug.

Literatur

Allert, Tilman, Bettina Dausien, Günter Mey, Jo Reichertz, und Gerhard Riemann. 2014. Forschungswerkstätten – Programme, Potenziale, Probleme, Perspektiven. In *Qualitative Forschung. Analysen und Diskussionen – 10 Jahre Berliner Methodentreffen*, Hrsg. Günter Mey und Katja Mruck, 291-316. Wiesbaden: Verlag für Sozialwissenschaften.

Bock, Franziska, und Birgit Griese. 2017 (i. E.). Theoretische Setzungen in der Narrationsstrukturanalyse und Ordnungsphänomene in der vermeintlichen Unordnung. In *Reflexive Forschungspraxis: Zur Analyse von Biographien in ihren gesellschaftlichen Kontexten*, Hrsg. Peter Alheit, Bettina Dausien, Thomas Göymen-Steck, Andreas Hanses, Heidrun Herzberg und Daniela Rothe. Frankfurt/M.: Campus.

Breckner, Roswitha. 2009. *Migrationserfahrung – Fremdheit – Biografie. Zum Umgang mit polarisierten Welten in Ost-West-Europa*. Wiesbaden: Verlag für Sozialwissenschaften.

Deppermann, Arnulf, und Gabriele Lucius-Hoene. 2005. Trauma erzählen – kommunikative, sprachliche und stimmliche Verfahren der Darstellung traumatischer Erlebnisse. *Psychotherapie und Sozialwissenschaften* 1: 35-74.

Detka, Carsten. 2005. Zu den Arbeitsschritten der Segmentierung und der Strukturellen Beschreibung in der Analyse autobiographisch-narrativer Interviews. *Zeitschrift für qualitative Bildungs-, Beratungs- und Sozialforschung* 2: 351-364.

Fichten, Wolfgang und Birgit Dreier. 2003. Triangulation der Subjektivität – Ein Werkstattbericht. *Forum Qualitative Sozialforschung/Forum: Qualitative Social Research* 4 (2): Art. 29. http://nbn-resolving.de/urn:nbn:de:0114-fqs0302293. Zugegriffen: 17. April 2017.

Fischer-Rosenthal, Wolfram, und Gabriele Rosenthal. 1997a. Narrationsanalyse biographischer Selbstpräsentationen. In *Sozialwissenschaftliche Hermeneutik. Eine Einführung*, Hrsg. Ronald Hitzler und Anne Honer, 133-164. Opladen: Leske + Budrich.

Fischer-Rosenthal, Wolfram, und Gabriele Rosenthal. 1997b. Warum Biographieanalyse und wie man sie macht. *Zeitschrift für Sozialisationsforschung und Erziehungssoziologie* 4: 405-427.

Franz, Julia. 2013. *Muslimische Jugendliche? Eine empirisch-rekonstruktive Studie zu kollektiver Zugehörigkeit*. Opladen/Berlin/Toronto: Barbara Budrich.

Franz, Julia, und Birgit Griese. 2010. Dokumentarische Methode und Narrationsstrukturanalyse – ein Vergleich. In *Subjekt – Identität – Person? Reflexionen zur Biographieforschung*, Hrsg. Birgit Griese, 271-317. Wiesbaden: Verlag für Sozialwissenschaften.

Fuchs-Heinritz, Werner. 2005. *Biographische Forschung. Eine Einführung in Praxis und Methoden*. Opladen: Verlag für Sozialwissenschaften.

Griese, Birgit. 2000. *Redenormen, Interpellation, Aussagenanalyse. Entwurf einer forschungsökonomischen Methode zur Analyse biographisch-narrativer Interviews*. Bremen: Universität Bremen.

Griese, Birgit. 2009. Von „A" wie Ankündigung über „T" wie Trauma bis „Z" wie Zugzwänge: Biografieforschung zwischen erzähltheoretischen und (sozial)psychologischen Analysen – eine Hinführung. *Zeitschrift für qualitative Forschung* 1: 331-362.

Griese, Birgit. 2010. Unübersichtlichkeiten im Feld der Biographieforschung. In: Griese, Birgit (Hrsg.): *Subjekt – Identität – Person? Reflexionen zur Biographieforschung*, Hrsg. Birgit Griese, 115-146. Wiesbaden: Verlag für Sozialwissenschaften.

Griese, Birgit. 2013. Formen der Diskursanalyse und ihre Relevanz für die Soziale Arbeit. In *Adressaten, Nutzer, Agency. Akteursbezogene Forschungsperspektiven in der Sozialen Arbeit*, Hrsg. Gunther Graßhoff, 277-306. Wiesbaden: Verlag für Sozialwissenschaften.

Griesehop, Hedwig. 2003. *Leben mit Multipler Sklerose. Lebensgestaltung aus biographischer Sicht*. Hamburg: VAS.

Griesehop, Hedwig, Regina Rätz, und Bettina Völter (unter Mitarbeit von Heinz Cornel, Susanne Gerull, Birgit Griese, Heino Stöver und Dorothea Zimmermann). 2012. *Biographische Einzelfallhilfe. Methoden und Arbeitstechniken*. Weinheim/Basel: Beltz Juventa.

Gurwitsch, Aron. 1959. Beitrag zur phänomenologischen Theorie der Wahrnehmung. *Zeitschrift für Philosophische Forschung* 13: 419-437.

Gurwitsch, Aron. 1974. *Das Bewußtseinsfeld*. Berlin/New York: De Gruyter.

Haupert, Bernd, und Klaus Kraimer. 1991. „Ich bin ein Bauernbub". Zur Analyse lebensgeschichtlicher Interviews in der Sozialarbeit/Sozialpädagogik. *Archiv für Wissenschaft und Praxis der sozialen Arbeit* 22: 193-202.

Inowlocki, Lena, Gerhard Riemann, und Fritz Schütze. 2010. Das forschende Lernen in der Biographieforschung – Europäische Erfahrungen. Einführung in den Themenschwerpunkt. *Zeitschrift für qualitative Forschung* 2: 183-195.

Kallmeyer, Werner, und Fritz Schütze. 2016. Konversationsanalyse. In *Sozialwissenschaftliche Prozessanalyse. Grundlagen der qualitativen Sozialforschung*, 151-180. Opladen/Berlin/Toronto: Barbara Budrich.

Kleemann, Frank, Uwe Krähnke, und Ingo Matuschek. 2009. *Interpretative Sozialforschung. Eine praxisorientierte Einführung*. Wiesbaden: Verlag für Sozialwissenschaften.

Lienkamp, Andreas. 2010. Forschung braucht Ethik. Soziale Arbeit muss bei der Gewinnung neuer Erkenntnisse besonders sensibel sein. *Blätter der Wohlfahrtspflege* 1: 16-19.

Loch, Ulrike, und Gabriele Rosenthal. 2002. Das narrative Interview. In *Qualitative Gesundheits- und Pflegeforschung*, Hrsg. Doris Schaeffer und Gabriele Müller-Mundt, 221-232. Bern: Huber.

Lucius-Hoene, Gabriele. 2010. Narrative Identitätsarbeit im Interview. In *Subjekt – Identität – Person? Reflexionen zur Biographieforschung*, Hrsg. Birgit Griese, 149-170. Wiesbaden: Verlag für Sozialwissenschaften.

Lucius-Hoene, Gabriele, und Arnulf Deppermann. 2004. *Rekonstruktion narrativer Identität. Ein Arbeitsbuch zur Analyse narrativer Interviews*. Opladen: Verlag für Sozialwissenschaften.

Mannheim, Karl. 1980. *Strukturen des Denkens*. Frankfurt am Main: Suhrkamp.

Mannheim, Karl. 2004. Beiträge zur Theorie der Weltanschauungsinterpretation. In *Methodologie interpretativer Sozialforschung. Klassische Grundlagentexte*, Hrsg. Jörg Strübing und Bernt Schnettler, 101-154. Konstanz: UVK.

Mey, Günter, und Katja Mruck. 2014. Qualitative Forschung: Analysen und Diskussionen. In *Qualitative Forschung. Analysen und Diskussionen – 10 Jahre Berliner Methodentreffen*, Hrsg. Günter Mey und Katja Mruck, 9-32. Wiesbaden: Verlag für Sozialwissenschaften.

Mruck, Katja, und Günter Mey. 1998 Selbstreflexivität und Subjektivität im Auswertungsprozeß biographischer Materialien. Zum Konzept einer „Projektwerkstatt qualitativen Arbeitens" zwischen Colloquium, Supervision und Interpretationsgemeinschaft. In *Biographische Methoden in den Humanwissenschaften*, Hrsg. Gerd Jüttemann und Hans

Thomae, 284-306. Weinheim: Psychologie Verlags Union. http://www.qualitative-forschung.de/netzwerkstatt/arbeitsgruppen/grundlagen/pw.pdf. Zugegriffen: 17. April 2017.

Nohl, Arnd-Michael. 2009. *Interview und dokumentarische Methode. Anleitungen für die Forschungspraxis*. Wiesbaden: Verlag für Sozialwissenschaften.

Oevermann, Ulrich. 2001a. Zur Analyse der Struktur von sozialen Deutungsmustern. *sozialer sinn* 1: 3-33.

Oevermann, Ulrich. 2001b. Die Struktur sozialer Deutungsmuster. Versuch einer Aktualisierung. *sozialer sinn* 1: 35-81.

Oevermann, Ulrich. 2013. Objektive Hermeneutik als Methodologie der Erfahrungswissenschaften von der sinnstrukturierten Welt. In *Reflexive Wissensproduktion. Anregungen zu einem kritischen Methodenverständnis in qualitativer Forschung*, Hrsg. Phil C. Langer, Angela Kühner und Panja Schweder, 69-98. Wiesbaden: Verlag für Sozialwissenschaften.

Oevermann, Ulrich, Tilman Allert, Elisabeth Konau, und Jürgen Krambeck. 1979. Die Methodologie einer „objektiven Hermeneutik" und ihre allgemeine forschungslogische Bedeutung in den Sozialwissenschaften. In *Interpretative Verfahren in den Sozial- und Textwissenschaften*, Hrsg. Hans-Georg Soeffner, 352-434. Stuttgart: Metzler.

Oevermann, Ulrich, und Silke Müller. 2010. Biografieanalysen aus der Perspektive der objektiven Hermeneutik. In *Biografiearbeit und Biografieforschung in der Sozialen Arbeit. Beiträge zu einer rekonstruktiven Perspektive sozialer Professionen*, Hrsg. Bernhard Haupert, Sigrid Schilling und Susanne Maurer, 181-192. Bern [u.a.]: Peter Lang.

Przyborski, Aglaja, und Thomas Slunecko. 2010. Dokumentarische Methode. In *Handbuch Qualitative Forschung in der Psychologie*, Hrsg. Günter Mey und Katja Mruck, 627-642. Wiesbaden: Verlag für Sozialwissenschaften.

Przyborski, Aglaja, und Monika Wohlrab-Sahr. 2010. *Qualitative Sozialforschung. Ein Arbeitsbuch*. München: Oldenbourg.

Radvan, Heike. 2010. *Pädagogisches Handeln und Antisemitismus. Eine empirische Studie zu Beobachtungs- und Interventionsformen in der offenen Jugendarbeit*. Bad Heilbrunn: Klinkhardt.

Reichertz, Jo. 1991. Objektive Hermeneutik. In *Handbuch qualitative Sozialforschung. Grundlagen, Konzepte, Methoden und Anwendungen*, Hrsg. Uwe Flick, Ernst von Kardorff, Heiner Keupp, Lutz von Rosenstiel und Stephan Wolff, 223-228. München: Psychologie Verlags Union.

Rosenthal, Gabriele. 1995. *Erlebte und erzählte Lebensgeschichte. Gestalt und Struktur biographischer Selbstbeschreibungen*. Frankfurt/M.: Campus.

Rosenthal, Gabriele, Hrsg. 1997. *Der Holocaust im Leben von drei Generationen. Familien von Überlebenden der Shoah und von Nazi-Tätern*. Gießen: Psychosozial-Verlag.

Rosenthal, Gabriele. 2010. Die erlebte und erzählte Lebensgeschichte. Zur Wechselwirkung zwischen Erleben, Erinnern und Erzählen. In *Subjekt – Identität – Person? Reflexionen zur Biographieforschung*, Hrsg. Birgit Griese, 197-218. Wiesbaden: Verlag für Sozialwissenschaften.

Rosenthal, Gabriele, und Wolfram Fischer-Rosenthal. 2000. Analyse narrativ-biographischer Interviews. In *Qualitative Sozialforschung*, Hrsg. Uwe Flick, Ernst von Kardorff und Ines Steinke, 456-468. Hamburg bei Reinbek: Rowohlt.

Sandkühler, Hans Jörg. 2014. Wissenskulturen. In *Wissen. Wissenskulturen und die Kontextualität des Wissens*, 59-72. Frankfurt am Main/Bern/Bruxelles/New York/Oxford/Warzawa/Wien: Peter Lang Edition.
Schütze, Fritz. 1983. Biographieforschung und narratives Interview. *neue praxis. Zeitschrift für Sozialarbeit, Sozialpädagogik und Sozialpolitik* 3: 283-293.
Schütze, Fritz. 1984. Kognitive Figuren des autobiographischen Stegreiferzählens. In *Biographie und Soziale Wirklichkeit: Neue Beiträge und Forschungsperspektiven*, Hrsg. Martin Kohli und Günther Robert, 78-117. Stuttgart: Metzler.
Schütze, Fritz. 2006. Verlaufskurven des Erleidens als Forschungsgegenstand der interpretativen Soziologie. In *Handbuch erziehungswissenschaftliche Biographieforschung*, Hrsg. Heinz-Hermann Krüger und Winfried Marotzki, 205-237. Wiesbaden: Verlag für Sozialwissenschaften.
Schütze, Fritz. 2016a. Biography Analysis on the Empirical Base of Autobiographical Narratives: How to Analyse Autobiographical Narrative Interviews. In *Sozialwissenschaftliche Prozessanalyse. Grundlagen der qualitativen Sozialforschung*, 75-116. Opladen/Berlin/Toronto: Barbara Budrich.
Schütze, Fritz, 2016b. *Sozialwissenschaftliche Prozessanalyse. Grundlagen der qualitativen Sozialforschung*. Opladen/Berlin/Toronto: Barbara Budrich.
Siebert, Horst. 2012. *Lernen und Bildung Erwachsener*. Bielefeld: Bertelsmann.
Silkenbeumer, Mirja, und Andreas Wernet. 2010. Biographische Identität und Objektive Hermeneutik: methodologische Überlegungen zum narrativen Interview. In *Subjekt – Identität – Person? Reflexionen zur Biographieforschung*, Hrsg. Birgit Griese, 171-196. Wiesbaden: Verlag für Sozialwissenschaften.
Steckelberg, Claudia. 2010. *Zwischen Ausschluss und Anerkennung. Lebenswelten wohnungsloser Mädchen und junger Frauen*. Wiesbaden: Verlag für Sozialwissenschaften.
Tuider, Elisabeth. 2007. Diskursanalyse und Biographieforschung. Zum Wie und Warum von Subjektpositionierungen [81 Absätze]. *Forum Qualitative Sozialforschung / Forum Qualitative Social Research* 8 (2): Art. 6. http://nbn-resolving.de/urn:nbn:de:0114-fqs070268. Zugegriffen: 17. April 2017.
Weber, Max. 1985. Die „Objektivität" sozialwissenschaftlicher und sozialpolitischer Erkenntnis. In *Gesammelte Aufsätze zur Wissenschaftslehre*, 146-214. Tübingen: Mohr.
Wernet, Andreas. 2006. *Einführung in die Interpretationstechnik der Objektiven Hermeneutik*. Opladen: Verlag für Sozialwissenschaften.
Wernet, Andreas. 2012. Die Objektive Hermeneutik als Methode der Erforschung von Bildungsprozessen. In *Qualitative Bildungs- und Arbeitsmarktforschung. Grundlagen, Perspektiven, Methoden*, Hrsg. Karin Schittenhelm, 183-201. Wiesbaden: Verlag für Sozialwissenschaften.
Wiedemann, Peter. 1986. *Erzählte Wirklichkeit. Zur Theorie und Auswertung narrativer Interviews*. Weinheim, München: Psychologie Verlags Union.

The manufacturer's authorised representative in the EU is Springer Nature Customer Service Centre GmbH, Europaplatz 3, 69115 Heidelberg, Germany. If you have any concerns regarding our products, please contact ProductSafety@springernature.com

Printed and bound by CPI Group (UK) Ltd, Croydon, CR0 4YY

25/03/2026

02078195-0001